[illegible] II 98–100, 102 ([illegible])
[illegible]: 104, 105

[illegible] 82

VII 72, 73, 74, [illegible], 75–81, 86,

Für meine liebe Frau
Maria-Theresia

„Wolle die Wandlung . . .
Jener entwerfende Geist,
welcher das Irdische meistert,
liebt in dem Schwung der Figur
nichts wie den wendenden Punkt . . ."
(R. M. Rilke, XII. Sonette an Orpheus).

REGULIERUNGSPSYCHOLOGIE

BAND 3

PROBLEME UND BEISPIELE EINER ANTHROPO-KYBERNETIK

HORST SACHER

mit einer Einleitung von

Professor Dr. Helmut Selbach
vorm. Direktor der
Psychiatrischen und Neurologischen
Klinik der Freien Universität Berlin

1983

VERLAG WILHELM MAUDRICH

WIEN – MÜNCHEN – BERN

Filmsatz und Offsetdruck: Ferdinand Berger & Söhne Gesellschaft m.b.H., 3580 Horn, Wiener Straße 21–23

ISBN 385 175 382 8

Inhaltsverzeichnis

Seite

D. Zur Kulturgeschichte des Regulierungs-Denkens

E. Regulierungs-Sinne und Regulierungs-Therapie

Einleitung

„παλίντροπος ἁρμονίη κόσμου . . .“
Heraklit

HERAKLIT (2) meint, daß im Rückschwung das Gleichgewicht der Welt bestehe; das ostasiatische Symbol des Ying-Yang, des durch eine sinusoidale Wellenlinie asymmetrisch geteilten Kreises, deutet die Dualität des Lebens in der Einheit. Heute wissen wir, daß zweierlei regulatorische Vorgänge als Ausgleich auf eine Störung der Homöostase nachweisbar sind: Schwingung und Gegenschwingung bei mittlerer Auslenkung von der Norm eines Teilsystems; aber krisenhafter Kipp-Umschwung (nicht Rückschwung) bei drohender Überlastung eines solchen (5 a). In diesen zwei Grundformen der Regelungsdynamik spricht eindeutig z. B. das vegetative Leben auf störfaktorielle Größenänderungen an: kausal-mechanisch und zugleich zweck- d. h. zielgerichtet, teleonomisch (3). Der Regelkreis unterliegt damit biologischer (und dazu noch physikalischer) Gesetzmäßigkeit (6); und so gelten derart rückgekoppelte, regeltechnische System-Mechanismen auch als eine Grundlage der naturalen Evolution zu immer höherer materialer bis psychischer Komplexität — im Sinne der (naturwissenschaftlich allerdings problematischen) Thesen von Princeton und Pasadena sogar einer geistig-materiehaften Identität (1, 4).

Diese Fundamental-Funktionen biologischer Regelung sind Bestandteil und ein wesentlicher Angelpunkt der biochemischen und physiologischen Lehrbücher seit etwa 30 Jahren, nachdem sie erstmals in der Neuropsychiatrie für den vegetativen und psychischen Bereich als wirksam bekannt wurden (s. 5 a, 1949; s. a. 7). Zufolge der jedoch kurz danach einsetzenden Entwicklung der Psychopharmakologie bzw. Pharmakopsychiatrie (5 b) wird erklärbar, daß von diesem Zeitpunkt an weitere Fahndungen nach jenen vielleicht letzten pathophysiologischen Ursachen bzw. bionomischen Verlaufsformen in den Hintergrund traten. Vor allem wer als älterer Neuropsychiater die Zeit vorher mit der ärztlichen Ohnmacht gegenüber den Geisteserkrankungen erlebt hat, wird die fast an Heilung grenzenden Erfolge der Pharmako-Therapie als einen befreienden, beglückenden Fortschritt begrüßt haben. Andererseits aber waren daduroh die charakteristischen, organischen wie seelischen Kennlinien, ihre vegetativen und psychischen Amplituden verwischt, beseitigt, nicht mehr klar faßbar; und so schien auch aus diesen Gründen jener regelungsbiologische Forschungsansatz in der Neuropsychiatrie mit seinen ersten grundlegenden Ergebnissen verschüttet.

Im Rückgriff darauf hat dagegen Horst SACHER (seit 1961) diese Forschungsrichtung erneut belebt, deren Fruchtbarkeit in weiterführenden anthropologischen Untersuchungen nachgewiesen und seine Befunde in bisher zwei Monographien zu einer „Regulierungspsychologie“ veröffentlicht (1978, 1982). Unter dem speziellen Titel: „Probleme und Beispiele einer Anthropo-Kybernetik“, legt er jetzt den dritten Band seiner geplanten Reihe von regulierungs-psychologischen Forschungsberichten vor. Mit Feingefühl und seinem hier notwendigen interdisziplinären Bildungsstand wird auch in diesem Buch wiederum mutig und konsequent der Versuch unternommen, an Hand einer Vielzahl empirischer Beispiele aus Natur-, Sozial- und Geschichtswissenschaften die Wirksamkeit jener zwei regelungs-dynamischen Funktionsformen vor allem in den höheren geistigen Daseinsformen sowie den soziokulturellen Existenzbereichen des Menschen nachzuweisen.

Ausgangspunkt des Autors sind dessen langjährige Erfahrungen mit Patienten einer neuropsychiatrischen Klinik sowie seine regulierungs-psychologischen Analysen von Entwicklungsanomalien, Existenzkrisen und Persönlichkeits-Wandlungen ambulanter Klienten und Kranken. Im folgenden naturgeschichtlichen Exkurs wird die fundamentale Bedeutung des Regelkreis-Prinzips zur Erklärung der Selbstorganisation der (beseelten) Materie und ihrer negentropen Evolution unter Selektionsdruck mit vorteilhafter Anpassung und dadurch zunehmendem Komplexitätsgrad der Individualsysteme dargestellt. Wie regeltechnisch allgemeingültig zu begründen ist, müssen bei dieser zu immer komplexeren und umfassenderen Ordnungsformen fortschreitenden Natur-Entfaltung speziell die ‚nichtperfekten‘ Teil-Systeme als notwendige Störgrößen bzw. empfindlichste Fühlorgane oder sogar richtungsweisende Sollwert-Radikale eine evolutionär entscheidende Rolle gespielt haben. Dies sollte daher auch für die ‚schwächsten‘ System-Glieder innerhalb der humanen Biozönosen gelten, eine Feststellung des Autors, die deshalb besonders hervorgehoben sei, weil damit aus regel-theoretischen Überlegungen praktisch-humanitäre Konsequenzen gezogen werden.

Im kulturhistorischen Abschnitt des Buches werden zunächst verschiedene Modelle frühmenschlichen Regeldenkens in mythischen Urbildern und tiefen-seelischen Grundmotiven aufgewiesen, anschließend exemplarische Befunde sozialgeschichtlicher Phänomene, kunstaesthetischer Theoreme sowie wirtschaftstheoretischer Probleme regulierungs-psychologisch interpretiert. Im Schlußteil beschreibt der Autor ausführlich seine regulierungsanalytische Behandlungs-Methode bei moralcharakterologischen Gleichgewichts-Störungen, d. h. geistigen Desorientierungen, existentiellen Irritationen des Selbstwertempfindens und/oder personalen Lebenssinn-Verlusten („Sisyphos-Komplex“). Regulierungs-Therapie stellt sich danach als ein (analog) regeltechnisch verlaufendes, dialogisches bis dialektisches Begegnungs-Geschehen und Sinn-Verstehen (8) zwischen zwei gleichberechtigt argumentierenden Partnern dar mit dem Ziel, durch den sich in wechselseitiger Rückkoppelung aufeinander ‚regulierenden‘ Austausch von geistigen Informationen eine moralcharakterologisch-rehomöostasierende, selbstwert-personal stabilisierende sowie schließlich neue Sinn-Gehalte organisierende Erlebensdynamik in Gang zu bringen.

Bei alledem bleibt H. SACHER jedoch stets Naturwissenschaftler, ohne je unkritisch die Grenzen zur philosophischen Spekulation zu überschreiten. Sein gedankenreiches, behutsam zu lesendes Werk gibt aber trotz dieser erkenntnistheoretischen Bescheidung auch dem gläubigen Menschen genug des Nachdenkenswerten.

Quod felix faustumque sit!

Literatur:

(1) CHARON, J. E.: L'esprit, cet inconnu. A. Michel. Paris. 1977.
(2) HERAKLIT: in DIELS — KRANZ: Fragmente der Vorsokratiker Bd. I, S. 162. Fragm. 51. 1954.
(3) LORENZ, K.: Die Rückseite des Spiegels. Piper, München 1975. S. 36.
(4) RUYER, R.: La gnose de Princeton. A. FAYARD. 1974.
(5) SELBACH, H. (a): Das Kippschwingungsprinzip. (In: W. BIRKMAYER und A. STURM, Klinische Pathologie des vegetativen Nervensystems, Band I; 219—332). Stuttgart: G. Thieme, 1976.
— (b): Pharmako-Psychiatrie. Wege der Forschung Bd. 229. Wiss. Buchges. Darmstadt 1977;
— (c): Fortschr. Neurol. Psychiat. 1977. 649.
(6) THEIMER, W.: Handbuch naturwiss. Grundbegriffe. DTV 1978.
(7) WEITBRECHT, H. J.: Psychiatrie. 3. Aufl. Springer, Berlin 1973; S. 279.
(8) v. WEIZSÄCKER, C. F.: Die Einheit der Natur. 2. Aufl. Hanser, München. 1981.

Berlin 46, Mozartstraße 20;
1. März 1983

o. ö. Prof. em. Dr. med. Helmut SELBACH,
vorm. Direktor der
Psychiatrischen und Neurologischen
Klinik der Freien Universität Berlin

„Vertumnum Janumque, liber,
spectare videris ...
Paucis ostendi gemis et communia laudes;
non ita nutritus ..."
(HORATIUS, Epistolae; p. 60) *).

Vorwort

„Aufklärung" als „der Ausgang des Menschen aus seiner selbstverschuldeten Unmündigkeit" ist in der Regel ein recht schmerzlicher Vorgang; denn „es ist so bequem, unmündig zu sein" (KANT, S. 1 ff). Diese Feststellungen gelten auch für unseren Versuch, den Menschen über existentiell-notwendige Regulierungs-Techniken im Getriebe seiner soziokulturellen Verbund-Systeme aufklären zu wollen. Solche unbequemen, schmerzlichen Erfahrungen haben daher nicht nur wir selbst machen müssen, sondern sie dürften ebenso oder ähnlich jeden Leser des vorliegenden Buches betreffen können. Damit erklären sich uns auch die von Dankbarkeit bis zur Verunglimpfung reichenden Reaktionen auf unsere ersten beiden Büchlein (1978, 1982).

Auch der vorliegende dritte Band unserer Monographien-Folge ist wiederum in sich abgeschlossen konzipiert und also aus sich heraus verständlich; (siehe die drei Einleitungs-Kapitel). Im Mittelpunkt des Buches stehen regeltheoretische Betrachtungen zu fünf Urmodellen menschlichen Regulierungs- und Homöostasierungs-Denkens (Kap. C), denen wir einen kursorischen Überblick der Naturgeschichte sowie ausgewählte Beispiele zur Geistesgeschichte jener kybernetischen Fundamental-Prinzipien vorausgeschickt bzw. angeschlossen haben (Kap. B und D). Den Anfang unserer Untersuchungen bildet eine testpsychologisch-experimentelle, den Abschluß eine sinnthematisch-verstehenspsychologische Regulierungs-Analyse mit diagnostischen Interpretationen und therapeutischen Erwägungen gemäß unserer regeltheoretischen Modellkonstruktion; (Kap. A bzw. E 3). Als für unser Persönlichkeits-Modell besonders wichtig seien die Kap. E 1 und 2 hervorgehoben, in denen wir den körperlichen Gleichgewichts-Sinn als ein elementares Sinnesorgan aller komplexeren Biosysteme bzw. den Moralcharakter personaler Lebewesen als das phylogenetisch (homolog?) bisher höchstentwickelte geistige Gleichgewichtungs-Sinnesinstrument aufzuweisen versucht haben.

Wir möchten mit unseren Überlegungen dem Leser nicht mehr als einen Anstoß geben, unter Verwertung eigener zwischenmenschlicher Erfahrungen und also selbständig über seine Stellung als Einzelwesen in Kultur und Gesellschaft nachzudenken. Denn wir sind überzeugt, daß sich ihm bei solcher Selbst-Aufklärung unsere Modell-Hypothese ebenso wie uns als dafür geeignet, nützlich, fruchtbar erweisen dürfte. So bitten wir auch aus recht eigennützigen Gründen, der Leser

---

*) „Büchlein, blickst so verlangend zum Janus hin und Vertumnus ... Klagst, daß dich Wenige schauen, und möchtest die größere Welt sehen. — Dazu erzog ich dich nicht ..." (Janus, altrömischer Gott des glücklichen Ausgangs; Vertumnus, Gottheit der Wandlung und guten Ernte.)

„möge nicht bloß historisch fassen, was hier gesagt wird, sondern wirklich und in der Tat während des Lesens mit sich selbst reden, hin und her überlegen, Resultate ziehen, Entschließungen fassen . . ., und durch eigene Arbeit und Nachdenken, rein aus sich selbst, diejenige Denkart entwickeln, und sie in sich aufbauen, deren bloßes Bild ihm im Buche vorgelegt wird" (FICHTE, S. 4).
Im ersten seiner „Episteln" schreibt HORATIUS an Mäcenas (p. 2), er suche die Dinge der Welt sich selbst dienstbar zu machen und nicht sich ihnen zu unterwerfen; („et mihi res, non me rebus subiungere conor"). Das wünschen auch wir allen Lesern; und so mag ihnen unser Büchlein dann vielleicht sogar eine ‚Heilstätte der Seele' werden können („ψῦχῆςἰατρεῖον). *) Lectori salutem! Tua res agitur!
Sehr herzlich zu danken habe ich: Herrn Gerhard GROIS für seine verlegerische und persönliche Aufgeschlossenheit gegenüber unserem Forschungsprojekt; Herrn Prof. Dr. med. Helmut SELBACH für die kritische Durchsicht und Beurteilung des Manuskripts sowie seine wohlwollenden Einführungsworte; meiner Frau MARIA-THERESIA S. geb. Smotek für ihre über 30jährige treue, aufopfernde Mitarbeit: „Vide quam mihi persuaserim te me esse alterum" (CICERO).

Literatur:

FICHTE, J. G., Die Bestimmung des Menschen (1800). Leipzig: F. Meiner-Verl., 1944.

HORATIUS (FLACCUS), Qu., Epistolarum (21 a. Chr.). (Horazens Episteln. Hrsggb. v. L. DÖDERLEIN, Erlangen). Leipzig: B. G. Teubner-Verl., 1856/58.

KANT, I., Was ist Aufklärung? (1784). (In: Auswahl kl. Schriften). Leipzig: F. Meiner-Verl., 1914.

RILKE, R. M., Duineser Elegien — Die Sonette an Orpheus. Zürich: Manesse-Verl., 1951.

Horst SACHER

Rosenbach 24
8525 Neunkirchen
bei Erlangen

11. Mai 1983

---

*) Inschrift über der Bibliothekstür des Johannes-Klosters auf Patmos, an der Bibliothek von Alexandria und vielen anderen Bibliotheken des Altertums.

Einführung: Retrospektiven zur Modell-Konzeption

1. GRUNDZÜGE

„Es ist vollständig Nacht geworden", lautet eine Regieanweisung zum 3. Auftritt im 1. Akt von R. WAGNER's „Walküre". Siegmund sinnt nach Hunding's Kampfankündigung niedergeschlagen vor sich hin, als im Widerschein der aufflackernden Glut des Herdfeuers „ein Strahl bricht aus der Esche Stamm" (S. 84). Wenn dann in schroffem Kontrast zu Hunding's finsterem, wuchtig-rhythmischen Streitmotiv die leuchtende C-Dur Fanfare von Siegfried's Schwertmotiv ertönt, mag

Abb. 1: Streitmotiv Hunding's bzw. Schwertmotiv Siegfried's; (aus RAPPL, S. 88 bzw. 80)

es uns wohl ergehen wie dem „Wanderer" in H. v. DODERER's „Variation VII" der „Gespenstergeschichte" von J. P. HEBEL: „... da scheint ihm plötzlich, als sei das Land ringsum heller, als sei jetzt die Sonne durchgebrochen" (S. 100).

Angestoßen also durch den sich anbahnenden Umschwung jenes mythischen Weltendramas auf der Theaterbühne, erfahren wir somit (quasi) induktions-, resonanz- und synchronisations-dynamisch in uns selbst eine Gegenschwingung unserer personalen Grundstimmung. Sicher bedarf es jedoch dazu keinesfalls immer des äußeren Anlasses; vielmehr schlägt unsere tiefenseelische Gestimmtheit, ähnlich einem Pendel, oft auch wie ‚von selbst' in ihren Gegenpol um, wozu hier nochmals aus H. v. DODERER's Erzählung zitiert werden soll: „Ach unsere verwunderliche Seele, die oft des äußeren Einschubs gar nicht bedarf als Angel und Ecke, um darum zu wenden: nein, sie vermag's aus sich allein in wenigen Augenblicken, baut sich selbst eine Ecke, pflanzt sich selbst Angel und Achse auf und kippt und schwingt darum herum" (v. DODERER, S. 100 f) [2]). Dies gilt ebenso für unsere Affekte, etwa Lachen und Weinen, sowie unsere Gefühle, z. B. Freude und Trauer, und so weiter bis hin zu analogen Umpolungen des geistigen, d. h. wertbezogenen Erlebens und Verhaltens der Persönlichkeit.

Suchen wir nun im folgenden nach einem derart umfassenden Beschreibungs- und Erklärungs-Modell solcher Schwingungs- wie Regulierungsphänomene. Der

---

[2]) Der Angel, (lat.) angulus, Ecke, Winkel, Bucht, Schlupfwinkel; die (Tür-)Angel, die Weltachse, (lat.) cardo. Siehe dazu Cárdea, die altitalische Göttin der Tür-Angeln und Gemahlin des ‚doppelgesichtigen' Türschwellen-Gottes Janus.

hier einleitend gebotenen Kürze wegen, beschränken wir uns auf einige Beispiele aus dem geisteswissenschaftlichen, speziell moralcharakterologisch-sozialpsychologischen Bereich [3]). Wir stellen dazu an den Anfang unserer Überlegungen die Erfahrungstatsache, daß alle Menschen existenz-prinzipiell immer wieder „mit dem Guten auch das Böse hinnehmen" müssen, dafür aber ebenso „mit dem Bösen zugleich das Gute hinnehmen" können (STEVENSON, S. 13); denn „das menschliche Leben ist der Angel zwischen Licht und Finsternis" (J. BOEHME, S. 68). G. EICH hat diese Problematik unserer humanen Existenz am besonderen Fall der Auseinandersetzung des Individuums mit seiner „Mutter Natur" und dem „Vater Staat" in einer Parabel exemplarisch dargestellt; (siehe Befund 1).

Befund 1 (aus: G. EICH, Hausgenossen).

„Was mir am meisten auf der Welt zuwider ist, sind meine Eltern. Wo ich auch hingehe, sie verfolgen mich, da nützt kein Umzug, kein Ausland. Kaum habe ich einen Stuhl gefunden, öffnet sich die Tür und einer von beiden starrt herein, Vater Staat oder Mutter Natur. Ich werfe einen Federhalter, ganz umsonst. Sie tuscheln miteinander, sie verstehen sich ...
Eine halbe Stunde habe ich Freude an Literatur ... Aber plötzlich kommt Mama wieder, mit blutverschmiertem Mund, und zeigt mir ihr neues Modell. Alles zweigeteilt, sagt sie, ein Stilprinzip, Männchen und Weibchen ... Hier, die Gottesanbeterin. Während sein Hinterleib sie begattet, frißt sie seinen Vorderleib. Pfui Teufel, Mama, sage ich, du bist unappetitlich. Aber die Sonnenuntergänge, kichert sie.
Ich versuche, mich zu beruhigen, und will meine Bakunin-Biographie um ein paar Zeilen weitertreiben. Da hat dich der Marx aber ganz schön fertiggemacht, Michael Alexandrowitsch, sage ich laut, und schon steht Papa im Zimmer. Er fieselt an einem Rekrutenknochen. Ich ziehe unter seinem mißtrauischen Blick den Staatsanzeiger über mein Manuskript. Du singst zuwenig, sagt er, und ich merke erst, als er wieder draußen ist, daß er mein Portemonnaie mitgenommen hat ...
In der Küche sitzt der Haushalt, bleich, hager und verängstigt. Er ist auch ekelhaft, manchmal tut er mir leid. Er ist nicht mir verwandt, ist aber nicht wegzubringen ... Er weint ohne Hemmung. Ich mache die Augen zu, stopfe mir die Finger in die Ohren. Mit Recht" (S. 678 f) [4]).

Der Dichter hier also verzweifelt darum bemüht, einen individuellen, mittleren Weg zwischen den beiden Polen infeld-natural anarchistischen und sozio-kulturell konformistischen Extremverhaltens zu finden. Dieses allgemein-menschliche Existenzproblem finden wir beispielsweise auch in R. WAGNER's „Tannhäuser" und den „Meistersingern von Nürnberg" musik-dramatisch abgehandelt. So möchte sich der ungestüme und anmaßende Walther von Stolzing mit seinem „Preislied" über die beckmesserisch kleinlichen, starren Sing-Regeln der Meisterzunft gänzlich hinwegsetzen. Zu seinem eigenen Vorteil aber fügt er sich schließ-

---

[3]) Zur natur- und (ausführlichen) kultur-wissenschaftlichen Begründung des Modells: siehe Kap. B bzw. C und D sowie SACHER, 1978 und 1982.

[4]) Die „Gottesanbeterin", eine Raubheuschrecke. — BAKUNIN, Mich. Alex. (1814—76), russ. Revolutionär und Theoretiker des mod. Anarchismus. — Der „Haushalt", griech. οἶκος; (Ökologie, die Wissenschaft von den Beziehungen der Lebewesen zu ihrer Umwelt).

lich doch dem mäßigenden, vermittelnden Ratschlag seines Freundes Hans Sachs, jenes ‚Schuhmachers und Poeten zugleich‘:

(Walther): „Wie fang' ich nach der Regel an?"
(Sachs): „Ihr stellt sie selbst und folgt ihr dann.
Gedenkt des schönen Traums am Morgen;
fürs andre laßt Hans Sachs nur sorgen!" (S. 80).

In Götz FRIEDRICH's Bayreuther Inszenierung des „Tannhäuser" (1977) betritt dieser bereits während der Ouvertüre die noch leere Bühne, seine Harfe wie ein ‚Gitter‘ vor dem Gesicht haltend; bald danach im Venusberg wie „aus einem Traum auffahrend" (WAGNER, S. 26), sieht er sich dort von dicht herabhängenden Bändern als riesigen Harfensaiten ebenso ‚eingegittert‘. Dieser Star unter den Sängern erlebt sich also bei seinem exzessiv-libertinistischen Künstlergebaren sowohl in der höfisch-feudalen, prüde moralisierenden Wartburg-Gesellschaft als auch im Reich seiner Göttin der Liebe wie in einem „Getto" oder „Kerker", derart ein Opfer seiner Unbesonnenheit und Vermessenheit bzw. Sklave seiner Gelüste und Leidenschaften. So endet dann auch sein rücksichts- bzw. hemmungsloser „Drang" nach „Selbstfindung" und „Selbstverwirklichung" hier auf Erden schließlich in „Verzweiflung und Verlorenheit" (SCHLEICHER, S. 21, SCHWINGER, S. 27). In J. NESTROY's Singspiel-Posse dieses ‚Klamauks auf der Wartburg‘ werden hingegen alle pathetisch-übersteigerten Insider-Phrasen und exaltiert-verstiegenen Außenseiter-Allüren parodistisch relativiert, temperiert, reguliert, wie etwa der selbst-ironische „Stoßseufzer" des „Landgrafen Purzel" nach Tannhäuser's albern-hysterischem „Venusberg-Jodler" zeigt:

„Wie, hör' ich recht?
Im Venusberg vergaß er Ehr und Pflicht? —
(beiseite gesprochen) —
Und ich, der Landgraf, komm' zu so was nicht!" (S. 387).

In einer essayistischen Skizze über „Masken und Gestalten der mondänen Komödie" hat M. PROUST jenes Dilemma des Menschen zwischen der ‚Szylla‘ gesellschaftlicher Erwartungen, Forderungen, Zwänge und der ‚Charybdis‘ unserer naturalen Antriebe, Affekte, Bedürfnisse usw. wie folgt beschrieben:

„Es ist jeder schon von Natur anders als der Charakter, den die Gesellschaft aus ihrem Hauptmagazin von Kostümen ... hervorgesucht und ihm ein für allemal geborgt hat ... Zwischen den wahren Charakteren ... und dem Typus, den sie unwiderruflich in den Augen der scharfsichtigen Gesellschaft verkörpern, ist eine tiefe Kluft ..., (und) die Widerstandsfähigkeit des Typus ist absurd, niederschmetternd, unangreifbar ... (Daher) zwingt dieser Typus mit einer immer wachsenden Anziehungskraft alle Personen ohne Persönlichkeit zu sich heran ..., (und) schließlich unterliegt der Einzelne der Faszination dieses Brennpunkts ... Ist nun (jemand) wirklich ein origineller Mensch und paßt kein fertig geknüpfter Charakter auf seine Schultern ..., (so) schließt man ihn aus ..." (S. 58).

Weder dieser Outcast- noch jener Marionetten-Part allein dürfte dem Menschen zu einer optimalen individuellen Entfaltung seiner Persönlichkeit und einem befriedigend hohen Selbstwert-Niveau verhelfen. Dazu müssen wir vielmehr einen Mittelweg einschlagen zwischen den sozio-kulturellen Typenspiel-Anforderungen und unseren infeld-naturalen Eigenspiel-Bedürfnissen, d. h. sowohl Mantel-Rollen (mit Fassaden-Masken) übernehmen wollen wie auch Traum-Rollen (mit Narren-Masken) selbst auswählen können. Wir unterscheiden daher in dem von uns hypothetisch konzipierten Modellsystem des menschlichen Moral- wie Regulierungs-Charakters je nach dem Grad von dessen Gleichschaltung mit unseren soziokulturellen Umfeld- oder den naturalen Infeld-Bereichen der Persönlichkeit die folgenden (terminologisch umfeld-relational definierten) steuerungs-dynamischen Einstellungen: Total-, Über- und Hoch-Steuerung (TST, ÜST, HST) bzw. Null-, Unter- und Wenig-Steuerung (NST, UST, WST). In der Mitte zwischen diesen totalzirkulär-entgleist funktionierenden (TST-NST), stufen- und kipp-dynamisch regulierenden (ÜST-UST) oder sinusoidal-optimal regelnden (HST-WST)

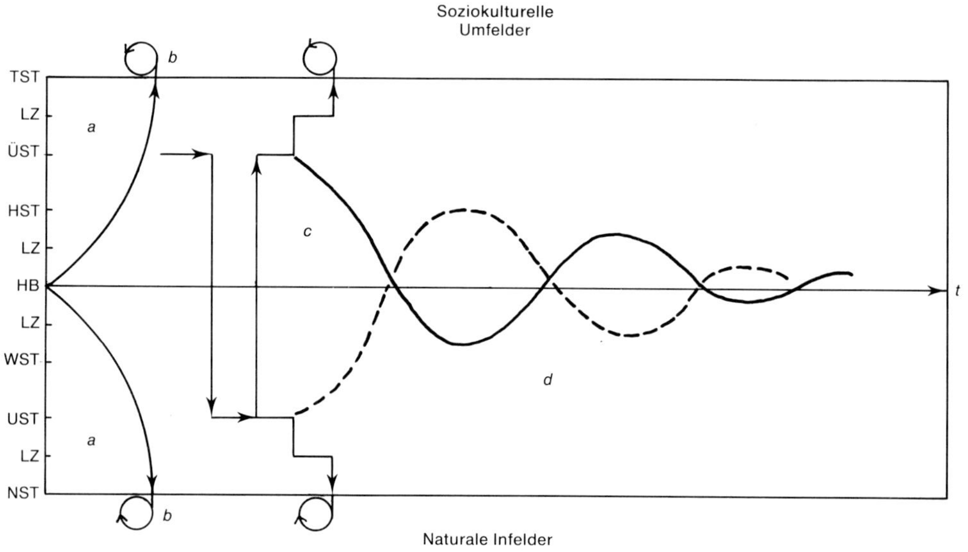

Abb. 2: Steuerungszonen und Regulierungs-Kennlinien des Moralcharakters

Erläuterungen:

TST = Totalsteuerung
ÜST = Übersteuerung } FST = Fremdsteuerung.
HST = Hochsteuerung
HB = Homöostatische Befindlichkeit.
WST = Wenigsteuerung
UST = Untersteuerung } EST = Eigensteuerung.
NST = Nullsteuerung
LZ = Labilitätszonen

a) Exponentialfunktionelle Auslenkungen.
b) Totalzirkuläre Entgleisungen.
c) Stufenfunktionelle Kippschwingungen
d) Sinusoidale Einschwingungen.

Steuerungsstrukturen liegt eine Zone homöostatischer Befindlichkeit (HB), welche die wesens-gemäßen Sollwerte und Führungsgrößen jedes personalen Biosystems mit dessen Ruheschwingungen repräsentiert. Steuerungszonaler Aufbau, regeltechnische Kennlinien und regulierungspsychologische Grundbegriffe dieses kybernetischen Modellkonstrukts sind in den Abb. 2 bzw. 3 dargestellt.

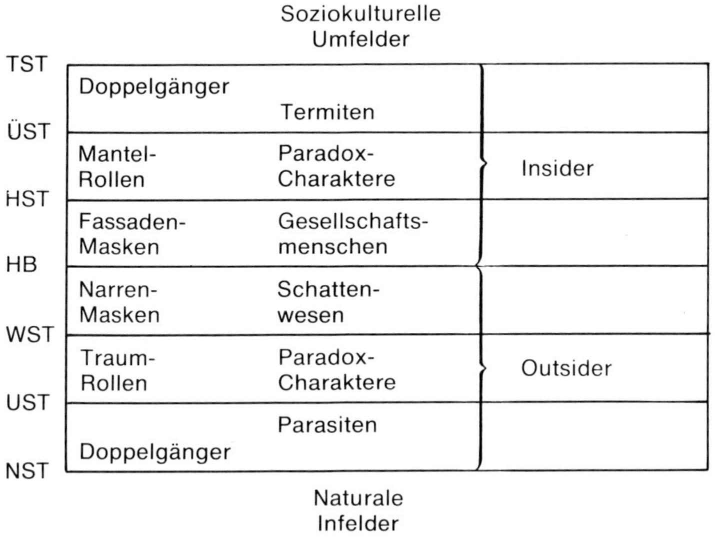

Abb. 3: Regulierungspsychologische Modellbegriffe

GOETHE bezeichnet das „Wesen" [5]) einer Persönlichkeit, welche von „Geburt" an „geprägte Form ... keine Zeit und Macht zerstückelt", mit dem ersten seiner „Urworte orphisch" als deren „Dämon" [6]). Dieser „Kern" jedes Individuums „bedeutet" für ihn danach immer auch „Individualität der Person", also „das Charakteristische, wodurch sich der Einzelne von jedem anderen ... unterscheidet". Freilich wird dieser unser „erster und ursprünglicher Charakter", während er „lebend sich entwickelt", dabei „in seinen Wirkungen gehemmt, in seinen Neigungen gehindert". Dies geschieht durch „das Zufällige" (Τύχη); denn „nicht einsam bleibst du, bildest dich gesellig, und handelst wohl so wie ein anderer handelt" [7]).

Hier ist vorerst zu denken an die verschiedenen Einflüsse institutioneller wie funktioneller „Erziehung" bis hin zu den vielfältigen Wechselfällen des Ἔρως, in welchem sich „der individuelle Δαίμων und die verführende Τύχη miteinander

---

5) ἡ οὐσία, Wesenheit, Eigentümlichkeit, usw.

6) Ἦθος ἀνθρώπω δαίμων — Die eigene Art ist des Menschen Dämon; (HERAKLIT, Fr. 119; S. 36/37). Δαίμων, göttliches Wesen (Schutzgottheit — Teufel), Schicksal.

7) „Es bildet ein Talent sich in der Stille, sich ein Charakter in dem Strom der Welt". (GOETHE, Tasso; b, S. 443).

verbinden". Insbesondere aber sind als Gegenwirkungen zu nennen das, was GOETHE mit „Nötigung" ('Ανάγκη) meint, also die „Kontrakte", „Pflichten", „Gesetze" der „Öffentlichkeit", auf „daß ja das Ganze in keinem kleinsten Teil durch Wankelmut und Willkür gefährdet werde"; denn in dieser Hinsicht gibt es wohl „niemand, der sich nicht peinlich gezwängt fühlte", und „gar manchen, der verzweifeln möchte, wenn ihn die Gegenwart also gefangen hält". Solchem „harten Muß" entgegen eröffnen sich jedoch dem Menschen in der „Hoffnung" ('Ελπίς) seine höchsten „sittlichen" und tiefsten „religiosen" Wert-Vorstellungen, Wesens-Bilder, Daseins-Ziele, mittels welcher existentiellen, regeltechnischen ‚Führungsgrößen' er schließlich doch noch jenes „Gesetz" zu erfüllen vermag, „wonach er angetreten":

'Ελπίς
„Doch solcher Grenze, solcher ehrnen Mauer
Höchst widerwärtge Pforte wird entriegelt,
Sie stehe nur mit alter Felsendauer!
Ein Wesen regt sich leicht und ungezügelt.
Aus Wolkendecke, Nebel, Regenschauer
Erhebt sich uns, mit ihr, durch sie beflügelt,
Ihr kennt sie wohl, sie schwärmt nach allen Zonen;
Ein Flügelschlag! — und hinter uns Äonen!" (a, S. 383).

Im Rahmen unseres Regelkreis-Systems der Persönlichkeit haben wir jenen GOETHE'schen „Dämon" modell-terminologisch zunächst einmal als infeld-naturalen, die „Hoffnung" als speicherfeld-personalen Sollwertgeber zu bezeichnen. Die genannten ‚Zufälligkeiten' stellen dagegen Störfaktoren vor allem aus unseren soziokulturellen Umfeldern dar, bewirken also die aktuellen Istwert-Zustände des sich in seiner ‚Lebenslandschaft' begegnungs-prozessual entfaltenden Biosystems. Als dessen letzt-entscheidende Regelungs-Instanz mit ihren übergeordneten kybernetischen Führungsgrößen, den vorgeordneten Fühlorganen und nachgeordneten Stellwerkzeugen fungiert wiederum jener ‚Dämon'; denn er vor allem ist es, der uns Menschen an den Gabelungen und Kreuzungen unseres Lebensweges „ins Ohr raunt, was denn eigentlich zu tun sei" (GOETHE, a; S. 379 f). Dies erfuhr beispielsweise SOKRATES derart, daß sein „Daimonion" als „Zeichen des Gottes" ihm „oft in großen Kleinigkeiten widerstand", also wenn er „im Begriff war, etwas nicht auf die rechte Art zu tun" (PLATON, S. 29).

Literatur:

BOEHME, J., in: „Deutsche Geisteswelt". (Hrsggb. v. H. NOACK). Gütersloh: Bertelsmann-Verl., 1953.

DODERER, H. v., Sieben Variationen über ein Thema von Johann Peter HEBEL. (In: Phantastisches Österreich; hrsggb. v. J. GYORY . Wien: P. Zsolnay-Verl., 1976.

EICH, G., Hausgenossen. (In: Deutsche Erzähler. Zweiter Band. Hrsggb. v. M. L. KASCHNITZ). Frankfurt/M.: Insel-Verl., 1979.

GOETHE, J. W. v. (a), Werke (Sechster Band). Insel-Verl., 1952.

— (b), Werke (Zweiter Band). Insel-Verl., 1949.

GRIMM (Brüder), Deutsche Sagen. Stuttgart: Reclam-Verl., 1974.

HERAKLIT, Fragmente. (Hrsggb. v. Bruno SNELL). München: Heimeran-Verl., 1965.

NESTROY, J., Tannhäuser (Zukunftsposse). In: Ges. Werke, 6. Band. Wien: A. Schroll-Verl., 1949.
PLATON, Apologie (Sämtl. Werke 1). Hamburg: Rowohlt-Verl., 1957.
PROUST, M., Tage der Freude. Berlin: Ullstein-Verl., 1955.
RAPPL, E., Wagner — Opernführer. Regensburg: G. Bosse-Verl., 1967.
SACHER, H., Regulierungspsychologie. Wien—München—Bern: W. Maudrich-Verl., Bd. 1 (1978) und 2 (1982).
SCHLEICHER, F., Zwang zur Unfreiheit. (Götz FRIEDRICH's Tannhäuser-Inszenierung 1977). Nürnb. Nachr. v. 25. 7. 1977.
SCHWINGER, W., Die Vergegenwärtigung einer Fabel. (Bemerkungen zu Götz FRIEDRICH's „Tannhäuser"-Inszenierung). In: „Tannhäuser"-Programmheft I der Bayreuther Festspiele, 1977.
STEPHENSON, L. R., Der Flaschenkobold. Stuttgart: Reclam-Verl., 1969.
WAGNER, R., Tannhäuser. Leipzig: Reclam-Verl., o. J. (1845).
— Die Meistersinger von Nürnberg. Stuttgart: Reclam-Verl., 1969 (1868).
— Walküre. Stuttgart: Reclam-Verl., 1973 (1876).
KINDLER'S Literatur-Lexikon (Bd. X); S. 9235 f.

2. SPIEGELUNGEN

In einer der Südsee-Geschichten schildert S. MAUGHAM die animistische Selbst-Identifizierung eines Eigenborenen mit seinem Spiegelbild und den magischen (kippregulativen) Sekunden- (bzw. Vagus-) Tod dieses Menschen im Augenblick der Zerstörung jener Ich-Imago: „Denn diese Spiegelung war seine Seele"; (siehe Befund 1).

Befund 1; (aus: S. MAUGHAM, Honolulu).

(Bananas, ein als Schiffsmaat angeheuerter Insulaner, begehrt leidenschaftlich eine Kanakin, die ihn jedoch ebenso bis auf den Tod haßt; und so kommt es nach einer bewußt-täuschend von ihr herbeigeführten wilden Liebesnacht am Morgen zu folgender Szene): „Bananas war trunken vor Glück ... Das Mädchen zeigte auf einen (mit Wasser gefüllten) Kürbis. ‚Da ist etwas drinnen, unten auf dem Boden', sagte sie. Ohne den geringsten Argwohn schaute Bananas voll ins Wasser. Sein Gesicht spiegelte sich darin. Wie der Blitz schlug sie mit beiden Händen auf den Kürbis, so daß das Wasser herausspritzte. Die Spiegelung war in tausend Stücke zerbrochen. Mit einem heiseren Schrei sank Bananas zurück und starrte das Mädchen an. Sie stand da, und ein Ausdruck triumphierenden Hasses lag auf ihrem Gesicht. Entsetzen trat in seine Augen. Seine schweren Züge verzerrten sich vor Schmerz, und mit einem dumpfen Laut ... schlug er zu Boden ... Er war tot ..." (S. 169).

In den „Sprüchen Salomonis" heißt es (Kap. 20, Vers 27): „Eine Leuchte des Herrn ist des Menschen Geist; er durchforscht alle Kammern des Innern". Dieses ‚Licht Gottes' kann für uns zu einem Spiegel werden, mittels welchen organismischen Instruments personale Biosysteme ihr Innenleben zu reflektieren vermögen. Derart zunehmend selbst-bewußter werdend, erfährt sich der Mensch dann als ein ebenso auch seiner Außenwelt gegenüber-gestelltes Wesen, deren Phänomene wiederum wie in einem Spiegel laufend prägnanter aufscheinen bzw. abgebildet werden. Solcher Doppel-Reflektor ermöglicht es somit, daß wir uns durch einen Kreisprozeß des ‚Spekulierens' [1]) zwischen jenen zwei Gegenpolen humaner Exi-

[1]) Siehe (lat.) speculum, Spiegel, Abbild; bzw. spectare, anschauen, beurteilen, streben.

stenz immer besser in unserer Lebenslandschaft orientieren, behaupten, entfalten können; (siehe Abb. 1).

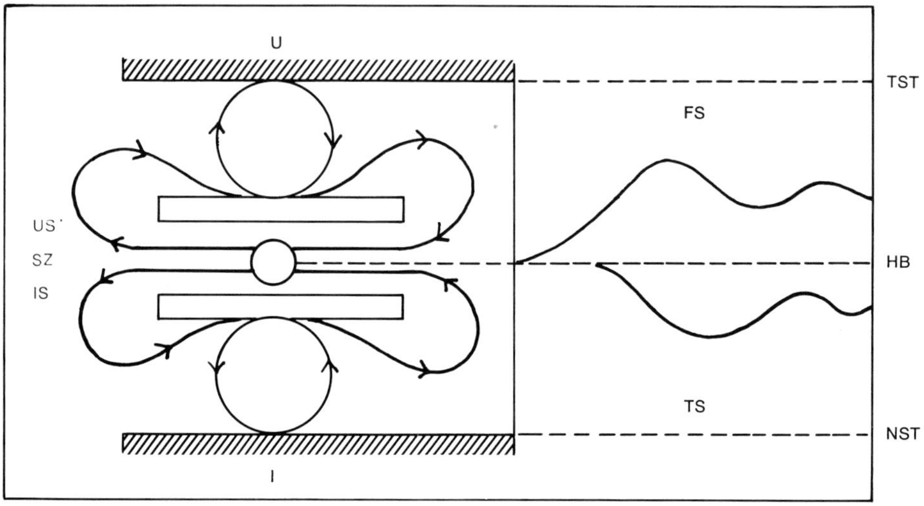

Abb. 1: Der bipolare Spiegelungs-Dialog

Erläuterungen; (siehe auch Kap. 1, Abb. 2 und 3):
US = Umfeld-Spiegel;
IS = Infeld-Spiegel;
SZ = Spiegelungs-Zentrale;
FS = Fassaden-Spiegelung;
TS = Traum-Spiegelung.

Selbst-Erkenntnis verlangt also immer die Rückkoppelung auf den (FST-) gegenpolaren Spiegelungs-Partner [2]); (et vice versa). Aus solchem Doppel-Dialog resultiert deshalb auch ein zweifaches Schwingkreisgeschehen, wobei die partiellen Begegnungs-Schwingungen in den beiden Kreisverläufen resonanz-interferent mit einer Phasenverschiebung >0 und $<180°$ (sowie unterschiedlichen Amplituden) gedacht werden müssen [3]). Durch Abkoppelung des Gegenspielers sich ergebende unipolare Spiegelungen bzw. Schwingkreis-Schaltungen bergen dann

[2]) „Inwendig lernt kein Mensch sein Innerstes
Erkennen; denn er mißt nach eigenem Maß
Sich bald zu klein und leider oft zu groß.
Der Mensch erkennt sich nur im Menschen, nur
Das Leben lehret jedem, was er sei".
(GOETHE, Tasso; S. 467).

[3]) Deren Superposition ergibt dann jeweils verschiedene sinusoidale Gesamtschwingungen dieses Reflektions-Systems auf den einzelnen EST- oder FST-Steuerungsstufen. Verschiebungen der Gegenphasen von 0° oder 180° führen zu HB- bzw. NST- und/oder TST-Zirkeln.

die Gefahr, sich (mitkopplungs-technisch) exponentiell aufzuschaukeln und schließlich totalzirkulär zu entgleisen; (EST- bzw. FST-algorithmische Bild-, Wort- oder Sinn-Sequenzen, Libido- wie Aggressions-Kanalisierungen, usw.). Sprechen wir daher mit H. KURZ humoristisch von jenen ‚Spiegelgesprächen' als einem verbalen „pas de deux" bzw. der „optischen Schäferstunde" zweier „Seelenverwandter", „Doppelgänger", „Dioskuren" oder „Gegenäugler" in uns selbst, die sich wechselseitig durch ihren (EST- bzw. FST-) „Tubus" beäugen; (S. 4 f, 12, 28, 33).
Dabei wird es nicht selten geschehen, daß wir einzelne Bildzüge unseres Gesamtporträts eines anderen Menschen im Spiegelbild von uns selbst, aus dem dunklen

Abb. 2: Faust erblickt sich in seinem Traum-Spiegel

Innersten unseres eigenen Wesens auftauchend, wiederfinden (EST-Widerspiegelungen). Manchem mag es dann scheinen, als ob ihm ‚Der Teufel' einen solchen Wunsch- oder Alptraum-Spiegel vorhalte, wie einst Mephisto den Faust derart einen Blick in seinen ‚Höllen-Himmel' hatte werfen lassen; (siehe Abb. 2). Gemeint ist also jener (Infeld-) „Spiegel", der „aus dem Futteral schlüpft wie eine Schlange" (CANETTI, S. 74); durch welchen sich Menschen wie „behext" erfahren, wenn ihnen ihre (Fassaden-) „Maske" vom Gesicht „gerissen" wurde (BORGES, S. 131); den jener Dunkelmann Dapertutto (aus J. OFFENBACH's Oper) in seiner „Spiegelarie" beschwört, auf daß ihm sein „Engel" Giulietta die „Seele" Hoffmann's verschaffe:

„Leuchte, heller Spiegel, mir
Und blende ihn mit deinem Schein,
Daß sein Herz gehöre ihr
Und sein Leben mir allein . . ." (S. 34).

Hoffmann wird hier durch Niklaus, seinen ‚guten Geist', im letzten Augenblick vor dem Schlimmsten bewahrt; jener Erasmus Spikher (alias „Hoffmann") bei seinem „Abenteuer der Silvesternacht" durch die Erscheinung einer „weißen Gestalt", seiner Ehefrau, gerettet; (siehe Abb. 3). Zufolge von dessen Liebesaffäre mit jenem „höllischen Geist" Giulietta war ihm jedoch vorher schon sein (Fassaden-) „Spiegelbild abhanden gekommen", d. h. er hatte seinen ‚guten Ruf' als „ordentlicher vollständiger Familienvater" eingebüßt. Vergeblich sucht Erasmus seine Frau hiernach darauf hinzuweisen bzw. damit zu besänftigen, daß

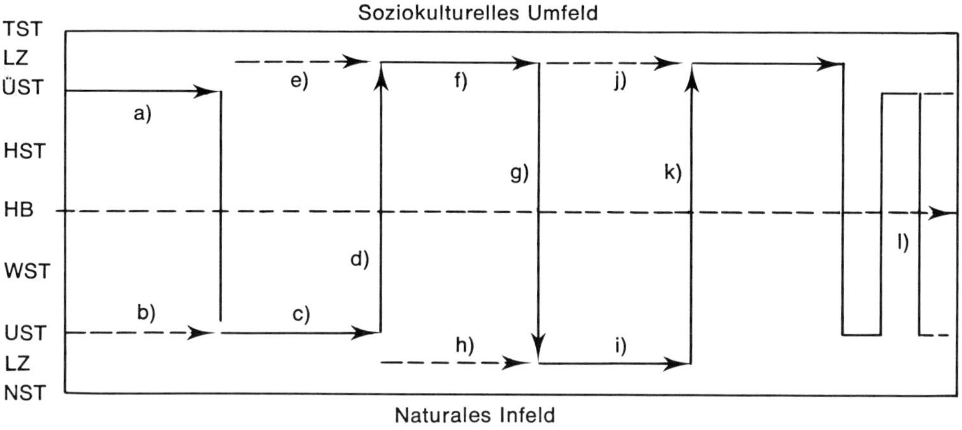

Abb. 3: Regulierungs-Diagramm zu E. T. A. HOFFMANN's „Geschichte vom verlorenen Spiegelbild"

Erläuterungen:

a) E. „mit Spiegelbild";
b) G. „erscheint";
c) Verlust des Spiegelbildes;
d) Heimreise;
e) die „ferne Stimme";
f) zu Hause;
g) Verstoßung und Rückkehr;
h) G. „in Engelsschönheit";
i) G. verlangt sein „Selbst";
j) die weiße Gestalt;
k) endgültige Verstoßung;
l) in der weiten Welt.

schließlich „jedes Spiegelbild doch nur eine Illusion sei" und überdies „das eigene Ich spalte in Wahrheit und Traum". Aber auch nachdem er sich um seiner „Seele" willen von der „Schlange" Giulietta, jenem „Wunderdoktor" Dapertutto sowie allem „Höllengesindel" endgültig abgewandt hat, mag ihn seine Frau als einen Mann „ohne Spiegelbild" (und daher dem „Spott der Leute" preisgegeben) nicht mehr bei sich aufnehmen. Spikher geht „in die weite Welt", wo er am Ende seines Weges, wiederum vor einem „Spiegel" stehend, sich selbst erneut voller „Sehnsucht und Verzweiflung" befragt: „Bin ich es auch wirklich? — O Giulietta — Himmelsbild — Höllengeist".

Unser regulierungs-biographisches Flußdiagramm dürfte sogleich erkennen lassen, wie Spikher sein Traum-Spiegelbild nur halbherzig, zwiespältig, ‚seelenlos' zu lieben bereit gewesen war, so daß er seine personale Identität und Wesens-Mitte nicht hatte finden können; (ÜST-UST-Ambivalenz und -Kippdynamik). Demgegenüber läßt GRILLPARZER Rustan, den Helden seines „dramatischen Märchens“: „Der Traum — ein Leben“, alle Höhen und Tiefen seiner „Wünsche“ jenseits dieser „Schauerbrücke“ zwischen Wachsein und Schlaf-Dasein erfahren; denn „was man weiß, befriedigt nur“. Und so — zwar „nicht geschehen, nur geträumt“ — ihm schließlich doch sich dann „enthüllt das Wahre“, nämlich: „Eines nur ist Glück hienieden, Eins: des Innern stiller Frieden“ (S. 18, 46, 84 f). Beispielhaft hat WERFEL in seiner „magischen Trilogie“ vom „Spiegelmenschen“ diese Regulierungs-Thematik dargestellt; (siehe Befund 2). Dem uns zur Veranschaulichung der ganzen Problematik notwendig erscheinenden ausführlichen Exzerpt sei das folgende Zitat als Leitgedanke vorangestellt:

„Unruh des Manns,
Der ohne Gegenwart zur Ferne süchtet,
Von einem Spiegelbild zum andern flüchtet
Im Lügentanz!
Du führst die Spur,
Die selbstverworfene, in deine Mitte ...“ (S. 135).

Befund 2; (aus: F. WERFEL, Spiegelmensch)

Thamal (30 Jahre alt, am „Bösen“ leidend und verzweifelnd, möchte als Mönch im Kloster Frieden finden; zum Abt): ... Schau mich nur an! Du siehst in meinen Zügen — den ewigen Fluch, Gott niemals zu genügen ... Ich kann vom Schlechten mich nicht anders scheiden, — Als mich vernichten, um es zu vermeiden ... Kann es denn eine andre Rettung geben? Abt: Nicht es vermeiden, Sohn, nein es zerleben! (Er küßt ihn) ... Doch schon mit diesem Hauch und Kuß verfällst — Du dem Geheimnis, das du selbst enthälst ... Thamal: ... Was hab ich getan? Hab ich recht gehandelt? ... Nun bin ich geweiht und werde verwandelt ...
(Ein „verhängtes Rechteck“ zieht ihn „magisch“ an) ... Verhüllt sich dort das Bild — Der Gottheit, nach der ich fragte? ... Mut! Ich bin entschlossen! Ich bin gewillt! ... (Er reißt die Verhüllung ab und blickt „wild grimassierend“ in einen „Spiegel“) ... Summarisch! Wenn du dich selber vergißt, — weißt du nicht, wie du abscheulich bist ... Ich wage einen starken Streich, — Entzweizuhauen den Alexanderknoten. — Hörst du? Zu Ende ist dein Reich! ... Geh zu den Toten!
(Thamal schießt in sein Spiegelbild; der Spiegel zerklirrt, heraus springt) Spiegelmensch: Zu den Toten: Nein! Du hast mich befreit ... Thamal: Gleißner! Marktschreier! Was willst du von mir? Spiegelmensch: Nur was du selbst willst, mein Gott, mein Befreier. — Doch ich allein enthülle es dir ...
Thamal: Meine Wahrheit ist: Ich bin geflohen — Im Ekel des eigenen Ungenügens. — Spiegelmensch: O du Meister des Lügens! ... Der Spiegel hat sich gebogen — Vor deinen Mono- und Dialogen ... Und dann tust du so blasiert, — Als könnte ein Weib dich nicht mehr entzücken. — Und dennoch wett' ich, zeigt eins nur den Rücken ... Und träumst du nicht in verlorenen Stunden — Alle, alle vor dir in den Staub? Thamal: Was willst du? Was willst du? Spiegelmensch: Glaub an dich, glaub! Thamal: Ich flieh meine Schwäche und Blöße. Spiegelmensch: Du fliehst deine eigene Größe ... Thamal: O wär ich groß! Spiegelmensch: Du Gott! Nur du allein! — In dir ruht eine Kraft ... Ein unerweckter Geist, — der niederrennend alle Wissenschaft — Den Raum in Stücke reißt ...
(Spiegelmensch zieht den widerstrebenden Thamal in die Welt; ein Mönch folgt ihnen, seine Peitsche schwingend. Thamal, von Spiegelmensch zu seinem „Lebenswerk“ getrieben, entzieht sich der Sohnespflicht, verrät den treuesten Freund, verläßt Frau und Kind, welches

stirbt, während er den „Widersacher der Menschheit" besiegt. Thamal läßt sich als „neuem Gott" huldigen, wird jedoch von „Polizeisoldaten" verjagt und irrt als Verbannter und Geächteter „im Hochgebirge" umher. Spiegelmensch ist an seine Stelle getreten als „Mächtiger" der Welt, bis er dadurch „gestürzt" wird, daß Thamal sich selbst anklagt und „dem Gericht" stellt. Zwar wird er von allen „Zeugen" entlastet, verurteilt sich jedoch selbst als sein eigener Richter „zum Tode". Spiegelmensch stirbt, und Thamal findet sich im Kloster wieder; wie alle Mönche ist auch er jetzt „ohne Spiegelbild").
Mönch: Nun bist du aus des zweiten Lebens Nacht — Zur Schau der Morgenwirklichkeit erwacht. — Denn hinter dir versank die Spiegelwelt, — Die uns die Fratze gegenüberstellt — Der eigenen Person in jedem Wesen, — Die Welt, von der die Wenigsten genesen . . .

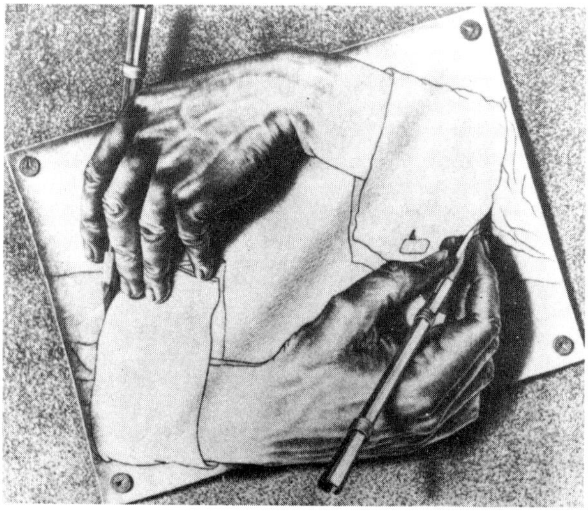

Abb. 4: HB-zirkuläre Spiegelungs-Kongruenz; (nach ESCHER, aus HUGHES—BRECHT, S. 37)

Danach handelt es sich hier um einen Prozeß der Annäherung an einen Endgleichgewichts-Sollwert von humaner Existenz „ohne Spiegelbild", d. h. eine Art von mystischer Koinzidenz bzw. HB-zirkulärer Kongruenzdynamik unserer (FST-) Welt- und (EST-) Selbst-Spiegelungen. Im Falle eines Dauerzustandes dieser Befindlichkeit von Total-Homöostasierung wären dann weitere Partner-Begegnungen ausgeschlossen und damit unsere menschlichen Entfaltungsmöglichkeiten endgültig abgebrochen. Entsprechend heißt es daher auch in BINDING's „Spiegelgesprächen" (Kap. 6: über die „Letzten Dinge"), nur „Tier und Gott" seien „ohne Spiegel schön, sicher, vollkommen . . ." (S. 87) [4]).
Der Mensch braucht also jene beiden gegen-polaren Spiegelbilder, um einerseits als Gesellschaftswesen „in Ordnung gehalten" zu werden (FST), andererseits „wie genährt von Kräften einer höheren Wahrheit" sich individuell entfalten zu

[4]) Vgl. dazu H. v. KLEIST, Über das Marionettentheater (1811).

können (EST). Zu letzterem benötigt er vor allem den Traum-Spiegel, so wie der Schauspieler die Maske für seine Rolle auf einer Theaterbühne. Nehmen wir als ein Beispiel hierfür die komödiantische Selbstdarstellung jener drei ‚Unterteufel' in „Hoffmanns Erzählungen" (Coppelius, Dapertutto, Mirakel), wovon BINDING wie folgt berichtet:

„G. saß vor dem großen Spiegel ... Er schminkte sich ... Ein unheimlicher Mensch entstand in ihm ... Und wir sahen, wie ihn sachte ... die Gestalt höher erfüllte, die da halb

Abb. 5: GRANDVILLE, „Verwandlung" (1803—1857).

durch ihn entstand, halb sich erschuf ... Das werdende Bild der Maske, das da magisch sich vergrößerte ... Der Schauspieler ist besessen von seiner Rolle, die Rolle ist seine Wahrheit ..." (S. 42, 61, 64 f).

Jene anderen FST-polaren Spiegelungen benötigen wir hingegen, um uns an unsere soziokulturellen Lebenslandschaften anzupassen, besser in unsere gesellschaftlichen Umfelder einzufügen. In dieser Hinsicht sind sie für uns Menschen als Gesellschaftswesen einerseits unerläßlich, weil für unsere Individualentfaltung förderlich; sie können sich andererseits aber auch diesbezüglich als eher hinderlich auswirken. Denn wir alle kommen als „Originale zur Welt"; um in den gesellschaftlichen Verbund-Systemen jedoch besonders anerkannt, geachtet, erfolgreich zu sein, geben sich viele Menschen offensichtlich sogar „unsagbare Mühe“, soziokulturell-uniforme (TST-zirkuläre) „Kopien“ zu werden (STENDHAL, zit. nach E. SKASA-WEISS, S. 14; siehe Abb. 5). Diese für uns selbst also immer sowohl vorteilhafte als eben auch verlust-bringende Funktionsdynamik FST-polarer Fassaden-Spiegelungen soll im folgenden Literaturbeispiel nochmals verdeutlicht werden; (siehe Befund 3).

Befund 3; (aus: R. G. BINDING, Die Spiegelgespräche).

(Eine Frau hat ihren Spiegel „verstellen“ lassen und tritt aus dem Schlafzimmer „achtlos“ an ihn heran): „Es war ein Wunder dort, ein nie Geschautes ...: ich war es selbst, ich ganz ... Da geschah es ..., daß ich, mich erkennend, nun erschrak ... Mein ganz lebendiges Ich — gerann zu einem Bilde ... Ich bin es und ich bin's doch nur verfälscht“ ...
(Er): „Merkwürdig, daß die Menschen diesen Raub ... gar nicht bemerken ...: Der Spiegel nimmt den Menschen ihre Naivität; aber das Spiegelbild gibt sie ihnen wieder zurück ... Sie nehmen es einfach als das gültige Bild ihrer selbst ... Kann man nicht von einer Spiegelstarre, von einer Spiegelatmosphäre sprechen, in der die Dinge und Bewegungen anders ablaufen als sonst: merkwürdig gebannt, bedacht, vorsichtig, wie unter einem hemmenden Zauber, wie unter Wasser ..., wie unter einer Zeitlupe“. (Sie): „Ja ..., es ist, als ob der Spiegel immer eine Ordnung unser selbst ... beansprucht, die uns lähmt“ ...
„Trotzdem“, sagte die Frau ..., ich muß den Spiegel verteidigen ... Er gibt uns auch etwas ... Ich wünsche ja bestätigt, geschützt zu sein; ich wünsche in Ordnung gehalten, gesichert zu werden durch eine Kontrolle, eine Aufsicht, die ich mir selbst auferlege“ ...
(Er): „Wer sich vom Spiegel bestätigen läßt, vermag sich nicht selbst zu bestätigen ... Uns umschleichen die Unsicheren, Zagen, mit dem Spiegelglauben, mit dem Spiegelgehorsam, mit der Spiegelunterwürfigkeit“ ...
(Sie): „Mein Bewußtsein sagt mir aber doch, wie weit ich zu gehen habe ... Als dieses sichtbare Gewissen gehört es mir und wird mein eigen“ ... (Er): „Sie machen Ihr Bild zu einem Teil Ihres Ichs ... Sie setzen ein Aufsichtsbild über das eigentliche Bild und danach verwechseln Sie jenes mit diesem ... Sie ordnen sich dem Bild unter ... Das ist Ihr und aller Menschen zweiter großer Tribut an den Spiegel“ ...

Jede Art von Fassaden-Spiegelung „gibt“ also und „nimmt“ uns zugleich auch etwas: sie ‚schützt‘ und ‚bestätigt‘ den Menschen im Rahmen seiner soziokulturellen Lebensordnungen; andererseits aber ‚lähmt‘ und ‚verfälscht‘ sie ihn als ein ‚sui generis‘ individuell-existierendes Naturgeschöpf. Dieser ‚räuberische‘ Funktions-Effekt des FST-Spiegels kann im Extremfall über eine Ich-Verfremdung bis zur Entpersönlichung und Selbst-Auslöschung führen; (ÜST- versus TST-Schaltung i. S. unseres Modells). Solche Menschen erscheinen dann wie „aus gläsernen Urteilen anderer gebildet“ und daher „nur noch im Stützwerk von Rechten und Organisationen stark“ (BINDING, S. 101). Ebenso gewinnen und verlieren werden wir aber auch in entsprechend umgekehrter Weise, wenn wir uns jenes (EST-) Traumspiegels bedienen. Wir zitieren dafür zunächst aus einer literarischen Darstellung jener (kipp-regulativ) halluzinatorischen (UST-NST-) Doppelgänger-Erscheinung im „Leben“ von „Jesus, dem Unbekannten“; (siehe Befund 4).

B e f u n d 4; (aus: D. MERESCHKOWSKIJ, Die Apokryphen von Jesus, dem Unbekannten).

„... Ein Wacholderbusch zu Füßen des auf dem Stein Sitzenden, tot in toter Wüste, schien das einzige ringsum zu sein, das im Winde trocken rauschte ... (Da) vernahm er und vernahm es doch nicht, ein Rauschen wie einen Schritt ..., wie jemand von hinten herankam und sich auf den Stein neben ihm setzte.
Zehn Jahre zuvor war ihm folgendes widerfahren: Joseph, ein Meister des Bauhandwerks, besserte mit Jesus, dem Gehilfen, in der Stadt Sephoris, in einem vor der Stadt gelegenen Hause einer römischen Buhlerin die Decke eines Zimmers aus. Jesus ging während der Arbeit zufällig am Schlafzimmerfenster vorbei, daneben ein großer runder Spiegel aus geglättetem Kupfer stand, blickte hinein und gewahrte sich selbst ...: Er erkannte sich zwar und doch erkannte er sich nicht. Das bin nicht Ich, das ist er — der andere, ... und er eilte voll Angst davon ...
So wußte er auch jetzt, daß, wenn er den neben ihm Sitzenden anblicke, er sich selber wie in einer Spiegeltiefe gewahren würde ... Sich selber und doch nicht sich selber — den anderen. ‚Wo ist er, wo bin ich?' ‚Wo bin ich, wo bist Du?' ‚Wer hat das gesagt, er oder ich?' ‚Ich oder Du?' ‚Meschiah-meschugge, meschugge-Meschiah!'
‚Der Messias ist von Sinnen — von Sinnen ist der Messias!' rauschte und raunte der Wacholder ... Wie lang der Tote geraunt, gerauscht — der Lebendige wußte es nicht: waren es vierzig Augenblicke, waren es vierzig Ewigkeiten? ..." S. 331 f). [5]).

Jede Traum-Spiegelung zeichnet also den ‚Schattenriß' einer Persönlichkeit, ihren finsteren „Grund" und damit die „unheimliche Existenz" unseres Wesens gegenüber dessen ‚Lichtbildern' in jenem anti-polaren Fassaden-Spiegel. So erscheinen solche Schatten-Porträts als „Erinnerung" an unsere „Herkunft", das uns bislang „verborgene Sein" in uns selbst, wie ein „Fremdes" und doch „Eigenes" zugleich. Diese „unersättlichen" Traumgebilde sollten uns daher nicht „schrecken"; wir müssen sie vielmehr „durchschauen" lernen, zu „bannen" und schließlich von uns „abzulösen" suchen, anderenfalls unser „Herz" in ihnen „ertrinken" könnte. Sicher jedoch fließt allen Geschöpfen prioritär „aus dem Dunkel ... die Kraft ihres Lebens" zu; insbesondere aber gilt für deren Wachsen und Reifen der Satz: „Nicht im Licht kommen die Wesen zu sich selbst, sondern im Nicht-mehr-Licht!" (GEIST, S. 16 ff) [6]).
In der griechischen Mythologie galt Eros, Sohn der Aphrodite und des Ares (oder von Hermes), als Dämon der Liebe bzw. Liebenden, ausgestattet mit einer brennenden Fackel, Bogen und Pfeilen sowie goldenen Flügeln (als den Attributen seiner Eltern). Sein ihm wesensverwandter ‚Gespiele' war Anteros, mythologisch also die ‚Gegenliebe' versinnbildlichend. Betrachten wir im Zusammenhang damit zunächst den mythischen Bericht über jenen selbstischen Liebeswahn des Nárkissos. Dieser vielumworbene Jüngling verschmähte sogar die Liebe der schönen Nymphe Echo [7]) und verliebte sich stattdessen leidenschaftlich in sein eigenes Spiegelbild, das er in einem Quellwasser erblickte, und an dessen Rande er

---

5) Zur Geschichte und Bedeutung der „Meschuggins", einer Sekte von „gottbesessenen" Wahrsagern und Propheten seit den Zeiten S a m u e l s, vgl. WAHL; (Hinweis Prof. SELBACH).

6) Gedanken von P. KLEE über eine „Spinne beim Anblick ihres Schattens".

7) (gr.) ἔχω, (u. a.) in sich haben, enthalten.

schließlich voll unstillbarer Sehnsucht nach sich selbst verschmachtete; (NST-Zirkel i.u.S.).

Bei einem derart totalzirkulär infeld-autistischen Liebesverhalten fehlt somit der uns entgegen-liebende Partner, jener mythische Anteros oder unser spiegelbild-erotisches ‚Alter-Ego'. Dem Mythos nach und ebenso aus regulierungs-psychologischer wie spiegelungs-theoretischer Sicht, handelt es sich also um eine unvollständige, weil unipolar entgleiste Form von Liebesgeschehen. Die gegenpolare Zirkeldynamik von libidinös-regressiver Triebbefriedigung finden wir bei jener poetisch-legendären Gestalt des Don Juan (seit T. de MOLINA, 1630), Sinnbild einer richtungslos umherschweifenden, sich wahllos betätigenden, trotz unzähliger Liebesabenteuer ewig ungestillt bleibenden Erotik; (TST-Zirkel i.u.S.). Wir verweisen hier nur auf Leporello's amüsant-illustrative „Register-Arie" (in MOZART's „Don Giovanni", 1787), und zitieren dafür ausführlicher zwei Szenen aus der Don Juan-Komödie von M. FRISCH (1953), die uns den Ansatz für eine regulierungs-theoretische Lösung jener Eros-Problematik bieten können.

Befund 5; (aus M. FRISCH, Don Juan oder die Liebe zur Geometrie).

a) Don Juan (beim vorhochzeitlichen Maskenfest, zu seinem Freund Don Roderigo): ... Laß uns ehrlich sein ... Woher weißt du, wen du liebst? Da draußen an der Zisterne mit dem Spiegelbild im schwarzen Wasser .. Ich glaube, ich liebe ... Aber wen?
Don Roderigo: Donna Anna, deine Braut!
Don Juan: Ich kann sie mir nicht mehr vorstellen — plötzlich ...
Don Roderigo: ... Du bist von deinem Glück verwirrt, das ist alles, Juan. Laß uns hineingehen.
Don Juan: Ich kann nicht.
Don Roderigo: Wo in aller Welt willst du hin?
Don Juan: Fort!
Don Roderigo: Zu deiner Geliebten: zur Geometrie?
Don Juan: Wo ich weiß, was ich weiß: — ja. Hier bin ich verloren. Vor einer Stunde, als ich ums Schloß ritt, sah ich im Fenster ein junges Weib, ich hätte sie lieben können, die erste beste, jede, so gut wie meine Anna.
Don Roderigo: Vielleicht war sie es?
Don Juan: Vielleicht! Und darauf soll ich schwören, meinst du, wie ein Blinder, der nicht sieht, was er liebt, und jede kann kommen und sagen, sie sei es? ... (S. 239).

b) Celestina (Kupplerin, zu Miranda, einer ihrer Dirnen): ... Heule nicht! sag ich ... Und rede keinen Kitsch! .. Verliebt! ... Verliebt in einen einzelnen Herrn —
Miranda: Ich kann doch nichts dafür!
Celestina: Hab ich euch nicht immer und immer gewarnt: laßt eure Seele aus dem Spiel? Ich kenne das Schlamassel der wahren Liebe! ... Ein Geschöpf wie du, Herrgott im Himmel, schön und verkäuflich, plötzlich kriechst du wie ein Tier und schwatzest wie ein Poet. Seine Hände! Seine Nase! Seine Zehen! und was hat er noch, dein Einziger? Ich habe es ja schon lange gemerkt — diese Innerlichkeit!
Miranda: ... Es ist nicht der Mann, Celestina, nicht einfach so, es ist etwas an ihm — ich weiß nicht: etwas Wunderbares ...
Celestina: Seine Persönlichkeit?
Miranda: Ja! ... (S. 331).

Aus unserer „Innerlichkeit“ heraus also werden wir uns den möglichen Liebespartner „vorstellen“ müssen, um ihn unter den vielen Masken „erkennen“ [8]), das „Wunderbare“ [9]) erfahren zu können (FRISCH, S. 329 ff). Dies entspricht auch unserer Modellkonzeption, wonach moralcharakterologische Entscheidungen in Begegnungsprozessen prinzipiell (und das stets für beide Partner geltend) sinusoidale et EST- et FST-Schaltungen mit der ersteren als primärer und weiterhin prioritärer Bezugs-Einstellung voraussetzen. Im Bereich der libidinösen Antriebsdynamik erscheinen diese beiden (EST- FST-) Schalt-Pole bzw. Eros-Tendenzen als „Gegenstück und Ergänzung“ typologisch-stilisiert wie -personifiziert in H. HESSE's Roman: „Narziß und Goldmund“ (1930; S. 46). Unterstellen wir nun für das ‚wunderbare Erkennen‘ des oder der Geliebten eine notwendig EST-polaritär akzentuierte Vorstellung als Voraussetzung dafür, dann handelt es sich hierbei um ein regeltechnisches Analog-Phänomen zu jenem mythologischen Pygmalion-Effekt.

Pygmalion, König von Kypros, verliebte sich nämlich in die von ihm selbst verfertigte elfenbeinerne Statue einer Jungfrau; und nachdem Aphrodite auf seine flehentlichen Bitten hin dieses ‚Bild‘ zum Leben erweckt hatte, nahm er die so ‚Erwachte‘ zu seiner Gemahlin. In B. SHAW's Pygmalion-Komödie widerfährt dies ähnlicherweise jenem egoman-selbstherrlichen Hagestolz Prof. Higgins seitens der von ihm zu einer sprachgewandten Dame ‚gebildeten‘ und dabei eine selbstbewußte Persönlichkeit gewordenen Blumenmädchens Eliza: „Weiß Gott, Eliza, ich habe gesagt, daß ich ein Weib aus ihnen machen würde, und das habe ich getan. So gefallen sie mir“ (S. 96). Und in LERNER-LOEWE's bezauberndem Musical ‚erkennt‘ Higgins schließlich mit folgenden Worten Eliza als seine „Fair Lady“ (S. 120 ff):

„Verdammt! Verdammt! Verdammt! Verdammt! . . .
Bevor sie kam, war ich ganz unabhängig.
Ja, das weiß ich noch —
Sicher könnt' ich's, wenn ich wollte,
Wieder sein — — und doch . . .
Ich bin gewöhnt an etwas, das
Unfaßbar wie das Licht —
Gewöhnt an ihr Gesicht“ (S. 120 ff).

Literatur:

BINDING, R. G., Die Spiegelgespräche. Hamburg: H. Dulk-Verl., 1948 (1932).
BORGES, J. L., Der schwarze Spiegel. München: Hanser-Verl., 1961 (1935).
CANETTI, E., Komödie der Eitelkeit. Stuttgart: Reclam-Verl., 1981 (1934).
ELFERS, J. (u. a.), Anamorphosen, Köln: Du Mont-Verl., 1981; (über „Zerrspiegel“ usw.).
FRISCH, M., Don Juan oder die Liebe zur Geometrie. (In: Spectaculum I). Frankfurt/M.: Suhrkamp-Verl., 1956.

---

[8]) Siehe hierzu die heidnisch hochzeits-zeremoniellen Mummenschanzfeste bzw. frühchristlichen „Nächte des Erkennens“ für Braut und Bräutigam „kraft ihrer wahren Liebe“ (FRISCH, S. 330).

[9]) Ein literarisch erstmals von I b s e n am Schluß seiner „Nora“ derart benütztes Wort.

GARDNER, M., Unsere gespiegelte Welt. Frankfurt/M.—Wien: Ullstein-Verl., 1982; (naturwissenschaftliche Aspekte).
GOETHE, J. W. v., Tasso. (In: Werke, 2. Band). Insel-Verl., 1949.
GRILLPARZER, F., Der Traum ein Leben. Stuttgart: Reclam-Verl., 1954 (1828).
HESSE, H., Narziß und Goldmund. Frankfurt/M.: Fischer-Verl., 1962 (1930).
HOFFMANN, E. T. A., Die Geschichte vom verlorenen Spiegelbild. (In: Spukgeschichten und Märchen). München: W. Goldmann-Verl., o. J. (1814/15).
HOCKE, G. R., Die Welt als Labyrinth. Hamburg: Rowohlt-Verl., 1957; (über „Spiegellabyrinthe" usw.).
HUGHES, P. (und G. BRECHT), Die Scheinwelt des Paradoxons. Braunschweig: Vieweg-Verl., 1978.
KURZ, H., Die beiden Tubus. Nürnberg: Hesperos-Verl., 1944.
MAUGHAM, S., Honolulu. (In: Betörende Südsee). München: List-Verl., o. J.
MERESCHKOWSKIJ, D., Die Apokryphen von Jesus dem Unbekannten. (In: Das Kreuz im Walde. Hrsggb. v. J. v. GUENTHER). Donauwörth: Cassianeum-Verl., 1949.
LERNER, A. J. (und F. LOEWE), My Fair Lady. München: Droemer-Knaur, 1963.
MOZART, W. A., Don Giovanni (Textbuch L. da PONTE). Stuttgart: Reclam-Verl., 1967.
OFFENBACH, J., Hoffmanns Erzählungen. (Libretto von J. BARBIER). Stuttgart: Reclam-Verl., o. J. (1881).
SHAW, B., Pygmalion. Stuttgart: Reclam-Verl., 1948 (1906).
SKASA-WEISS, E. (Hrsgb.), Grandville (Verwandlungen). Feldafing: Buchheim-Verl., 1958.
WAHL, R., Spuren im gelobten Land. Bergisch-Gladbach: G. Lübbe-Verl., 1979.
WERFEL, F., Spiegelmensch. (In: Die Dramen I). Frankfurt/M.: S. Fischer-Verl., 1959.

„Heute hatte ich einen wundervollen Traum:
ich gab Cicero einen Fünfer im Latein".
(R. WILKE, „Gymnasiallehrer"; 1907).

3. BAUTEILE

Wenn heute einer unserer homo sapiens-Ahnen beispielsweise aus der Kultur-Epoche des Aurignacien (vor etwa 35.000 Jahren) „in einem Maßanzug zu uns träte", so würde er „überhaupt nicht auffallen". Andererseits gehört ebenso wenig Phantasie dazu, „heutzutage immer wieder die Vision eines Ur-Menschen zu haben, der seinen Faustkeil spielerisch von einer Hand in die andere gleiten läßt . . ." (KLEEMANN, S. 31, 165). Insbesondere ab der Wende zur Seßhaftigkeit, Agrikultur, Sozialisation usw. (vor etwa 10.000—6000 Jahren) haben sich also unsere Vorfahren immer besser maß-geschneiderte Kultur-Felle angepaßt, um derart sozio- bzw. psychotechnisch ihre atavistischen Instinkte verdecken, filtern, sublimieren zu können. Auf dem Wege der ‚Verinnerlichung' dieser soziokulturellen Häute kam es dann zur Ausstrukturierung von Membranschichten als entsprechenden Steuerungs-Organen, -Instrumenten, -Instanzen sowie schließlich zur Instituierung regelmechanistisch-funktionierender Kontroll-, Umkanalisations- und Regulierungs-Systeme der Persönlichkeit. Vor allem dadurch sind daraufhin jene zivilisatorische Organisation und Hochentwicklung humaner Gesellschaftsformen bzw. darin die weitere Entfaltung des menschlichen Geistes möglich geworden; (siehe Abb. 1 und 2).

Abb. 1: Paul FLORA, „Zeitgenosse Urmensch" (1963)

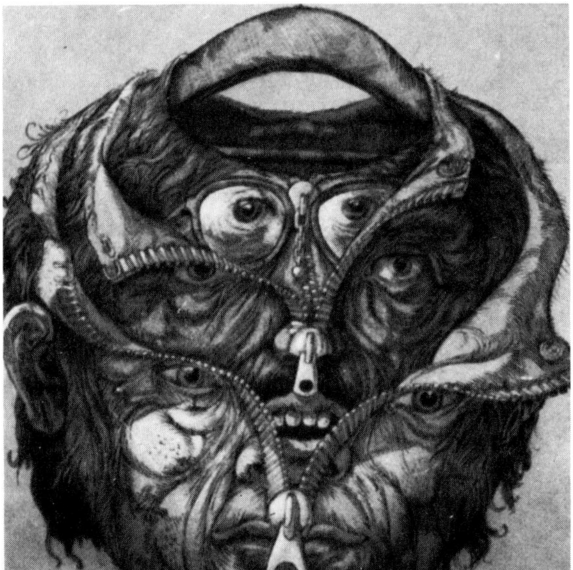

Abb. 2: Karl ARNOLD (1970)

Um in stationär-organisierten Menschengruppen als Einzelwesen überleben zu können, anerkannt zu werden, Erfolg zu haben, ist seit den hominiden Urhorden schon die strikte Beachtung biosoziologisch vorgebildeter, das Gemeinschaftsleben stabilisierender Spiel-Regeln notwendig bzw. förderlich gewesen. Dazu gehören u. a. ein möglichst reibungsloses Sich-Einfügen in den Sozialverband sowie die jederzeit willfährige Demonstration von ‚Demutsgebärden' gegenüber ranghöheren Gesellschaftsgliedern. Einem fundamentalen Lebensgesetz zufolge, sind jedoch auch hierbei mit jenen Vorteilen immer auch Nachteile in anderer Hinsicht für das Individuum verbunden. Dies zeigt sich vor allem in den Extremfällen derart selbstdomestikativer Anpassungs-Bereitschaft und Unterordnungs-Willigkeit, welche ÜST-TST-Einstellungen nämlich sowohl direkt zu partiellen Denaturierungen wie Nivellierungen unseres individuell-originären Naturells führen können, als auch über kipp-regulative Gegenschaltungen oftmals urnaturale Primitiv-Reaktionen zur Folge haben; (siehe Kap. 2, Abb. 5, bzw. Kap. 3, Abb. 1 und 2). In dem uns umfassenden Gesellschaftsganzen favorisiert wie besonders erfolgreich zu sein und deshalb besser als andere leben zu können, dürfte als ein elementares Bedürfnis fast aller Menschen unterstellt werden müssen. Daher mag es auch regulierungs-theoretisch durchaus verständlich sein, wenn jene Verhaltensweisen des ‚Nach-oben-Buckelns' und ‚Nach-unten-Tretens' (siehe Abb. 3 a

Abb. 3 a: Th. Th. HEINE, „Homo sapiens" (1896)

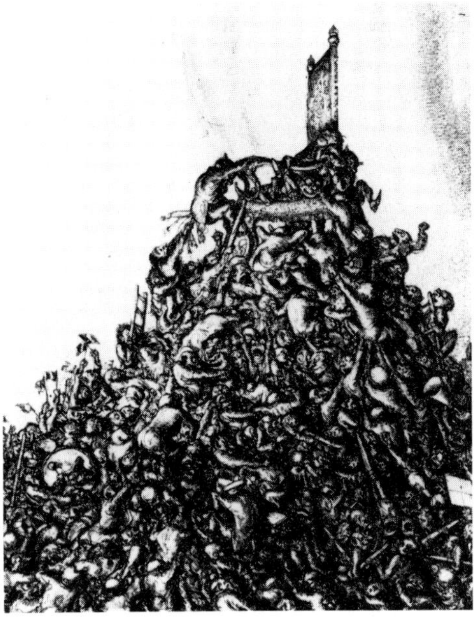

Abb. 3 b: A. Paul WEBER, „Die Besten der Nation" (1930/55)

und b) sowie des ‚Zur-Schau-Stellens' der eigenen Vorzüge und ‚Vor-Augen-Führens' der Schwächen unserer Mitmenschen (siehe Vorspruch) so weit verbreitet sind. Denn zweifellos handelt es sich hierbei um probate Verhaltenstechniken zur Homöostasierung bzw. Ultrastabilisierung des Selbstwertgefühls als fundamentalem Persönlichkeits-Radikal auf einem möglichst hohen Erlebens-Niveau.
Bei allzu steilem Aufstiegsgradienten einer derart bewerkstelligten Erfolgskarriere sowie dazu noch extrem hohen Anspruchs-Sollwerten wird es jedoch oft nur zu einem labilen, weil kipp-ambivalenten (Pseudo-) Gleichgewicht zwischen den vordergründig-demonstrierten (ÜST-TST-) Gleichschaltungen und jenen hintergründig-gegenregulierten (UST-NST-) Privat-Einstellungen kommen; (siehe Abb. 4 a und b). Auf der anderen Seite freilich versprechen die existentialistisch-utopischen ‚Umsprünge' mancher Erfolgloser aus dem ‚Nichts' in das ‚Höchste' wohl auch nur zur Not ein temporäres und ebenso fragiles Gleichgewicht personalen Selbstwerterlebens; (siehe Abb. 5). Bleibt also wahrscheinlich dem entschiedenen Individualisten allein noch der Ausweg, im Gewande des Narren (EST) und mit einem Füchslein am Herzen (FST) sich selbst bewahren, sinnerfüllt leben, sich befriedigend einregulieren zu können; (siehe Abb. 6).
Werfen wir jetzt noch einen Blick auf eine jener soziokulturell so überaus nützlich scheinenden wie für sich selbst erfolgreich agierenden ‚Doppelexistenzen' in unseren Gemeinwesen, nämlich den so bemerkenswert zwielichtig-integeren

Abb. 4 a: George GROSZ, „Spießerspiegel“ (1955)

Abb. 4 b: Bele BACHEM, „Familienausflug“

Abb. 5: Kurt HALBRITTER, „Und das Höchste ist das Nichts" (1955)

Abb. 6: A. Paul WEBER, „Die Geduldigen" (1935/55)

(FST-) Mantelrollen-Träger wie (ESt-) Traumrollen-Spieler in einer Person, Herrn „Schmidt-Pienert"; (siehe Befund 1). Diesem (FST-) ‚Schmied' seiner (EST-) ‚Wenigkeit' [1]) gelingt es nämlich auf beispielhaft-vortreffliche Weise, dringliche In-

[1]) Beachte die FST- („Schmidt") bzw. EST- („Pienert") Nomenklatorik i. S. unseres Modells; zu letzterem Namen vgl. (engl.) peanut, Erdnuß, (im übertragenen Sinne) Kleinigkeit, (am.) peanut politics, politisches Intrigenspiel.

teressen des Gemeinwohls mit den privaten Bedürfnissen in rechten Einklang zu bringen, und sich derart als gesellschaftlich hoch-geachteter Bürger wie persönlich höchst-zufriedener Mensch zu etablieren.

Befund 1; D. KITTNER, „Amtshilfe".

Herrn
Dr. Emil Schmidt-Pienert
„Federkern-AG"
Aufsichtsrat
Hierorts
Sehr geehrter Herr Schmidt-Pienert!
Hiermit bestätige ich mir noch einmal das Ergebnis unseres Arbeitsessens von gestern. Anwesend war ich in meiner Eigenschaft als 1. Vorsitzender des Bürgervereins, 2. Vorsitzender des Kegelvereins, 3. Stadtrat. 4. Mitglied des Landtags und des Ausschusses für Sauberkeit, Ordnung und Regel, Mitglied des Vorstands der Freien Sozial-Christlichen Partei Deutschlands, Vorstandsmitglied der Gewerkschaft Öffentliche Dienste, Genuß und Verkehr und in meiner Eigenschaft als Aufsichtsratsmitglied der Federkern-AG. Das Essen verlief in freundschaftlich aufgeschlossener Atmosphäre. Die Spesen für alle 7 Anwesenden übernahm ich je zur Hälfte in meiner Eigenschaft als Stadt- bzw. „Federkern"-Aufsichtsrat. In meiner Eigenschaft als Bürgervereinsvorsitzender hatte ich zunächst noch einige starke Bedenken gegen das Projekt Klosterstraße. Ich ließ mich jedoch dann von mir in meinen anderen Eigenschaften überzeugen, daß ein Eros-Center für eine Weltstadt wie die unsere unerläßlich ist, wenn sie Wert auf Attraktivität, IMAGE und verstärkte Industrieansiedlung legt, um damit Umsatz, Profit — auch der kleinen Gewerbetreibenden — und Steueraufkommen zu erhöhen. Damit dürfte ich jetzt die Widerstände bei mir beseitigt haben.
Ich denke, damit ist mir allen geholfen.
Mit vorzüglicher Hochachtung Mein

....
(Emil Schmidt-Pienert)

PS: Ich danke mir noch mal besonders für die Gutscheine zur Einweihung des Hauses Klosterstraße. Ich werde mich in allen meinen Eigenschaften genauestens davon überzeugen, daß alles seine Ordnung hat.

Man könnte danach — mit einer doppeldeutigen Redewendung — sagen: dieser Mensch genießt sein Leben ‚in vollen Zügen'. Wohl möchten wir alle mehr oder weniger auf solche oder ähnliche Weise (FST-) beförderungs-technisch eine maximale Befriedigung unserer (EST-) Bedürfnisse, -Wünsche, -Interessen usw. erreichen; für die meisten von uns endet jedoch diese Mitfahr-Karriere schon an einer der ersten Stationen. Solch ein Versagungserlebnis mag dann das Selbstwertgefühl vieler Menschen erheblich beeinträchtigen, so daß ihnen zugestanden werden muß, sich gegenüber erfolgreicheren Fahrgästen mittels, wenn auch oft recht suspekten, Imponier- und Diskriminier-Techniken aufzuwerten und derart selbstregulativ wieder ins Gleichgewicht zu bringen. Denn „durch die Welt sich zu helfen ist ganz was Eignes; man kann sich nicht so heilig bewahren als wie im Kloster, das wißt Ihr . . ." (GOETHE, S. 74).
Andererseits kann nun aber das Gedränge in jenen ‚vollen Zügen' für uns selbst auch sehr bedrückend und beengend sein, mag ein ‚Klettergerüst' zum Gitter oder

engmaschigen Netz werden können, in dem wir uns verfangen, verstricken, verlieren. Aus der anfänglichen Traum-Reise ist dann eine Alptraum-Fahrt geworden bzw. jene Himmelsleiter hat sich in eine Höllenstiege verwandelt. Denn viele erfahren nach der zunächst ersehnten ‚Investitur' ihrer gesellschaftlichen (EST-) Wunsch-Rolle zufolge deren funktions-autonomer (FST-) Feedback-Dynamik, daß sie zunehmend „nicht mehr sie selbst sein" können. Sie sind dann beispielsweise „nur noch die Würde, die ihr Talar repräsentiert", was diese Menschen in selbst-illusionistisch erträglicherer Form dann wie folgt erleben, beschreiben, rechtfertigen mögen:

„Ornat, schöner Zierat, ihr bewahrt mich vor dem Leben, der Erde und dem Himmel. Aus euch wachsen meine Gebärden, die euch um so schöner zur Geltung bringen, damit nur ihr bestehen bleibt, in herrschaftlicher Würde. Aus meinen Gebärden, die aus euch hervorgegangen sind, entstehen meine Gedanken, meine Sprache und endlich meine Botschaft an die Welt. Ich lebe nicht, ich tanze ..." (GENET, S. 169, 174, 188).

Nicht extreme ÜST-TST- und/oder UST-NST-‚Züge', sondern sinusoidale HST-WST-Pendelungen dürften also in der Regel das Optimum individueller Bedürfnisbefriedigung wie Selbstwert-Homöostasierung gewährleisten bzw. bewirken können. Diese Einsicht vermittelt auch und in allgemeingültiger Weise das von uns konzipierte, bipolar-binäre Regelkreis-Modell der Persönlichkiet; (siehe Kap. 1, Abb. 2). Unsere folgende Abb. 7 a, eine Zeichnung P. KLEE's aus dem Jahre 1940, zeigt „Die Schlange" (als Lebens- und Weisheits-Symbol) sich derart ÜST-UST- via HST-WST-sinusoidal zwischen zwei metaphorisch verschlüsselten Pol-Phänomenen hindurch-windend, welche beide vom Künstler als deren „Feind" bezeichnet werden; (das ‚Auge' des NS-Staates bzw. ‚Monster' der Kriegsmaschinerie). Generalisierend decodiert, handelt es sich somit um die Versinnbildlichung einer (totalitär-diktatorischen) TST- bzw. (atavistisch-destruktiven) NST-Funktionsdynamik, so daß wir diese Zeichenschrift als steno-graphische Hieroglyphe der Grundform unseres Modellsystems interpretieren können; denn KLEE's

Abb. 7 a: Paul KLEE, „Die Schlange und ihr Feind" (1940)

Bilder sind „Gesten, Formeln, Symbole, Sternbilder, Strukturen, die man lesen muß wie eine geheimnisvolle Schrift . . ., visionäre Miniaturen, sichtbar gewordene Sprache einer übersinnlichen Deutung der Welt" (GEIST, S. 8).
Wie biokybernetisch und regeltheoretisch nachgewiesen ist, gerät ein Regulierungs-System bei restloser Auskompensation aller Störfaktoren in eine kritische Labilisierungsphase und wird danach evt. total funktionsunfähig; (HB-Zirkel i. S. unseres Modells). Bekannt ist die Geschichte von BURIDAN's Esel, der sich, genau in der Mitte zwischen zwei gleichen Heuhaufen stehend, für keinen davon entscheiden konnte und so verhungern mußte. Am besten hätte er dabei wohl zunächst wechselseitig von der einen wie der anderen Futterquelle gekostet, welche Handlungsweise allgemein zur Lösung von Zweifelsfragen bestens geeignet sein dürfte. Wir beobachten demgemäß auch bei uns selbst vor endgültigen Entschlüssen und Entscheidungen ein sinusoidales Schwanken zwischen in Frage stehenden zwei Möglichkeiten der Bewältigung eines Daseinsproblems. Derart einem ‚Seiltänzer' ähnlich hin und her balancierend, werden wir schließlich wie er an unser Ziel gelangen können, welche dauernd vom Absturz bedrohten

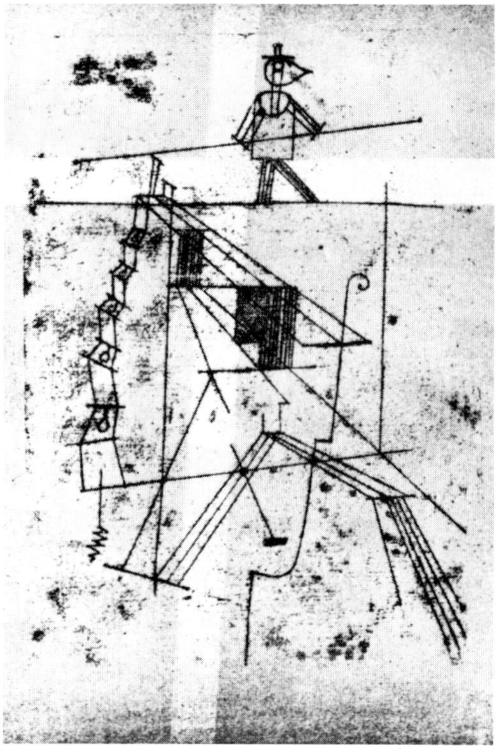

Abb. 7 b: Paul KLEE, „Der Seiltänzer" (1923)

‚Gleichgewichtskünstler‘ wir daher ebenfalls als ein Sinnbild unserer menschlichen Existenz und weiteres anthropo-kybernetisches Modellsymbol bezeichnen möchten; (siehe Abb. 7 b).

Äquilibristische Kunststücke sind schon im frühen Mittelalter von umherziehenden Artisten, Gauklern, Narren usw. vorgeführt worden und bis in unsere Zeit ein jedermann faszinierendes circensisches Ereignis geblieben. Wir meinen daher, daß solche ‚Gleichgewichts-Spiele‘ dem Menschen wie ein Gleichnis seines Lebens erscheinen können bzw. ihm die analoge Schwingungsdynamik in ihm selbst vor Augen führen. An weiteren Urphänomenen bzw. -symbolen menschlichen Rückkopplungs- und Polaritäts-, Schwingungs-, Regulierungs- und Gleichgewichts-Erlebens wie -Denkens i. S. unseres Persönlichkeits-Modells seien hier nochmals (a—c) bzw. vorwegnehmend (d—h) erwähnt (vgl. SACHER, 1982, bzw. Kap. C):

a) Die griechische Ariadne-Sage;
b) die zwei biblischen Schlangen;
c) das ostasiatische yin-yang-Mandala;
d) die Waage;
e) das Pendel(n);
f) Brücken;
g) Gleichungen;
h) die mythischen Doppelwesen.

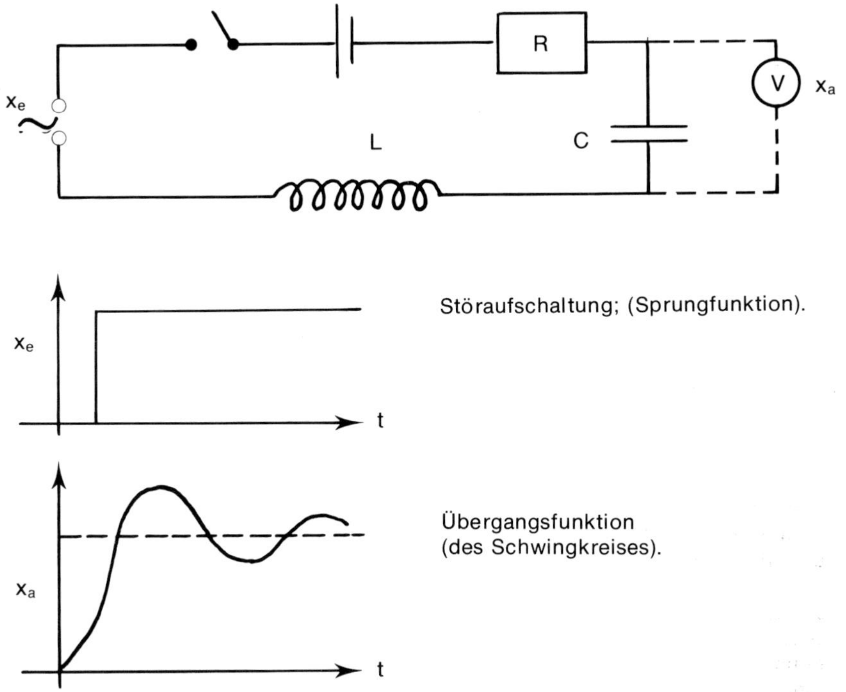

Abb. 8: Elektromechanischer Schwingkreis (als analoge Funktionsstruktur der moralcharakterologischen Steuerungs-Schichten)

Wir legen abschließend noch einmal drei der uns als konstitutive Modell-Gebilde am wichtigsten erscheinenden Regelkreis-Schaltungen unseres regulierungs-technischen Persönlichkeitssystems vor; (siehe Abb. 9, 10, 12). Diejenigen Leser, denen die beigegebenen „Erläuterungen" nicht ausreichen, verweisen wir, der uns gebotenen Kürze wegen, auf Band 2 unserer Monographien-Reihe zur „Re-

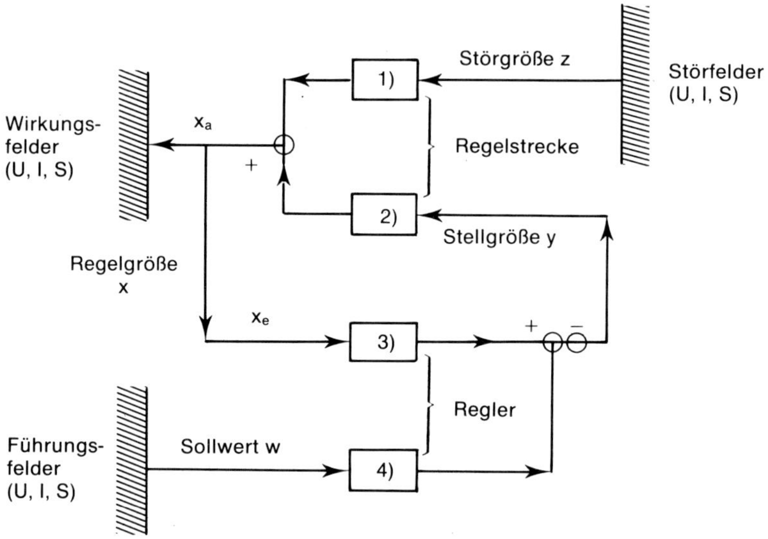

Abb. 9: Regelkreis der Um-, In- und Speicherfelder des moralcharakterologischen Regulierungsgefüges

Erläuterungen:

U = Soziokulturelle Umfelder.
I = Naturale Infelder.
S = Speicherfelder.
1) Fühler
2) Stellglieder } des moralcharakterologischen Erlebens und Verhaltens.
3) Istwerte-Meßorgan
4) Sollwerte-Meßorgan } der zentralen Registrier- und Regulations-Instanz.

x = Erlebens- und Verhaltens-Istwerte.
x_a = Ausgangswerte.
x_e = Eingangs-(Rückkopplungs-)Werte.
y = Erlebens- und Verhaltens-Änderungen.
z = Erlebens- und Verhaltens-Störungen.
w = Erlebens- und Verhaltens-Sollwerte.
Pfeile: Richtung des Informationsflusses.
Kreise: Zusammentreffen zweier Signale mit Addition des Informationsgehalts; (beachte die Vorzeichen).

gulierungspsychologie" (1982). Besonders erwähnt sei, daß die Steuerungsstrukturen des Grundmodells, über deren (analoge) Funktionsform unsere Zeichnung eines elektromechanischen Schwingkreises informieren soll (Abb. 8), als paarweise ‚in Resonanz' (mit Phasenverschiebung $>$ 0 und $<$180 Grad) gekoppelte Schwingungssysteme gedacht werden müssen; (HST-WST- bzw. ÜST-UST- bzw. TST-NST-Funktionsstrukturen). Schließlich haben wir noch ein übersichtliches Blockschaltbild des Regelkreis-Schichtengefüges der Persönlichkeit (Abb. 11) zum

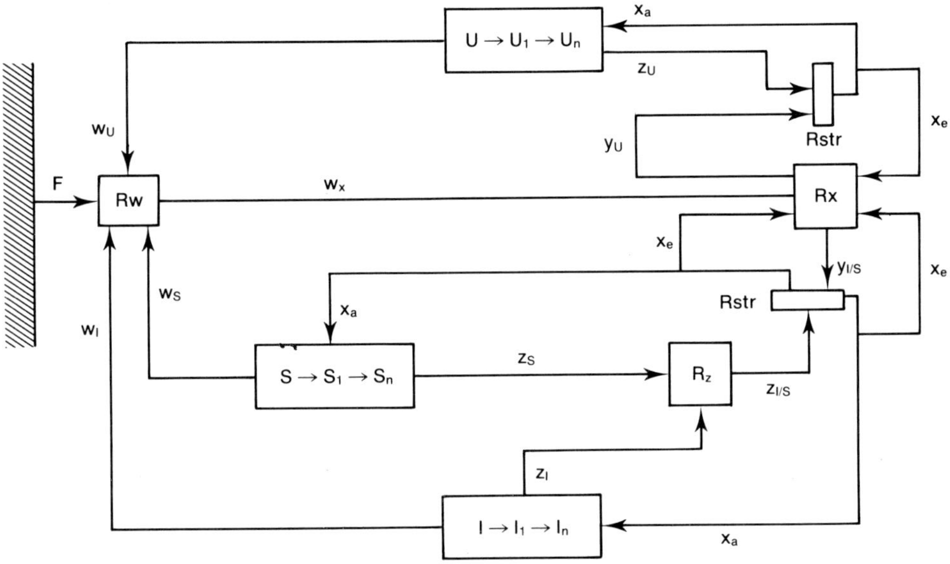

Abb. 10: Differenziertes Blockschaltbild; (Abb. 9 erweiternd)

Erläuterungen:

$U \rightarrow U_1 \rightarrow U_n$	= soziokulturelle Umfelder	Bezugsfelder der Persönlichkeits-Zentrale
$I \rightarrow I_1 \rightarrow I_n$	= naturale Infelder	
$S \rightarrow S_1 \rightarrow S_n$	= Speicherfelder	

F = übergeordnete (z. B. transzendente) Führungs-Größe (als Rw-Steuerungs-Input).
Rw = Regelzentrale der Sollwerte wu, wi, ws
w_U = Umfeld-Anforderungs-Sollwerte

w_I	= Infeld-Bedürfnis-Sollwerte	personale Sollwerte
w_S	= Speicherfeld-Anspruchs-Sollwerte	

Rz = Regelzentrale der Störfaktoren von I und S
Rstr. = Regelstrecken
Rx = personale Regelzentrale der Regelgröße x
x_a = phänomenale Ausgangs-Reaktionen via U, I, S
x_e = feedback-Eingangs-Informationen via Rx
$\rightarrow$ = Richtung des Informationsflusses.
weitere Erläuterungen siehe Abb. 9.

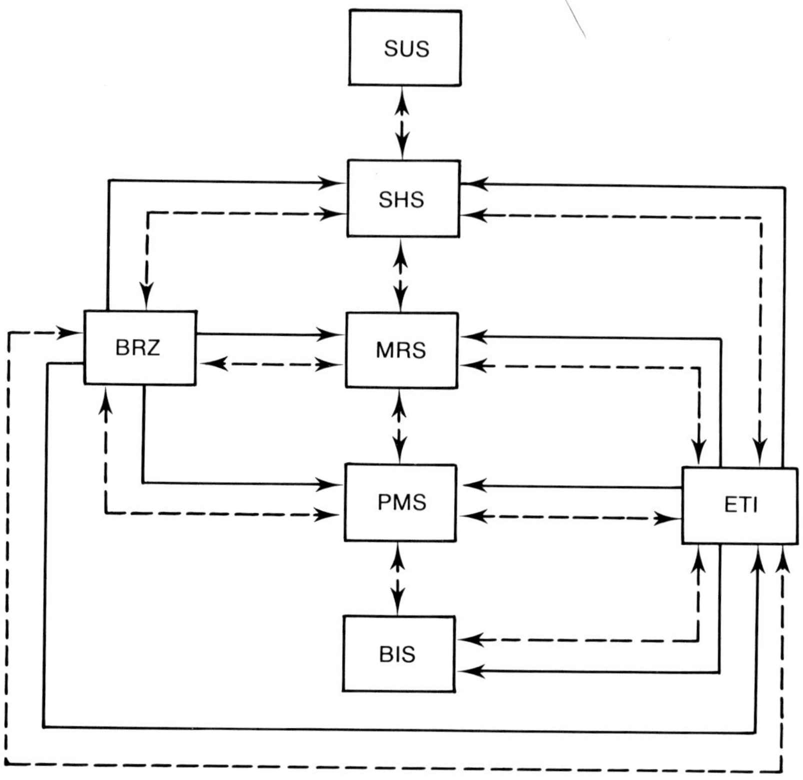

Abb. 11: Das Regelkreis-Schichtengefüge der Persönlichkeit

Erläuterungen:

SUS = Soziokulturelles Umfeld-System; (objektives Außen-Umfeld: Gesellschafts- und Staatsform, objektiver Geist, kulturelle Objektivationen).
SHS = Soziokulturelles Hautschichten-System; (subjektives Außen-Umfeld).
MRS = Moralcharakterologisches Regulierungs-System; (geistige Einstellungen, Haltungen, Gesinnungen).
PMS = Psychosomatisches Membranschichten-System; (subjektives Innen-Umfeld = Infeld).
BIS = Biosomatisches Infeld-System; (quasi-objektives Innen-Umfeld = Infeld: zelluläre Stoffwechselprozesse, bio-elektrische Vorgänge, d. s. energetische bzw. informationale ‚Potentialisierungen').
ETI = Ergo-Trophotropie-Schaltinstanz; (autochton-bipolare PMS-Funktionsstruktur).
BRZ = Bewußtseins-Regelzentrale (mit Speicher): cortikale Apperzeptionen, noetische Symbolverarbeitung, mentale Reflektions- und geistige Entscheidungsprozesse, volitive Aktionen und verbale Expressionen.

——► = Steuerungsbahnen } gemäß Grundmodell
◄- -► = Regulierungskanäle } gemäß Grundmodell

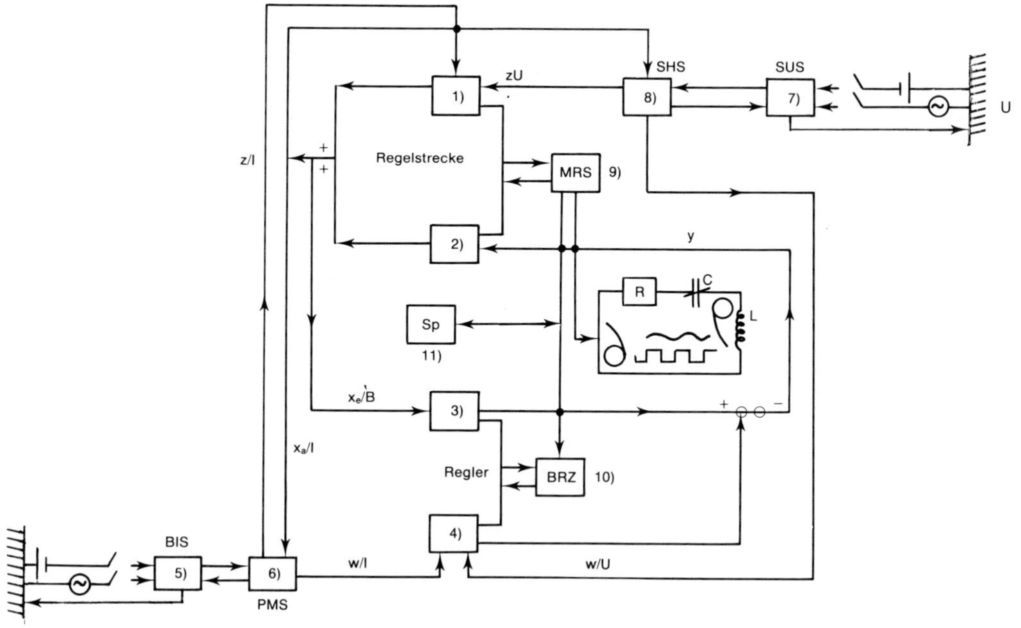

Abb. 12: Vereinfachtes Blockschaltbild der Persönlichkeit als ein Regelkreis-Wirkungsgefüge

Erläuterungen:

1)	=	Fühler (der Erlebens- und Verhaltens-Störungen).
2)	=	Stellglied (der Erlebens- und Verhaltens-Änderungen).
1)2)	=	Regelstrecke mit MRS (9); siehe dort.
3)	=	Istwerte-Meßorgan; (Erlebens- und Verhaltens-Phänomene).
4)	=	Sollwerte-Meßorgan; (Leit- bzw. Vorbilder).
3)4)	=	Regler = Soll-Istwerte-Vergleichs- und -Ausgleichs-Organ mit BRZ (10); siehe dort.
5)–10)	=	siehe Erläuterungen zu Abb. 11.
9)	=	MRS = wichtigstes (relativ-autonomes) Schwingungs- und Regulierungsglied in der „Regelstrecke" des Gesamtsystems.
10)	=	BRZ = entscheidende (relativ-autonome) Regelungs-Schaltzentrale im „Regler" des Gesamtsystems.
11)	=	Sp = Speicher.
x_a/U	=	Erlebensäußerungen und Verhaltenserscheinungen; (Efferenzen versus Umfelder).
x_a/I	=	unreflektierte Erlebens- und Verhaltens-Eindrücke; (Efferenzen versus Infelder).
x_e/B	=	reflektierte Erlebens- und Verhaltens-Eindrücke; feedback Efferenzen = Reafferenzen versus Bewußtsein: Einsehen, Erklären oder Verstehen, Begreifen.
$z_{U/I}$	=	Störgrößen; (Erlebens- und Verhaltens-Beeinflussungen aus Um- bzw. Infeldern).
$w_{U/I}$	=	Sollwerte; (Vor- und Leitbilder aus Um- bzw. Infeldern).
y	=	Stellgrößen; (Erlebens- und Verhaltens-Änderungen).
→	=	Richtung des Informationsflusses.
o	=	Zusammentreffen zweier Signale mit Addition der Nachrichten; (beachte die Vorzeichen).
─┤├─	=	Betriebspotentiale.
─(~)─	=	Störimpulse.
●	=	gegeneinander isolierte (überbrückte) Bahnen.

besseren Verständnis insbesondere unserer letzten Zeichnung (Abb. 12) eingefügt. Den Schluß soll ein amüsantes Beispiel selbstwert-homöostasierender Antworten von Durchschnittsmenschen beim Anblick der ideal-typisch schönen Venus-Statue von Milo bilden; (siehe Abb. 13).

Abb. 13: Jules STAUBER: Vor der Venus von Milo

T e x t e (von links oben nach rechts unten):
„Dabei fällt mir ein, daß ich ein wenig abnehmen müßte".
„Wie eine Statue . . ."
„Man hat ja keinen Fetzen, um sich anzuziehen . . ."
„Um wieviel schöner du bist! . . ."
„Ich habe wiederum ein interessantes Gesicht! . . ."
„Sieh diese Schamlose! Sowas gab es früher nicht! . . ."
„Schön, aber kalt . . ."
„Schön, schön, doch wie lange . . ."

Literatur:

ARNOLD, K., in: Pardon **12,** 10 (1970).
GEIST, H.-A., Paul Klee. Hamburg: E. Hauswedell-Verl., 1948.
GENET, J., Der Balkon (u. a.), Frankfurt/M.: Fischer-Verl., 1960.

GOETHE, J. W. v., Reineke Fuchs. Stuttgart: Reclam-Verl., Nr. 61/61 a.
GROSZ, G., Der Spießerspiegel. Berlin: Urania-Verl., 1955.
HALBRITTER, K., Rue de plaisir. Frankfurt/M.: Bärmeier und Nikel, 1955.
KITTNER, D., Amtshilfe. In: Pardon **10,** 7 (1971).
KLEEMANN, G., Zeitgenosse Urmensch. (Mit Illustrationen von P. FLORA). Stuttgart: Franck'sche Verlagshandl., 1963.
RAMSEGGER, G. (Hrsgb.), A. Paul Weber. Oldenburg: G. Stalling-Verl., 1956.
ROTH, E. (a), Simplicissimus. Hannover: Fackelträger-Verl., 1954.
— (b), 100 Jahre Humor. Hannover: Fackelträger-Verl., 1957.
STAUBER, J., in: Nürnb. Nachr. v. 08./09. 08. 1964.
WEBER, A. P., Mit allen Wassern. Frankfurt/M.: Bärmeier und Nikel, o. J.
B. BACHEM, Th. Th. HEINE, R. WILKE in: E. ROTH, a bzw. b.

A. Regulierungsdiagnostik — eine testexperimentelle Demonstration

1. DIE METHODIK TESTDIAGNOSTISCHER REGULIERUNGS-ANALYSEN

Einmalige Befunderhebungen in projektiven Testverfahren sind für eine regulierungs-analytische Persönlichkeitsdiagnostik unzureichend. Nach THOMAE (1955) bringen sie kaum mehr als aus „innerer Verlegenheit" entstandene „improvisierte Stellungnahmen", wonach vorschnell auf „biologisch wie personal zutiefst verankerte Determinanten" der Persönlichkeit rückgeschlossen wird (S. 113). Wir befürworten daher Wiederholungsversuche mit jeweils dem gleichen Test, Test-Varianten und verschiedenen (regulierungspsychologisch-relevanten) Lösungs-Einstellungen, um dem Probanden Gelegenheit zur Entfaltung und Gestaltung möglichst vieler seiner Erlebensthemen, Verhaltenstechniken sowie Leistungspotenzen zu geben. Auf diese Weise erhalten wir Einblick auch in tiefere Persönlichkeitsschichten und vor allem Aufschluß über die moralcharakterologischen Steuerungsstrukturen sowie Regulierungsfunktionen eines Menschen.

Wir demonstrieren unser regulierungs-analytisches Test-Verfahren am WARTEGG-Zeichentest (WZT), an der von uns entwickelten Variante ohne Feldbegrenzung der Anfangszeichen: dem Charakterologischen Intelligenz-Test (CIT), sowie mittels des ‚Thematischen' und ‚Freien Zeichnens' auf einem Din A 4-Bogen; (siehe Tafel I, 1 und 2). Die Beziehungen zwischen Testlösungs-Einstellung und der moralcharakterologischen Steuerungsposition sowie Regulierungsdynamik haben wir in einem Modell-Diagramm (Tafel I, 3) dargestellt; (vgl. dazu auch „Einleitung", Kap. 1, Abb. 2). Es handelt sich hierbei allerdings um nur durchschnitts-typische Zuordnungen, und zwar für alle diejenigen Fälle, in denen der Proband seine Testlösungen im allgemein-üblichen Sinne gemäß dem umfeld-moralischen Bedeutungs-Gehalt unserer Persona-, Wunsch-, Antipathie- und Täuschungs-Anforderungen vollzogen hat.

1. WARTEGG — Zeichen-Test

Versuchsanweisung:

„Sie sehen (auf dem Formular) verschiedene Linien und Gebilde, die keinen bestimmten, gegenständlichen Sinn haben, sondern lediglich den Anfang einer Zeichnung darstellen. Sie haben die Aufgabe, dieses Angefangene innerhalb der gegebenen Umgrenzung weiter zu zeichnen, bis ein Ganzes daraus entsteht, das Sie gefühlsmäßig befriedigt . . . Das Gewordene wird nicht nach der zeichnerischen Wirkung bewertet. Es kommt lediglich darauf an, wie Sie in Ihrer Weise mit der Aufgabe fertig werden . . ." (WARTEGG, a; S. 5 f).

Tafel I

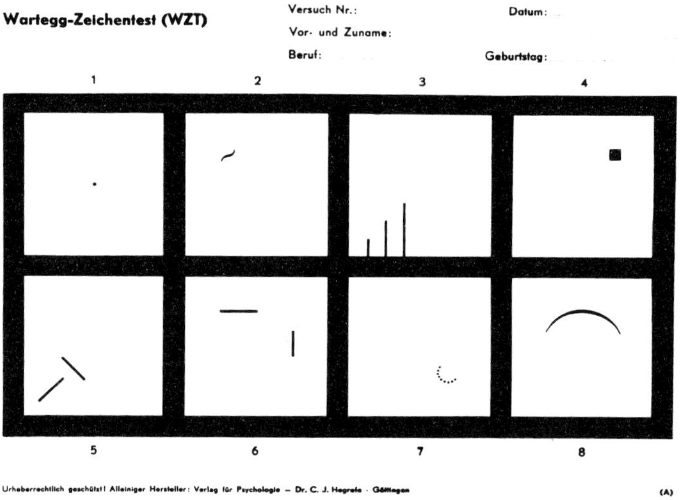

Wartegg-Zeichentest (WZT)

Versuch Nr.: Datum:

Vor- und Zuname:

Beruf: Geburtstag:

1 2 3 4

5 6 7 8

Urheberrechtlich geschützt! Alleiniger Hersteller: Verlag für Psychologie – Dr. C. J. Hogrefe · Göttingen (A)

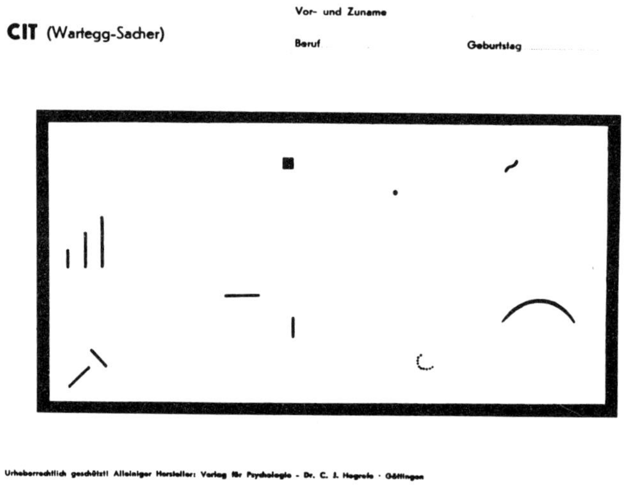

CIT (Wartegg-Sacher)

Vor- und Zuname

Beruf Geburtstag

Urheberrechtlich geschützt! Alleiniger Hersteller: Verlag für Psychologie - Dr. C. J. Hogrefe · Göttingen

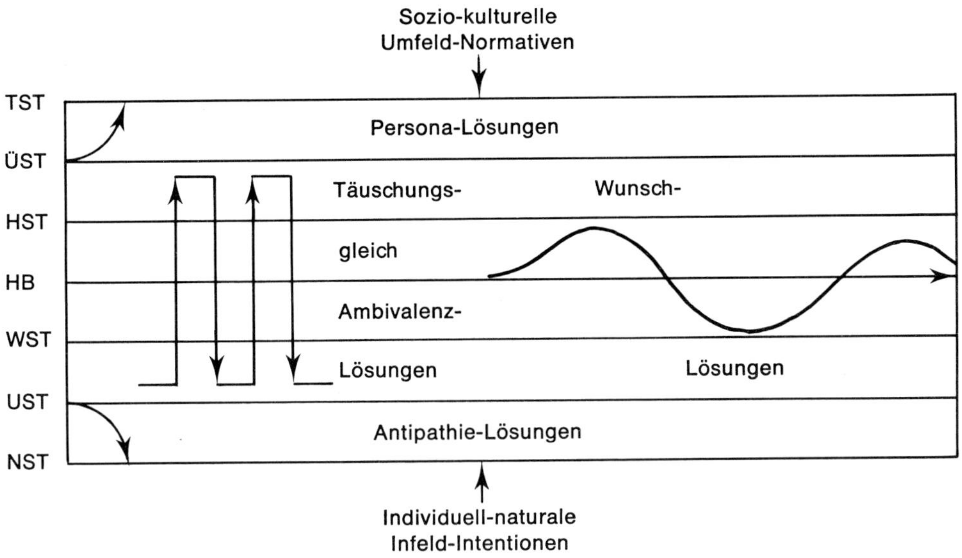

2. Charakterologischer Intelligenz-Test (WARTEGG—SACHER)

Versuchsanweisung:

„Sie haben hier ein Formular mit 8 verschiedenen Zeichengebilden in einem eingerahmten Feld. Die vorgegebenen Linien und Formen stellen angefangene Zeichnungen dar, die Sie vervollständigen sollen, bis das fertige Bild Ihnen gefällt. Es gibt verschiedene Lösungsmöglichkeiten, die alle richtig sind. Sie sollten sich für diejenige entscheiden, die Ihnen am meisten zusagt, können aber auch mehrere Lösungen versuchen, wenn Sie sich mit der ersten nicht haben vollständig ausdrücken können. Auf Ihr zeichnerisches Vermögen kommt es nicht an. Es interessiert vielmehr nur, wie Sie die gestellte Aufgabe in einer für Sie befriedigenden Art zu lösen suchen" (SACHER, a; S. 7).

Thematisches und Freies Zeichnen

Versuchsanweisung:

„Zeichnen Sie etwas zum Thema: . . ., bzw. was Sie seit längerem interessiert oder zur Zeit besonders beschäftigt und bewegt; auf Ihr zeichnerisches Können kommt es in keiner Weise an".

3. Testlösungs-Einstellungen und Regulierungs-Tendenzen

Versuchsanweisung für:

a) Persona-Lösungen (siehe Versuchsanweisung **1**.)

b) Wunsch-Lösungen:

„Stellen Sie sich einen Zauberspiegel vor, in dem Ihre Wünsche sichtbar werden. Zeichnen Sie, was Sie sehen, und gestalten Sie es in einer Weise, die Ihnen sympathisch oder erstrebenswert erscheint".

c) Antipathie-Lösungen:
„Stellen Sie sich einen Zauberspiegel vor, in dem alles, was Sie fürchten und ablehnen, sichtbar wird. Zeichnen Sie, was Sie sehen, und gestalten Sie es in einer Weise, die Ihnen unsympathisch erscheint".

d) Täuschungs-Lösungen:
„Stellen Sie sich einen Zauberspiegel vor, in dem Ihre Verstellungsmöglichkeiten sichtbar werden. Zeichnen Sie, was Sie sehen, und gestalten Sie es in einer Weise die Ihnen zum Zwecke der Täuschung eines Andern über Ihren wahren Charakter geeignet erscheint".

2. KASUISTISCHE REGULIERUNGS-ANALYSEN

a) Wiederholungsversuche mit dem gleichen Text

Unsere erste Versuchsreihe stammt von einer 39jährigen Bühnenbildnerin und Kostümzeichnerin, die Anfang März 1954 wegen „psychischer Konflikte" in die Universitäts-Nervenklinik Erlangen eingewiesen worden war (Tafel II). Zu ihrem Erstbefund (Tafel II, 1) hatte Pat. angegeben, daß sie nach anfänglicher „Reserviertheit" mit einer „Einstellung" des „Vorfühlens" und „Herantastens" an die Lösung der Testaufgabe herangegangen wäre. Alle Zeichnungen seien dann schließlich „rasch und unvermittelt" angefertigt worden. Der Befund ist als eine überwiegend umfeld-adaptative Persona-Lösung zu werten.

Im zweiten Versuch (II, 2) hat die Pat. Themen ihrer „geheimen Wunschwelt" dargestellt. Graphisch ist eine weiche Strichführung bevorzugt und mittels zarter Schraffuren eine besonders ‚warme' Tönung der Zeichnungen angestrebt worden. Inhaltlich handelt es sich überwiegend um Erinnerungsbilder sowie Wachtraumphantasien aus ihrer Kindheit (Felder 2, 3, 5, 6) bzw. Jungmädchenzeit (Felder 7, 8). Wir beurteilen diesen Testbefund als eine sowohl in- als auch umfeld-angepaßte Wunsch-Lösung der Probandin.

Die beiden folgenden Wiederholungsbefunde (II, 3 und 4) geben näheren Einblick in die spezifische Existenzkrise unserer Pat., deren realistischer Bewältigung sie bisher offensichtlich durch Fluchtversuche in eine infantil- und puellär-idyllisierte Illusionswelt ausgewichen war. Formal sind die ausgeprägten Schwarz-Weiß-Kontraste in fast allen Zeichnungen, insbesondere des 4. Tests, hervorzuheben. Sie lassen eine hohe regulierungs-charakterologische Gespanntheit der Pat. vermuten, wie sie sich wohl auch schon mit der Form-Lösung auf Feld 4 des ersten Befunds andeutet; (II, 1: „Gegensatzproblem — Ausgleich"). Wie anamnestisch und explorativ eindeutig eruiert werden konnte, resultiert jener Spannungszustand aus einem bis dahin unbewältigten Konflikt zwischen individuell-naturalen (Infeld-) Entfaltungsbedürfnissen und den ihnen entgegenstehenden sozio-kulturellen (Umfeld-) Anpassungsforderungen. Die hieraus entstandene moralcharakterologische Zwiespältigkeit und Unausgeglichenheit sowie personale Verzweiflung und Vereinsamung unserer Vp ist in einigen ihrer Bilder unverkennbar zum Ausdruck gekommen:

Test 3, Feld 3: „Flammenbäume im Aufruhr. Früher schätzte ich van Gogh; heute versteh' ich seine gequälte Seele". Feld 6: „Der Giftbecher". Feld 7: „Gebiß in der Wüste". Feld 8: „Südsee-Insulanerin, nach Gauguin". **Test 4,** Feld 3: „Verzweiflung". Feld 4: „Aufruhr und

Tafel II

Vp. A: Bühnenbildnerin, 39 Jahre; gez. März 1954; (Versuchsanweisung nach WARTEGG).

1. Persona-Befund (12. 3.).
2. Wunsch-Befund (14. 3.).
3. Antipathie-Befund (16. 3.).
4. Antipathie-Befund (17. 3.).

Ruhe“. Feld 5: „Malayischer Kris“. Feld 7: „Nach dem Gelage; so durcheinander gewirbelt sieht es in mir aus!“

Graphisch besonders aufschlußreich ist die zunehmende Neigung der Pat. zu aesthetisch-stilisierender Darstellungstechnik bis hin zu affektiert-gekünstelten Ausdrucksformen. Wir verweisen diesbezüglich auf die Verwendung einzelner Stilelemente der Manieristen des 16. Jahrhunderts, etwa die in ‚flamboyant‘-Manier gestalteten Bäume, die nach Art von deren ‚figurae serpentinatae‘ gezeichneten Bildteile (Test 4: Felder 2, 5, 7), die ‚gelängten‘ und ‚überdehnten‘, wie ‚verschraubt‘ wirkenden Gliedmaßen fast aller Personen; (Test 3: Felder 2, 8; Test 4: Feld 3). Dazu soll angemerkt werden, daß BINSWANGER in seiner ‚Daseinsanalytik‘ für Menschen mit derart ‚maniriertem‘ Ausdrucksgebaren als charakteristische „Befindlichkeit“ ansieht: „Das angsterfüllte, verzweifelte Nicht-Selbst-sein-können, ineins mit der Haltsuche in einem Vorbild aus der Öffentlichkeit des Man . . . zur Verdeckung der Heimatlosigkeit und Bedrohtheit der Existenz“ (S. XI f).

Diese Befunde stellen (abgesehen von den konstruktivistisch-ornamentalen Persona-Zeichnungen und einigen Wunsch-Bildern) Antipathie-Lösungen der Vp dar. Regulierungsanalytisch sind sie als Projektionen sonst mehr oder weniger ‚verdrängter‘ Infeld-Themen und -Techniken zu kennzeichnen. Das im Vergleich zu den durchschnittlichen Vulgär-Lösungen des Erstbefunds zunehmend höhere Gestaltungsniveau aller Wiederholungsbefunde mit einigen sehr originellen Aufgabenlösungen ist unbestreitbar. Wir erhielten somit erst durch unsere Wiederholungsversuche Aufschluß über die hinter der (Umfeld-) Persona-Fassade (II, 1) gegensteuerungs-dynamisch zu verbergen gesuchten (Infeld-) Antipathie-Inhalte (II, 3 und 4) sowie Einblick in die regulativ-regressiven Tendenzen dieser Persönlichkeit mit dem Effekt einer Pseudo-Homöostasierung ihres moralcharakterologischen Verhaltens- und Erlebens-Gefüges.

Die anschließend auf Tafel III vorgewiesenen Befunde unserer Vp B sind an verschiedenen Tagen des Oktobers 1952 bzw. im Januar 1953 angefertigt worden, die beiden Wiederholungsbefunde (III, 2 und 3) mit einer wie folgt von uns abgeänderten Versuchsanweisung: „Zeichnen Sie bei der jeweils nächsten Testaufgabe anders und etwas Anderes“. Der erste Test (III, 1) ist als eine umfeldadaptative Persona-Lösung zu bezeichnen; sie widerspiegelt die uns aus der täglichen Begegnung bekannte extratensiv-aufgeschlossene, realistische sowie unbekümmert-optimistische Lebensart des Prob. Im zweiten Befund (III, 2) sind hingegen tonig-weich schattierte Bilder von weitaus höherer Qualität und mit einem gedämpften, düsteren, unheimlichen Stimmungs-Ambiente angefertigt worden, woraus auf eine mehr introversiv-verhaltene Erlebensform des Prob. geschlossen werden muß. Vp hat hierzu angegeben:

„Ich habe sehr lange dazu gebraucht, viel korrigiert, radiert. Mit Wohlgefallen kann ich es nicht ansehen; es regt sich ein deutlicher Widerstand. Als Wunschbild nur für kurze Zeit. Ich betrachte es fast mit Erstaunen!“

Der zweite Befund (III, 2) dürfte somit als eine Ambivalenz-Lösung mit Antipathie-Akzentuierung zu interpretieren sein. Einerseits werden „Ruhe, Geborgenheit und

Tafel III

Vp B: Arzt, 27 Jahre; gez. 1952/53; (Versuchsanweisung: „Zeichnen Sie bei der jeweils nächsten Testaufgabe anders und etwas Anderes").

1. Persona-Befund (Okt. 1952).
2. Ambivalenz-Befund mit Antipathie-Akzentuierung (Okt. 1952).
3. Täuschungs- gleich Ambivalenz-Befund mit Wunsch-Akzentuierung (Jan. 1953).

Verinnerlichung" gewünscht, andererseits solches „Schwächliche, Undynamische und Kraftlose" auch und offenbar sogar stärker abgelehnt. Der dritte Befund (III, 3) wurde vom Prob. spontan als „Täuschung" bezeichnet und inhaltlich wie in der formalen Gestaltung ebenfalls als „ambivalent", aber mit Wunsch-Akzentuierung gedeutet. Als aktuelle regulierungs-charakterologische Konfliktthematik des Prob. wird hieraus deren zwiespältige, schwankende Liebesbeziehung zu Frauen ersichtlich, indem er bei ihnen ebenso das Mütterlich-Bergende (III, 2) wie auch das Hetärisch-Faszinierende (III, 3) zu finden sucht.

b) Wiederholungsversuche mit Testvarianten [1])

THOMAE (1955) hat kritisiert, daß bei WZT-Erhebungen über die möglichen Einflüsse hinweggesehen würde, die „das kleine, die graphische Bewegung einengende Format der Zeichenfläche gerade bei ausdrucksstarken Versuchspersonen auf deren Ausdruckswilligkeit" haben dürfte (S. 113). WELLEK (1954) hat ebenso kritisch darauf hingewiesen, daß „die Einengung auf so kleine Fläche ... manchem, der zu großspurigen, ausfahrenden Zügen neigt, allzu inadaequat" sein müsse (S. 41). Wir benützen daher bei unseren Wiederholungsversuchen immer auch den CIT sowie das ‚Thematische' und das ‚Freie Zeichnen' auf Din A 4-Blättern; denn hier fallen jene testbedingten Einschränkungen der zeichnerischen Ausdrucksbereitschaft und -willigkeit weg. Speziell im CIT mit seiner test-validitär erhöhten intelligenz-spezifischen Leistungsanforderung [2]) erhalten wir demgemäß zumeist auch einen weitaus besseren Einblick in die Regulierungsdynamik des Moralcharakters, also in dessen dominante Steuerungs-Einstellung mit ihren besonders ausdifferenzierten Verhaltens-Strukturen bzw. in jene normalerweise zu verbergen gesuchten Hinter- und Untergrund-Erlebensgehalte einer Persönlichkeit. Die kleinen Zeichenfelder und das geringere Anforderungsniveau des WZT haben dagegen einen diesbezüglich eher konträren Aufforderungscharakter, indem hier bevorzugt die üblichen, unverbindlicheren, ‚selbstverständlichen' Themen wie Techniken eines Menschen offenbart und jene anderen entweder überhaupt nicht oder aber eben nur in einer bewußt-‚gefilterten' und dadurch weitgehend umfeld-angepaßten Form dargestellt werden.
Wir besprechen im folgenden ausgewählte Einzelbefunde einer derart erweiterten Querschnittaufnahme bei unserer Vp C (Tafel IV). Dieser Prob., ein etwa 9jähriger Volksschüler, hatte wegen seines zunehmend „ungesteuerten" Sozialverhaltens mit exhibitionistischen und sadistischen „Impulshandlungen" stationär in die Universitäts-Nervenklinik Erlangen eingewiesen werden müssen. Intellektuell war er

---

[1]) Wir verzichten hier auf die Vorlage von Befunden in WTZ-ähnlichen Tests mit abgeänderten Anfangszeichen (BIEDMA, HORN-HELLERSBERG, SANDER), da regulierungsanalytisch daraus keine weiteren Aufschlüsse gewonnen werden konnten.

[2]) Intelligenz (im Anschluß an A. WENZEL's Definition des „Denkens") als Fähigkeit zur „Erfassung und Herstellung von Bedeutungen, Beziehungen und Sinnzusammenhängen" verstanden (S. 14).

Tafel IV

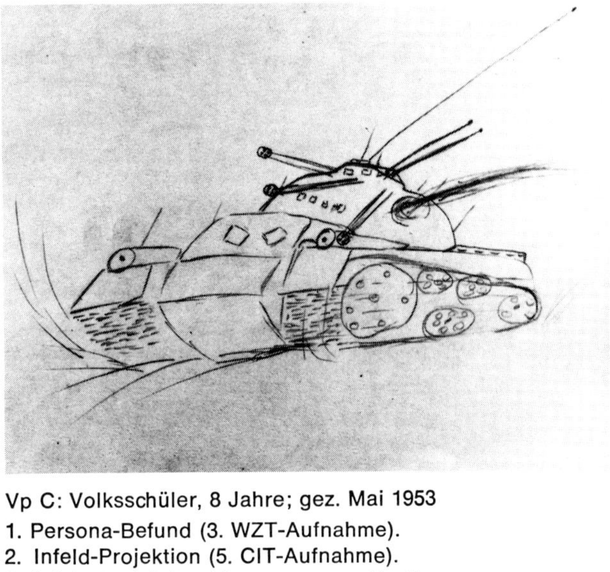

Vp C: Volksschüler, 8 Jahre; gez. Mai 1953

1. Persona-Befund (3. WZT-Aufnahme).
2. Infeld-Projektion (5. CIT-Aufnahme).
3. Infeld-Projektion (draw a person-Test).
4. Infeld-Projektion (Freies Zeichnen).

befriedigend begabt, im Zeichnen gut befähigt und überaus produktiv. Seine Leistungen im WZT enttäuschten uns daher zunächst, wie aus dem hier vorgelegten dritten und noch besten Versuchsergebnis ersichtlich sein dürfte (IV, 1). Vor allem aber ist festzustellen, daß darin keinerlei besondere Hinweise auf die oben genannten Verhaltensanomalien zu entdecken waren; (Persona-Befund, allerdings mit Nichtbeachtung der Anfangszeichen auf den Feldern 1 und 2).
Aufschlußreicher waren dann schon die ersten vier CIT-Aufnahmen, bis schließlich mit dem fünften Befund Einblick in seine regulierungs-charakterologische Dehomöostasierung, Ambivalenzdynamik, Labilität und Entgleisungstendenz erhalten werden konnte (IV, 2). Links: eine aus der Luke eines Unterstands feuernde, phallisch-geformte Kanone mit „Schußbahn" nach einem „dunklen Stern", der getroffen „aufsprüht"; rechts: hinter einem Trennungsbalken eine Frau vor einer Wiege, mit abgewandtem Gesicht, die den Auslöseballon eines Photoapparats mit Blitzlicht betätigt, also offensichtlich jene exhibitionistisch-aggressiven Akte des Jungen ‚abbilden' möchte. Der Symbolgehalt dieser Zeichnung erscheint unmißverständlich; die ungewöhnliche Offenheit und Prägnanz der Aussage müssen regulierungs-analytisch als Folge der ‚eruptiven' Entlastungs-Projektion eines Infeld-Komplexes verstanden werden. Speziell aggressions-thematische Symbol-Darstellungen seiner sonst auch weiterhin noch immer zu verbergen gesuchten, hintergründig-fixierten und hochgradig affekt-besetzten Infeld-Vorstellungswelt erhielten wir im „draw-a-person"-Test (K. MACHOVER), wo er sich nach seinen eigenen Worten voller Stolz mit dem „großen Jungen" identifizierte (IV, 3), sowie schließlich noch bei dem von ihm selbst erbetenen ‚Freien Zeichnen' eines „Panzers" (IV, 4). Dessen ungewöhnlich hohes Gestaltungsniveau ist nur dadurch zu erklären, daß er, wie von ihm demonstrativ und mit deutlichem ‚Imponiergehabe' beteuert wurde, in seiner Freizeit zu Hause wie auch jetzt in der Klinik immer wieder solche und ähnliche ‚militante' Fahrzeuge gezeichnet habe.

c) Wiederholungsversuche mit provozierten Lösungs-Einstellungen

Bei unseren Wiederholungsversuchen waren wir durch Bemerkungen einzelner Probanden auf die Möglichkeit der Modifikation ihrer Lösungs-Einstellung aufmerksam geworden. Wir entschlossen uns daraufhin, solche Wunsch-, Antipathie- und Täuschungs-Einstellungen von allen Vp ausdrücklich zu erbitten. Denn nach den bisherigen Erfahrungen war anzunehmen, daß aus derart erweiterten Querschnitt-Erhebungen zusammen mit dem Persona-Erstbefund in noch eindeutigerer Weise als bisher Aufschluß über die moralcharakterologisch-dominante Steuerungsposition, die jeweiligen Hintergrund-Themen und -Techniken sowie die charakteristische Regulierungsdynamik einer Vp zu erhalten sein würde. Mit den folgenden Befundbeispielen soll daher vor allem aufgezeigt werden, wie bei manchen Prob. deren W-, die A- oder ihre T-Lösungen das höchste Gestaltungsniveau erbringen und daraus dann auch jene eben genannten regulierungs-charakterologischen Rückschlüsse gezogen werden können; (Versuchsanweisung siehe am Anfang dieses Kapitels).

α) Höchstes Gestaltungsniveau in Wunsch-Befunden

Tafel V

Vp D: Lehrer-Studentin, 21/22 Jahre; gez. 16. 1. 1956; (aus der zweiten erweiterten Querschnittaufnahme).

1. Persona-Befund 2. 2. Wunsch-Befund 2.

Nach einem Vorversuch mit Persona-Einstellung im Sept. 1953 waren im Juli 1955, Januar und Juni 1956 je ein erweiterter Querschnittbefund von unserer Vp D erhoben worden. Das höchste Gestaltungsniveau erreichte sie dabei in ihren Wunsch-Lösungen, insbesondere in dem hier vorgelegten zweiten W-Befund (Tafel V, 2). Es finden sich darin überwiegend in aesthetisch sehr geschmackvoller Weise stilisierte Form-Lösungen mit der „roten Kugel“ als dem beherrschenden Symbol und Zeichen für „Geschlossenheit“, „Beruhigung“, „leuchtende Mitte“, „Rettung“, „Sehnsucht“, „Liebe“, „Vollkommenheit“. Die Persona-Befunde des Vorversuchs sowie der ersten Querschnittaufnahmen enthielten nur durchschnittliche Sach-Lösungen.

Bereits im ersten Wunsch-Befund vom Juli 1955 hatte sich jedoch bereits schon jene konstruktivistische Formalisierungs-, Stilisierungs- und Symbolisierungs-Neigung angedeutet. Entsprechende Lösungen waren dann sogar auch im Persona-Befund 2 vom 16. Januar 1956 aufgetaucht (V, 1). Da alle Bild-Lösungen der Täuschungs- und Antipathie-Befunde ein deutlich niedrigeres Gestaltungsniveau aufwiesen, dürfte somit gerade diese Verlaufsdynamik der Übernahme von Wunsch-Lösungen in ihre Persona-Befunde für die damalige moralcharakterologische Entwicklungstendenz der Prob. kennzeichnend und daher entfaltungssowie persönlichkeits-psychologisch bedeutsam gewesen sein. Regulierungsanalytisch handelt es sich hierbei um eine moralcharakterologisch-integrierende

Tafel VI

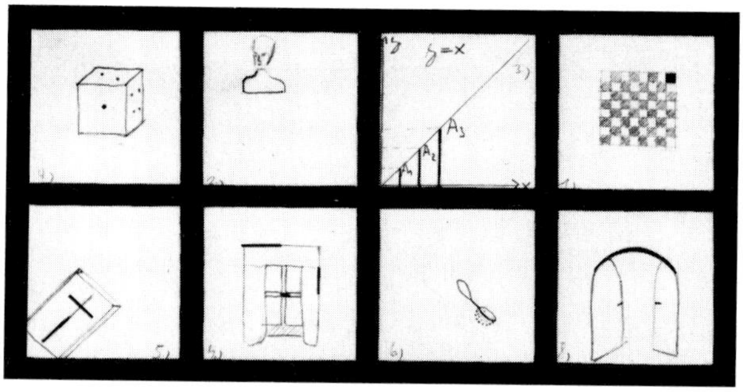

Vp E: Lehrer-Studentin, 21/22 Jahre; gez. 5. 7. 1955; (aus der ersten erweiterten Querschnittaufnahme).

1. Persona-Befund 1.

2. Antipathie-Befund 1.

Erläuterungen (zu VI, 2):

Feld 1: „Vorwärts stürzende Männergestalt"; Feld 2: (Ein in der „Phantasie" der Prob. sich immer wieder aufdrängendes) „Männergesicht"; Felder 3—5: „Gesichter"; Feld 6: „Sarg"; Feld 7: „Flammendes Zündholz"; Feld 8: Verzweiflung".

Tafel VII

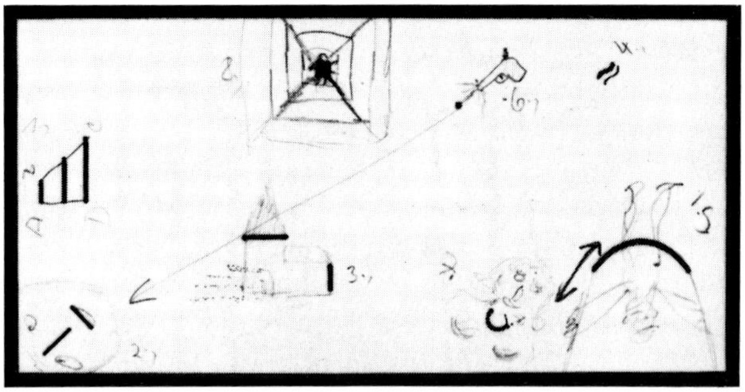

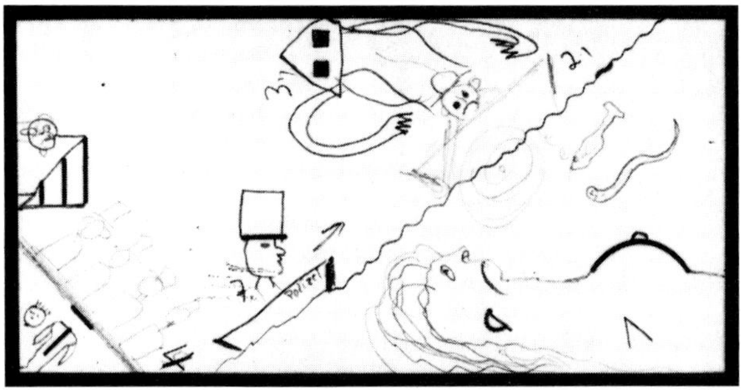

1. Persona-Befund 1. 2. Täuschungs-Befund 1.

Vp F: Theologie-Student, 24 Jahre; gez. Mai 1954; (Erstaufnahme, ohne W- und A-Erhebungen).

Erläuterungen:

(zu VII, 1): 1. „Parallelogramm (mathematisch)"; 2. „Gesicht"; 3. (Kirche); 4. „Zeichen für Wechselstrom"; 5. „Schaukelnder Junge"; 6. „Pistole nach Absenden eines Schusses, Kugel fliegt zu 2"; 7. „Mädchen mit Perlenkette"; 8. „Spinne im Spinnennetz".
(zu VII, 2): 1. „Weibliche Wasserleiche"; 2. „Mann-Mörder-Boot"; (auf der Rückseite des Testformulars findet sich vom Wort: „Mörder", zum Wort: „Wasserleiche", ein Verbindungsstrich); 3. „Gott, das Gewissen hierin, das den Mörder verfolgt"; 4. „Gericht"; 5. (links unten) „Todesurteil"; 6. (links oben) „Hinrichtung"; 7. „Polizeiboot"; 8. (Ohr der) „Wasserleiche".

Verarbeitung infeld-naturaler Erlebens-Themen und Verhaltens-Techniken in Richtung auf einen, in dieser Entwicklungsphase der Persönlichkeit individuell-optimalen Sollwert-Gleichgewichtszustand.

β) Höchstes Gestaltungsniveau in Antipathie-Befunden

Der hier vorgewiesene Persona-Befund unserer Vp E vom 5. 7. 1955 (VI, 1) gleicht weitgehend dem des am 14. 9. 1954 durchgeführten Vorversuchs. Die Lösungs-Themen und deren zeichnerische Gestaltung lassen erkennen, daß offensichtlich unter starker Bewußtseinskontrolle gezeichnet und so kaum mehr als eine sehr kühl, nüchtern und abweisend wirkende Persönlichkeits-Fassade dargestellt worden ist. Der zugehörige Antipathie-Befund (VI, 2) zeigt dagegen eine geradezu bestürzende Fülle und Vielfalt dämonischer Erlebensgehalte sowie eine faszinierende Ausdruckskraft mit Stilisierungsfähigkeit, welche sonst gegensteuerungs-dynamisch abgesperrten Infeld-Potenzen des Regulierungscharakters offenbar nur durch unsere quasi-enthemmende Antipathie-Einstellung freizusetzen gewesen waren. Wie anamnestisch und explorativ bestätigt werden konnte, handelte es sich bei unserer Vp um regulierungsfunktionell-entlastende Projektionen paranoischer Beeinträchtigungs-Vorstellungen und Beziehungs-Gedanken, welche Infeld-Wahninhalte somit in den Persona-, Wunsch- und sogar auch ihren Täuschungs-Lösungen nicht hatten geäußert werden wollen.

γ) Höchstes Gestaltungsniveau in Täuschungs-Befunden

Die Persona-Lösung unserer Vp F (VII, 1), eines Pat. der Universitäts-Nervenklinik Erlangen, bringt zwar schon unübersehbare Hinweise auf ihre sexual- und aggressions-neurotische Konfliktsituation im moralcharakterologischen Erlebens- und Verhaltensbereich; (Bilder 5 und 7 bzw. 3 und 8 bzw. 6 und 2). Insgesamt ist sie jedoch noch ganz bewußt umfeld-perspektivisch angefertigt und daher inhaltlich entsprechend zu ‚filtern' vermocht worden. Deutlich enthält jedenfalls erst der Täuschungs-Befund (VII, 2), wie nach unseren Erfahrungen sehr oft und vor allem bei Verwendung des CIT, Bilder als Ausdruck in-umfeld-polarer Ambivalenzen und schließlich auch in spezifisch-thematisierter Form der personalen Regulierungs-Krise dieses Probanden. Danach handelt es sich bei ihm um einen moralcharakterologisch unbewältigten Widerstreit zwischen überdominant-extendierenden (infeld-naturalen) Sexual-Bedürfnissen und übergewissenhaft-introjizierten (sozio-kulturellen) Verzicht-Normativen mit daraufhin in paradoxer Weise kippregulativ-überschießenden Aggressions- bzw. Selbstbestrafungs-Tendenzen als ‚abnormen' Entlastungsphänomenen. Eine derart ‚offenherzige' Darstellung solcher, für diese überspannt-skrupulöse Persönlichkeit moralisch wohl besonders ‚anstößigen' und daher äußerst peinlichen Phantasievorstellungen wie gedanklichen Assoziationen war zweifellos nur deshalb möglich geworden, weil ihr dies auf Grund unserer Versuchsanweisung gewissermaßen ‚erlaubt', ‚unverdächtig', sie nicht ‚betreffend' erscheinen konnte.

3. EINE TESTBIOGRAPHISCHE REGULIERUNGS-ANALYSE

Tafel VIII

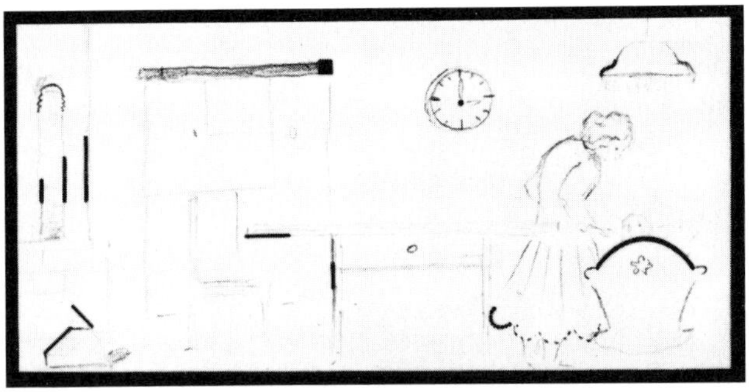

Vp G: Lehrer-Student, geb. 1925; gez. 15. 9. 1953 bzw. 2. 2. 1954; (Vorversuche).

1. Persona-Befund.
2. Täuschungs- gleich Ambivalenz-Befund.

Diese beiden CIT-Befunde der Vp G stammen aus der Anfangszeit unserer Einstellungs-Versuche, woraus sich der zeitliche Unterschied ihrer Anfertigung erklärt; (Tafel VIII) [3]). Auf Grund unserer seit langem bestehenden Bekanntschaft mit diesem Probanden hatten wir damals bald erkannt, daß seine erste Testlösung in bewußt umfeld-adaptativer Weise gestaltet worden war und daher wesentliche andere Charakterzüge dieser Persönlichkeit darin fehlen mußten (VIII, 1). Vp hat hier mit dünner, behutsamer, unsicher und unlebendig wirkender Strichführung gezeichnet, wobei die Anfangselemente im Test zwar peinlich genau beachtet,

[3]) Vgl. hierzu und zu den folgenden Befund-Interpretationen Tafel XII (am Schluß des Kapitels).

jedoch sinnqualitativ mehrfach unbefriedigend verarbeitet worden sind. Inhaltlich ist ebenfalls nur eine recht dürftige, eintönig und leer erscheinende Trivialszenerie häuslich-familiärer Lebensraum-Idyllik dargestellt worden.

Dagegen wirkt das zweite Bild, eine Täuschungs-Lösung, überraschend ausdrucksstark und gefühls-beladen, ja mit leidenschaftlicher Anteilnahme gestaltet (VIII, 2). Mit festen, sicheren, dicht und plastisch schraffierenden Strichen ist hier ein originelles, eindrucksvolles und sogar künstlerisch beachtenswertes Gemälde des „Leidens Christi unter dem Kreuz" entstanden. Die meisten Anfangselemente sind allerdings einfach überzeichnet worden oder ganz unbeachtet geblieben. Trotzdem muß das Formniveau dieser Symbol-Lösung des Prob. insgesamt als wesentlich über dem des ersten Befunds liegend eingeschätzt werden. Wenn auch für uns schon damals kaum überraschend, ist dieses Bild von der Vp zunächst als „unsympathisch" bezeichnet und auf diese Weise abzuwerten gesucht worden.

Im Verlauf unserer weiteren Gespräche hierüber gab der Prob. ergänzend dazu an: „Ich habe den Eindruck, daß es mir gelungen ist, mich zu verstellen. Ich habe es mit Absicht darauf ankommen lassen, möglichst mystisch-symbolisch zu zeichnen und ein Vorwalten der Gefühle echt werden zu lassen. Aus Kenntnis". Wenige Tage darauf äußerte er sich aber spontan schon ganz anders, und zwar wie folgt: „Die Täuschung ist mir nur manchmal gelungen; hinter Manchem kann ich dagegen Eigenes, mir Sympathisches — Ursprüngliches — finden". Einige Wochen später beurteilte er diese vorher angebliche ‚Täuschungs-Lösung' schließlich sogar mit Überzeugung als „eigentlich weniger unecht als der Normal-Befund".

Unser ausdruckspsychologischer Vergleich der beiden Tests sowie diese Bemerkungen des Prob. wiesen somit auf eine Ambivalenz auch gegenüber seiner im Persona-Befund darzustellen versuchten ‚eigentlichen' Wesensart und Lebensthematik. Zur Klärung dieser offenbaren regulierungs-charakterologischen Zwiespältigkeit haben wir daher über mehrere Jahre hinweg eine testbiographische Längsschnitt-Erhebung mit einstellungs-diagnostisch erweiterten Querschnittaufnahmen im WZT durchgeführt. Das höchte Gestaltungsniveau überhaupt wurde, wie von uns fast erwartet, schon in der ersten Antipathie-Lösung erreicht (Tafel IX, 1), wobei vor allem das „Spitze" darin, die „dunkel-bedrohlichen Flächen" sowie der „verschärfende Gegensatz von Hell- und Dunkel" mit Nachdruck abgelehnt wurden. Zweifellos handelte es sich hier um bewußt noch immer zu verdrängen gesuchte, jedoch regulierungsdynamisch wohl schon ebenso ambitendent wie jene T-Lösung erlebte infeld-naturale Entfaltungspotenzen.

Im zugehörigen W 1-Befund (IX, 2) ist dagegen, ähnlich wie bei jener ersten Persona-Lösung (VIII, 1), durchwegs mit weichen, zarten Strichen, hier allerdings mehr zu gebogener Linienführung und stilisierender Formgebung tendierend, gezeichnet worden. In noch ausgeprägterer Weise zeigte sich diese Neigung zu runden, geschlossenen, harmonischen Zeichengebilden sowie deren abstrahierender, ornamentaler Figurierung beim zweiten, etwa $1^1/_2$ Jahre später durchge-

Tafel IX

Vg G: gez. 7. 6. 1954; (aus der ersten erweiterten Querschnittaufnahme).
1. Antipathie-Befund 1. 2. Wunsch-Befund 1.

E r l ä u t e r u n g e n:

(zu IX, 1): Feld 1: „Damoklesschwert über den Todgeweihten"; Feld 2: „Tänzer"; Feld 3: „Hirten blasen nachts auf dem Felde"; Feld 4: „Das zweite Gesicht"; Feld 5: „Hoffnungsstrahl"; Feld 6: „Kaufherrenversammlung"; Feld 7: „Die neugierigen Nachbarinnen"; Feld 8: „Spiel auf dem Meeresgrund".
(zu IX, 2): Feld 1: „Tanz mit dem Schleier"; („Sie werden das hoffentlich nicht falsch verstehen!"); Feld 3: „Amphitheater"; Feld 4: „Taucher auf dem Meeresgrund"; Feld 8: „Begegnung am Tor".

führten und im Gestaltungsniveau noch weitaus höher liegenden W 2-Test; (Tafel X, 1). Die Strichführung ist hier druckstärker, breiter, profilierender, und hinzu kommt als weiteres neues W-Symptom die aus dem ersten T- sowie dem A 1-Befund bekannte Schraffierung einiger Bilder, welcher gegensatz-kompositorische Effekt früher noch abgelehnt, zumindest abgewertet worden war. Schon danach konnte somit vermutet werden, daß unser Prob. sich seinen hintergründigen, infeld-polaren Verhaltens- und Erlebenspotenzen gegenüber jetzt bewußt zu öffnen suchte, sie regulierungsdynamisch zu verarbeiten sowie personal zu integrieren bereiter und fähiger geworden war. Dennoch mußte dem W 2-Test nach eine noch immer bestehende (in-umfeld-polare) Ambivalenz angenommen werden, wie das vor allem aus den moralcharakterologisch-kontroversen Bildthemen hervorgeht; (siehe „Erläuterungen" zu Tafel X, 1).

Tafel X

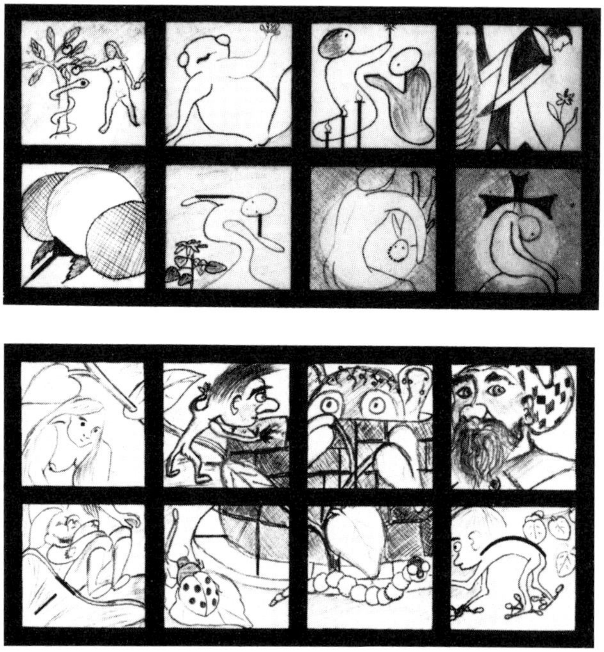

Vp G: jetzt Lehrer, gez. 01. 11. 1955; (aus der zweiten erweiterten Querschnittaufnahme).
1. Wunsch-Befund 2. 2. Persona-Befund 2.

Erläuterungen:

(zu X, 1): Feld 1: „Die Versuchung"; Feld 2: „Frosch" (der verzauberte Froschkönig?); Feld 3: „Haltungsstudie — Die Wandlung in der Messe"; Feld 4: „Paulus erschrickt vor dem Feuer"; Feld 5: „Kopf eines Kartoffelkäfers"; Feld 6: „Blumentanz des Nebelgeistes" (Rautendelein? siehe im Folgenden); Feld 7: „Der Segen dieser Erde"; Feld 8: „Der Sinn der Erde".
(zu X, 2): Feld 1: „Rautendelein"; Feld 2: „Waldschrat"; Feld 3: „Elementargeist Nickelmann"; Feld 4: „Meister Heinrich"; Feld 5—8: (Symbolgestalten des mythischen Tiefenbereichs, wie ebenso auf den Feldern 1—3).

Die weitere Regulierungs- und Entwicklungstendenz dieser Persönlichkeit war schließlich den folgenden Bemerkungen des Prob. zu den Bildern der W 2-Befundaufnahme zu entnehmen. Er habe hier versucht, „recht aus der Tiefe zu schöpfen", hätte dabei erlebt, wie „Kräfte wach geworden" seien, an die „zu glauben" er „früher nie gewagt haben würde". Für unsere Regulierungs-Analyse der Existenzkrise dieses Menschen als besonders wertvoll erwies sich jedoch vor allem der dazugehörige P 2-Befund (X, 2). Zu ihm erhielten wir eine für den damaligen Regulierungs- und Entwicklungs-Status charakteristische Auswahl von Illustrationen zu G. HAUPTMANN's Märchendrama: „Die versunkene Glocke", vorgelegt; (siehe dazu a, S. 115).

Prob. erläuterte hierzu, daß er mit dem „Waldschrat" angefangen habe, wonach sich die anderen Bildlösungen „zwanglos als ein Ganzes" ergeben hätten; (beachte die Überzeichnung der Feldbegrenzungen). Alle Gestalten dieses Befundes seien dem Hörspiel „Rautendelein" entnommen, das er vor Jahren einmal „zufällig" im Radio gehört, woran er sich jedoch seit dieser Zeit nicht mehr erinnert habe. Das „dort behandelte Problem" sei ihm weder zu Beginn des Zeichnens gegenwärtig gewesen, noch im weiteren Verlauf seiner Arbeit „klar und bewußt" geworden. Er hätte also erstmals „ganz aus dem Innern gestaltet", und das meiste sei „unbewußt eingeflossen".

In den P-, W- und A-Befunden des etwa ein halbes Jahr darauf angefertigten dritten Wiederholungs-Querschnitts hat Prob. die HAUPTMANN'sche Erzählung: „Der Ketzer von Soana", also wiederum eine ähnliche literarische Thematik, dargestellt; (siehe b, S. 7—98). Im zugehörigen T 3-Test ist erneut jenes Märchendrama aufgegriffen und in stilistisch ganz anderer Weise illustriert worden; (Tafel XI, 1). Vp erklärte hierzu, daß ihm diese zwei Werke „seelischer Besitz" geworden wären, beide ihm „sehr stark ans Herz gewachsen" seien. Die Testaufgaben würden von ihm jetzt als ein „Mittel der Auseinandersetzung" mit seinen Existenzproblemen genützt werden, und er habe feststellen können, daß ihm solches „Schaffen ein befreiendes Werterleben" zu schenken vermöge. Wie Prob. uns in einem längeren Brief mitteilte, habe er vor allem bei jener T 3-Lösung „einen starken persönlichen Ausdruck ... in sich reifen gefühlt", und dieser Befund würde daher sicher „so etwas wie eine besondere Überraschung" für uns bedeuten. Regulierungs-analytisch dürfte insbesondere wichtig sein, daß hierin nun auch die Symbolfiguren der gesellschafts-moralischen Fremdsteuerungs-Tendenzen in der Seele „Meister Heinrich's" (allerdings in einer Täuschungs-Lösung) dargestellt worden sind; (Felder 2 und 4, wohl auch 5 und 6).

Bei der vierten Querschnitterhebung ist eine T-Lösung nicht mehr angefertigt worden und P 4- wie A 4-Befund liegen im Gestaltungsniveau erheblich unter dem des hier abgebildeten W 4-Tests (XI, 2). Dieser bringt eine zeichnerisch originelle Illustration jener literarischen Allegorisierung von Freundestreue, ja hier wohl des Ideals von Treue überhaupt; (nach F. SCHILLER's Ballade: „Die Bürgschaft", l. c. p. 68 f). Es muß allerdings beachtet werden, daß es sich dabei wahrscheinlich um eine demonstrativ und pathetisch-aggravierend ‚inszenierte' Wunsch-Darstellung gehandelt haben dürfte. Da wir nach dieser insgesamt wenig ergiebigen Querschnittaufnahme den regulierungs-charakterologischen Individuie-

Tafel XI

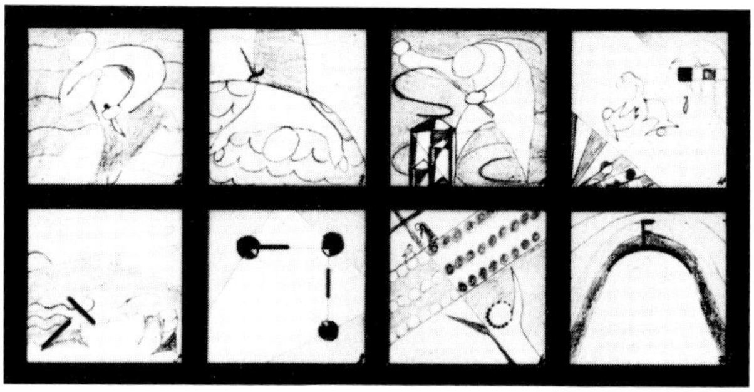

Vp G: gez. 4. 4. 1956 bzw. 19. 7. 1956; (aus der dritten bzw. vierten erweiterten Querschnitaufnahme).

1. Täuschungs-Befund 3.
2. Wunsch-Befund 4.

Erläuterungen:

(zu XI, 1): Feld 1: „Rautendelein ruft in den Brunnen"; Feld 2: „Des Glockenspielers Weib hat sich ertränkt" (daneben die ‚Umfeld-Glocke'); Feld 3: „Rautendelein schwirrt bei Nebel durch die Luft"; Feld 4: „Die vergebliche Mission beim Meister" (Lehrer und Pfarrer); Feld 5 und 6: „Das Unglück — Der Waldschrat lacht hinter der abgebrochenen Deichsel"; Feld 7: „Vision in der Sterbestunde" (neben ihm Rautendelein); Feld 8: „Letzte Handanlegung an die Form" (der ‚Infeld-Glocke').

(zu XI, 2): Feld 1: „Damon mit dem Dolch (Wellenlinie: Zeichen der Erregung und Eile)"; Feld 2: „Sprung in den Strom"; Feld 3: „Der Tyrann"; Feld 4: „Kampf mit den Räubern — Damon an der labenden Quelle"; Feld 5: „Begegnung mit den Wanderern"; Feld 6: „Dreibund der Treue"; Feld 7: „Ruf an den Henker"; Feld 8: „Sieg der Treue".

rungsprozeß unserer Vp zumindest vorläufig für abgeschlossen ansehen mußten, sind weitere Untersuchungen nicht mehr durchgeführt worden.

Zusammenfassend ist danach festzustellen, daß bei unserem Prob. anfangs eine hochgradige Ambitendenz zwischen deren infeld-naturalen, individualistischen Entfaltungs-Bedürfnissen und den übergewissenhaft internalisierten, umfeld-kulturellen Einfügungs-Anforderungen sowie damit Verzicht-Bestrebungen bestanden hatte. Diese moralcharakterologische Zwiespältigkeit unserer Vp sowie der regulierungsdynamische Verlauf ihrer existentiellen Entwicklungs-Krise und Persönlichkeits-Wandlung konnten mittels unserer testbiographischen Längsschnittaufnahme objektiviert werden. Als besonders aufschlußreich erwiesen sich dabei jene von uns methodisch provozierten Testlösungs-Einstellungen; denn erst dadurch hatte es wohl zu jenen Spontan-Illustrationen literarischer Wandlungs-Themen kommen können. In ihnen vermochte unser Prob. seine eigene Daseinsproblematik widerzuspiegeln und sich, relativ abgehoben davon, quasi selbsttherapeutisch hiermit auseinanderzusetzen. Unser Testverfahren dürfte demnach als ein regulierungs-analytisch fruchtbares Begegnungs-, Diagnose-, und Prognose- sowie nicht zuletzt auch Therapie-Instrumentarium bezeichnet werden können.

Tafel XII

Regulierungs-biographisches Wandlungs-Diagramm

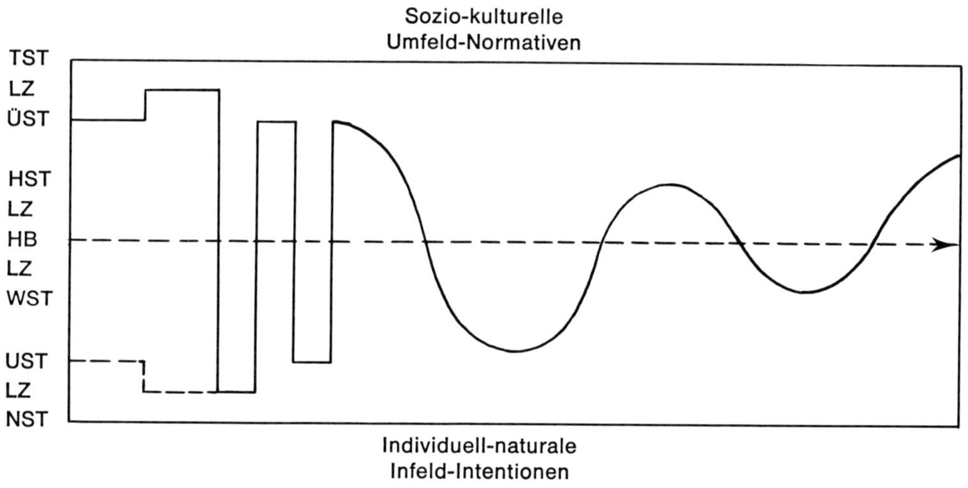

Literatur:

BINSWANGER, L., Drei Formen mißglückten Daseins. Tübingen, 1956.

HAUPTMANN, G. (a), Ausgewählte Werke, Band 2. Gütersloh: Bertelsmann-Verl., 1953 (1897).

— (b), Ausgewählte Werke, Band 4. Ebd., 1953 (1918).

REINHARDT, W., Der Zauberspiegel. Schule und Psychologie; II, 9 (1955).

SACHER, H. (a), Der Charakterologische Intelligenz-Test (CIT). Bad Cannstatt: Testverlag S. Wolf, 1954.

— (b), Regulierungspsychologische Persönlichkeitsdiagnostik. Ztschr. f. exp. u. ang. Ps. VII, 4 (1959).

— (c), Regulierungspsychologie. Wien—München—Bern: W. Maudrich-Verl., Band 1 (1978) und Band 2 (1982).

SCHILLER, F., Gedichte. Basel: Birkhäuser-Verl., 1949.
SELBACH, H., Das Kippschwingungsprinzip. (In: W. BIRKMAYER und A. STURM, Klinische Pathologie des vegetativen Nervensystems. Bd. I, 299—322). Stuttgart: Thieme-Verl., 1976.
THOMAE, H., Persönlichkeit (2. Aufl.). Bonn: H. Bouvier-Verl., 1955.
WARTEGG, E. (a), Gestaltung und Charakter. Beiheft 84 Ztschr. f. ang. Ps. u. Ch. Leipzig: J. A. Barth, 1939.
— (b), Schichtdiagnostik. Göttingen: Verl. f. Ps., 1960.
WELLEK, A., Die genetische Ganzheitspsychologie. München: C. H. Beck, 1954.
WENZL, A., Theorie der Begabung (2. Aufl.). Heidelberg: Quelle und Meyer, 1957.

B. Zur Naturgeschichte des Regelungs-Prinzips

I. DIE REGELTECHNISCHE SELBSTORGANISATION DER MATERIE

1. Urmateriale Gegen- und Mitkopplungs-Schleifen

Der II. Hauptsatz der Thermodynamik (R. CLAUSIUS, um 1865) [1]) besagt (astrophysikalisch) das irreversible Anwachsen der energetischen Entropie im (als geschlossenes System gedachten) Weltall bis zu dessen End-Gleichgewichtszustand von ‚Wärmetod'. Diese progrediente Zunahme der energetischen ‚Unordnung' darin gilt jedoch als Bedingung für die Entstehung einer natural-ektropen Gegentendenz (Negentropie) [1a]) mit dem Effekt der Genese von Elementarstrukturen sowie ihrer folgenden Komplexierung zu höheren Organisationsformen. C. F. v. WEIZSÄCKER hat diesen Vorgang veranschaulicht im Bild vom Gipfel eines Hügels mit einem Haufen von Kugeln, die über dessen nach allen Seiten gleichmäßig abfallenden Hänge hinunterrollen und schließlich am Fuße des Berges auf der Ebene in einem „höheren speziellen Grad von Ordnung ... liegen bleiben"; (siehe Abb. 1). So nimmt auch er für den Beginn der „Geschichtlichkeit der Welt" einen „chaotischen Urnebel" an, der „sehr arm an differenzierten dauerhaften Gestalten", hingegen „reich an Energie" und damit „schöpferischen Möglichkeiten" gewesen sein müsse, worauf „das ganze Leben des Kosmos" verlaufen sei vom „Chaos des Anfangs" hin bis zu immer „differenzierteren Gestalten" (S. 63 bzw. 65).

Am Hügelmodell v. WEIZSÄCKER's erscheint also verdeutlicht, wie der ‚freie Fall' jener Kugeln durch den (Quasi-) Widerstand des Berghanges abgebremst (Reibung) bzw. umgelenkt (seitwärts treibende Quasi-Kräfte) wird, d. h. die energetische Entropisierung in der Natur verzögert wurde, und mit dem so verfügbar gewordenen Potential eine negentrop-strukturierende Gegenentwicklung eingeleitet werden konnte. Die Entstehung solcher Energie abzweigenden und daraufhin strukturierungs-tendent „verwertenden" (SCHRÖDINGER, S. 99) Widerstands-Mechanismen kann als statistisch-wahrscheinliches Zufallsereignis angesehen werden, indem irgendwann-irgendwo und immer wieder einmal „eine Wirkung" jenes energetischen Verfallsprozesses „mit einer ihrer Ursachen zusammentraf". Wiederholungen sowie Häufungen dieses Geschehens führten dann zur

---

[1]) „Wärmeenergie kann immer nur von einem wärmeren zu einem kälteren Körper übergehen", d. h. „in der Natur stellt sich immer nur der Zustand ein, bei welchem die im System vorhandene Energie möglichst gleichmäßig verteilt ist"; (Fischer-Lexikon: Physik, S. 64 f und S. 361).

[1a]) Negative Entropie, d. h. innere Ordnung in Systemen schaffend.

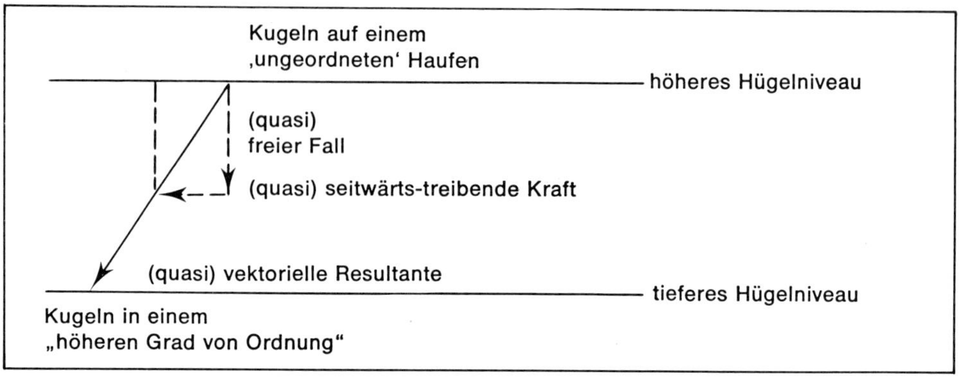

Abb. 1: C. F. v. WEIZSÄCKER's En-Ektropie-‚Hügelmodell'

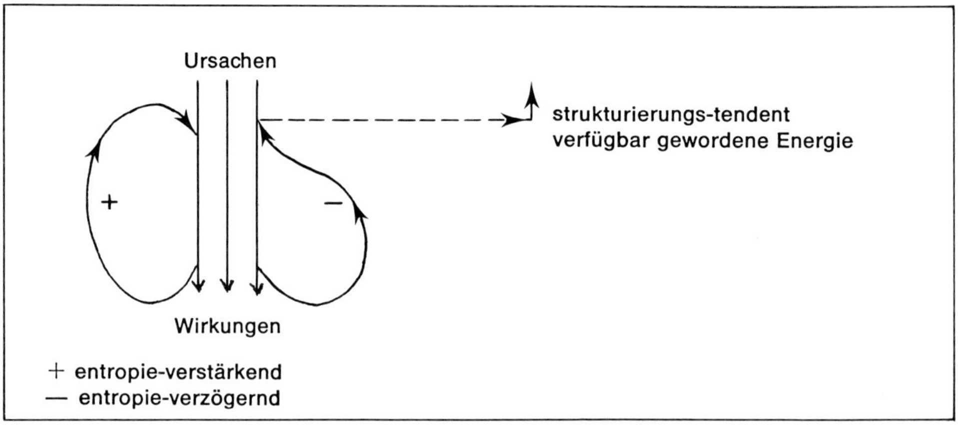

Abb. 2 a: Zufallsbedingte (unstabile) Rückkopplungs-Schleifen

Bildung von zunächst noch instabilen Feedback-Schleifen, später zu „geschlossenen Kreisen" und schließlich relativ-verfestigten Ur-Systemen mit Regulierungsfunktion via Homöostasierungs-Dynamik; (siehe Abb. 2 a bzw. 2 b: hier die neg. rückgekoppelten Schleifen bzw. Regelkreise). Danach ist zunächst einmal festzustellen, daß „die Entstehung solcher dem Zufall trotzenden Regelkreise durch die Natur paradoxerweise ein Ergebnis dieses Zufalls" gewesen sein dürfte (DUCROCQ, S. 195).

Andererseits aber erscheint uns diese Genese von System-Strukturen mit ihrer Selbstregulations-Dynamik sowie vor allem deren weiterer Ultrastabilisierungs- und Komplexierungs-Tendenz a u c h als Ausdruck bzw. Effekt eines zweckhaft-sinnvollen Ziel-Prinzips in der Natur. So schreibt z. B. DUCROCQ (l. c.) von einem „K a m p f gegen das systematische Anwachsen der Entropie im Weltall"; (siehe Literaturbefund 1). Eindeutiger noch (und überdies i. u. S. einer et causal- et final-

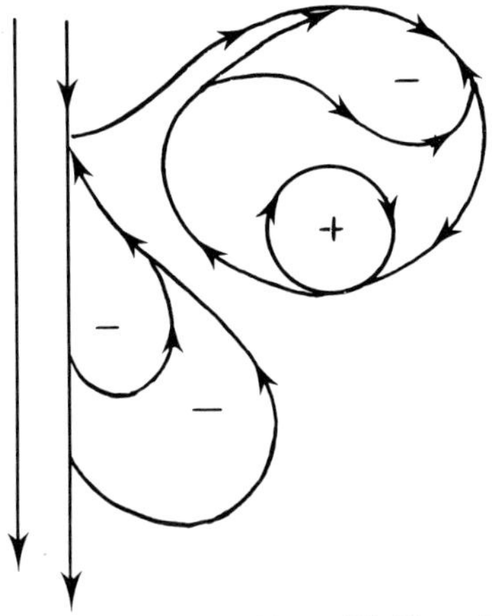

mit negativen und positiven Rückkopplungen:
Homöostasierungs- bzw. Wachstums-Trend

Abb. 2 b: Relativ-stabile Ur-Regelkreise

faktoriellen Kreisschaltung verstanden) findet sich diese teleologische Auffassung bei WHITEHEAD vertreten, wo es heißt: „Und so verfügen wir — in einer Form, die den Fähigkeiten des Menschen angepaßt ist — über die Erkenntnis, daß im Universum eine Gegentendenz am Werk ist, die den Verfall einer vorhandenen Ordnung in das Entstehen einer neuen Ordnung überführt" (1929, S. 74). Mit WHITEHEAD gilt auch uns ein (wie folgend definiert) ‚persönlicher Gott' als ‚Garant' dieses sinn-strebigen, schöpferischen Elements im Kosmos, und zwar in einem theistisch-pantheistischen Sinne: „God" („the unlimited conceptual realization of the absolute wealth of potentiality") „in this aspect not ist before all creation, but with all creation"; (WHITEHEAD, nach E. WOLF—GAZO, 1980) [2]).

Befund 1; (aus T. VESAAS, Es schneit und schneit)

„Es schneit und schneit über die Ebene hin — in einer Einöde ohne Grenzen ... Ein Haus steht da ... Um das Haus herum wachsen die Schneeberge. Still und leicht legen sich Sterne auf das Dach. Kein Gewicht eigentlich — aber schließlich werden die Dachsparren brechen unter der drückenden Last ... Wie es jetzt schneit, wird es weiter schneien ...
Drinnen in diesem Haus ... spielt Musik ... Dort sitzt ein einsamer Mann. Er kämpft ums Leben, gegen die Sterne, die herabsinken ... Spielen! ruft er kommandierend, und das Zimmer spielt. Die Musik ist er selbst — sie ist das einzige, das im Kampf gegen die Sterne taugt. Aber um Musik zu bekommen, muß er Stück für Stück von dem nehmen, was er in sich hat und mit dem er sich retten soll ... Spielen! ruft er und opfert ein neues Stück seines Innersten ... Nicht eine Sekunde kann er die Sterne aufhalten, aber es ist dennoch eine Waffe. Es ist eine Macht, die er hat ...

[2]) Zitiert nach einer persönlichen Mitteilung von Prof. H. SELBACH. (Siehe auch: SACHER, 1982; S. 203 ff).

Wir lauschen! sagen die Sterne auf dem Dach, eintönig und sinnlos. Aber sie sind der Tod ... Das Zimmer biegt sich unter der Schneelast ... Spielen! ruft er und wird kleiner ... Es schneit, in blinden Schneebergen. Das Haus spielt ... Es schneit und schneit über den unbändigen Willen hin ..." (S. 108 ff).

Wir erkennen somit „in der Natur" sowohl einen „Drang nach Unordnung" als auch einen „Drang nach Ordnung", welche beiden (energetisch-entropen bzw. strukturell-ektropen) Entwicklungs-Trends sich dauernd „im Streit" miteinander befinden (HOLDEN und SINGER, S. 300). Zur Erklärung jener, den zweiten „Drang" der „Natur" mit-verursachenden Feedback-Mechanik wird in der Theoretischen Physik vom „MAXWELL-schen Dämon" gesprochen, welcher wie ein „Türhüter" quasi-„katalysatorisch" wirkt und so den Energiestrom teilweise gegen sich selbst umleiten soll (WIENER, S. 333 ff) [3]). Einem solchen ‚Schleusenwärter' also schreibt man es zu, wenn „von dem Energiestrom, der durch das System hindurchgeht, ein kleiner, meistens sehr kleiner Teil abgezweigt und zur Regulierung dieses Energiestroms selbst wieder verwendet wird" (WAGNER, a; S. 15). Sicher ist jedoch auch dieser ‚deus ex machina' ebenfalls „Gegenstand einer zufälligen Bewegung", welche „der Temperatur seiner Umgebung entspricht"; und daher wird auch jedes derart gedachte Regelungsgefüge gleichfalls laufend „seine physikalische Entropie erhöhen", nur eben „etwas langsamer", als das ein energetisch „unausgeglichenes" System „ohne Dämon tun würde" (POLETAJEW, S. 93 f) [4]).
Als ein zum Verständnis dieser entropie-retardierenden Gegendynamik (in jenen ersten Rückkopplungs-Spangen) dienendes physikalisch-technisches Analog-Phänomen sei hier die elektromagnetische „Selbstinduktion" herangezogen und am Beispiel des HERTZ'schen „Oszillators" (1888) erläutert. Wir stellen uns dazu ein Drahtstück vor, an dessen Enden sich, durch ein äußeres elektrisches Feld hervorgerufen, ein Überschuß an positiver bzw. negativer Ladung befindet (Dipol). Sobald das elektrische Feld zu wirken aufhört, kommt es zu einem Ausgleich des Potentials, welcher anwachsende Stromfluß ein um den Draht sich ringförmig-ausdehnendes Magnetfeld entstehen läßt, welches wiederum in jenem „eine Spannung erzeugt, die der Ursache des Magnetfeldes entgegenwirkt, das heißt den Strom abschwächt". Dieses nach dem Abbau der Potentialdifferenz dann wieder zusammenbrechende magnetische Feld bewirkt (ebenfalls selbstinduktiv) den Auf-

---

[3]) In einem berühmten Gedankenexperiment zum II. Hauptsatz der Thermodynamik hat J. C. MAXWELL (1831—1879) die Möglichkeit der Realisierung eines „perpetuum mobile zweiter Art" durchgespielt, indem er unterstellte, ob nicht ein „Dämon" durch „Betätigung" einer „Schleuse" die „schnelleren" und die „langsameren" Moleküle in je ein besonderes „Gefäß" (mit dann hoher bzw. niedriger Temperatur) gegen deren stochastische Ausgleichsbewegungen „sortieren" könnte; (Fischer-Lexikon: Physik, S. 64 f).

[4]) In „belebten Systemen" sind es „komplizierte Enzymmoleküle" (mit ihrer Fähigkeit, „außer Energie auch Information zu speichern" und diese „beim Ablauf von Reaktionen optimal einzusetzen"), welche „eine Funktion ausüben" können, „die mit der Funktion eines Maxwell'schen Dämons zu vergleichen ist"; (LASKOWSKI und POHLIK, Biophysik I, S. 87 f).

bau eines elektrischen Gefälles „mit einem dem ursprünglichen Dipol entgegengesetzten Moment" (et vice versa), bis jene Anfangsenergie durch den OHM'schen Widerstand des Systems aufgebraucht und dieses in einen thermodynamischen Gleichgewichts-Finalzustand von Maximalentropie überführt worden ist; (Fischer-Lexikon: Physik, S. 103 f).
Jedes elektro-magnetische Feldpotential eines Elektronenstroms stellt demgemäß eine „senkrecht zur Verbindungslinie, eine quer dazu wirkende, sozusagen zur Seite treibende Kraft" dar [5]). Das durch Einfließen des elektrischen Stroms „sich ändernde Magnetfeld schwächt" so „die Ursache seiner Änderung", indem es „einen Strom ‚induziert', der dem felderzeugenden Strom entgegengesetzt ist". Die Stärke der Gegenwirkung hängt dabei ab von der Änderungsgeschwindigkeit des Magnetfeldes (Φ), wobei für die selbstinduktiv erzeugte elektromagnetische Gegenspannung (U) die Formel: $U = -\frac{d\Phi}{dt}$, gilt. Das Minuszeichen vor dem Differentialquotienten repräsentiert somit die jetzt umgekehrte Richtung jenes elektro-magnetischen Gegenstroms; (LENZ'sche Regel: siehe KATSCHER, S. 158 f, bzw. SCHENK, S. 91, bzw. STOCKHAUSEN, S. 104, sowie unsere Abb. 3).

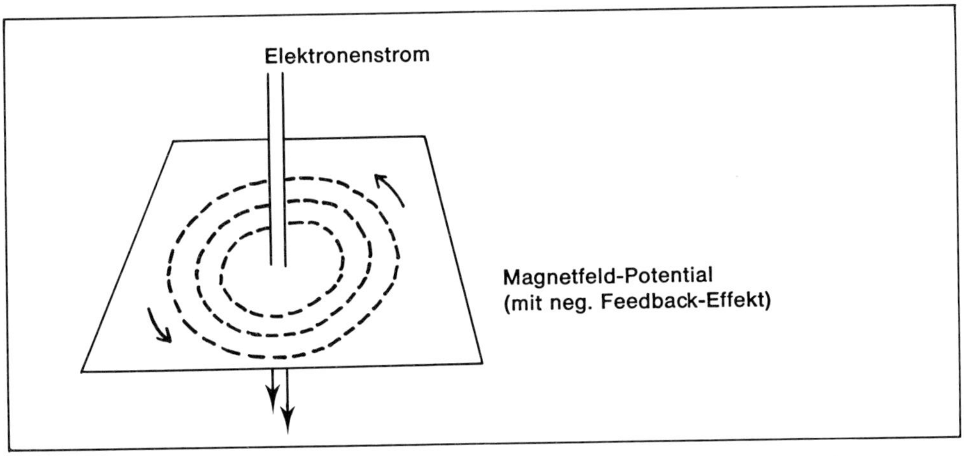

Abb. 3: LENZ'sche Selbstinduktions-Regel

Zweifellos haben sich nun bei den anfangs beschriebenen Zufallsbegegnungen von Partikeln bzw. Wellikeln des plasmatischen (d. h. ionisiert-gasförmigen) Materie-Energie-Kontinuums im Weltall auch Kreisprozesse mit positiver Rückkopplung von Wirkungen auf ihre Ursachen herausgebildet. Dies geschah, wenn erstere mit einer Phasenverschiebung $< 90°$ und einem Verstärkerkoeffizienten > 1 letztere feedback-dynamisch überlagerten; (siehe Abb. 2 a, linke Seite). Solche dann mitkopplungstechnisch geschalteten Rückbindungs-Zirkel „scheiden" jedoch

[5]) Siehe dazu das vektoriell-analoge Funktionsphänomen in Abb. 1.

(wenn stationär derart gekoppelt) „aus dem Spiel" aus, weil es dadurch zu einer Erhöhung der BROWN'schen Bewegung jener Korpuskeln bzw. einem „Anwachsen der Amplituden" jener Wellen kommt, d. h. insgesamt zur Beschleunigung der energetischen Entropisierungsdynamik (POLETAJEW, S. 173 und 363).
Nur die negativ-rückgekoppelten Urmechanismen vermochten also einen Teil der ‚freien' Energiereservoire als Strukturierungspotential abzuziehen sowie (sie wirkungsgradmäßig und damit nutzeffektiv immer besser verwertend) dadurch elementare Formgebilde mit regulierungstendenten Kernzentren in sich aufzubauen. Wir beschreiben nun im folgenden Abschnitt einige derart feedback-regulativ schließlich ‚Leben' konstituierende und danach über transitorische Mitkopplungs-Schaltungen (siehe den plus-Kreis in Abb. 2 b) weiterhin komplexierende Entwicklungsschritte der Natur sowie die sie erklärenden naturwissenschaftlichen Gesetze. Denn „die Entstehung des Lebens (ist) an eine Reihe von Eigenschaften geknüpft, die sich (sämtlich) physikalisch eindeutig begründen lassen", wobei „die Vorbedingungen zur Ausbildung dieser Eigenschaften vermutlich schrittweise erfüllt worden sind"; (EIGEN, 1971, nach LASKOWSKI und POHLIK, Biophysik II, S. 388). Dies geschah, in Übereinstimmung mit den Gesetzen der Physik und Chemie, durch Bildung von „Mustern" als ersten Vorstufen zur Evolution, die dann „zielstrebig" und (selektionsbedingt) immer schneller zu noch komplexer vernetzten „höheren" Stufen verlief; (BRESCH, C.: Zwischenstufe Leben — Evolution ohne Ziel? München: Piper-Verl., 1977). (Zitat Prof. SELBACH) [6]).

2. Biophysikalische Gleichgewichte und Wachstumsprozesse

Die Entwicklung der Natur begann also mit einer zufallsbedingten Instituierung von entropie-retardierenden (negentropen) Widerstands-Mechanismen (causae efficientes) und daraufhin evolutions-selektiv geförderten Infunktionalisierung von negativ-rückgekoppelten Regulierungs-Tropismen (causae finalis). Die so verfügbar gewordenen Energiepotentiale konnten danach zum Aufbau elementarer Ur-Regelsysteme und schließlich (bei hinzukommend positiv-rückgekoppelten Kreisschaltungen) auch zu deren Aufspannung, Ultrastabilisierung sowie Komplexierung verwertet werden. Im weiteren Verlauf kam es dann innerhalb der einzelnen Regel-Systeme in verstärktem Maße: erstens zu gegenkopplungs-technisch geschalteten, funktions-strukturell integrierenden Homöostasierungs-Prozessen (mit Auskompensation von extra-peristatischen Störeinwirkungen); zweitens zu mitkopplungs-technisch geschalteten, funktions-strukturell differenzierenden Wachstums-Prozessen (nach vorherig asymmetrischer Aufspannung der energetischen Potentiale). Voraussetzung jener anpassungs-tendenten Kompensationen und Homöostasierungen war die Fähigkeit naturaler Systeme zu einer laufend präziseren Fixierung von derart dann ‚Überleben' garantierenden Gleichgewichts-Soll-

---

[6]) Erwähnt sei hier nur, daß die Rückverfolgung bis in die Ordnungen des Mikrokosmos durch die Elementarteilchen-Physik wahrscheinlich erst gegen Ende unseres Jahrhunderts möglich sein wird; (siehe FRITZSCH, H., Quarks, Urstoff unserer Welt. München: Piper-Verl., 1981). (Zitat Prof. SELBACH).

werten; (status-stabilisierende Halte-Regelungen). Prämisse dieser steigerungstendenten Entwicklungsperioden mit ihren temporären Dehomöostasierungen und Labilisierungen der Systeme war die Neigung zur Aufschaltung von (außerdem oder zeitweise ausschließlich) ‚Leben' intensivierenden, propagierenden, stilisierenden Metagleichgewichts-Sollwerten; (ultrastabilisatorische Folge-Regelungen). Demgemäß sind also zwei Evolutions-Prinzipien der Natur (mit kausal- und finalfaktorieller Kreisschaltungs-Technik) zu unterscheiden: ein „homöostatic principle", sichtbar werdend im „trend" von naturalen Systemen „toward security and selfpreservation"; und ein „equally basic principle", „that of growth and propagation", als einem „trend toward new ventures into the unknown" (F. ALEXANDER, S. 17).

Als erstes Beispiel für die Gültigkeit bzw. Wirkung des Gleichgewichts-Prinzips in der Natur sei das (in bezug auf geschlossene, unbelebte Systeme formulierte) „Massenwirkungs-Gesetz" von GULDBERG und WAAGE (1867) erwähnt. Dieses (aus dem II. Hauptsatz der Thermodynamik ableitbare) [7]) Gesetz besagt (speziell) hinsichtlich der Kinetik chemischer Prozesse in Systemen, daß sich (bei ausreichender „Aktivierungsenergie") zwischen aufeinander reagierenden Substanzen endeffektiv ein (dynamisches) Gleichgewicht ihrer Konzentrationen von selbst (oder unter Mitwirkung eines Katalysators) herstellt; ($A_2 + B_2 \underset{k_2}{\overset{k_1}{\rightleftarrows}} 2\ AB$). Dieses und alle anderen seitdem zur Erklärung von (negativ gekoppelten) Feedback-Mechanismen via Homöostasierungs-Phänomenen auch in belebten Natursystemen formulierten Gesetze können auf das „Prinzip des kleinsten Zwanges" (LE CHATELIER, 1888) zurückgeführt werden, scilicet: Systeme reagieren auf (extraperistatische) Störungen ihres physiko-chemischen Gleichgewichts derart, daß sie diese Zwangsfaktoren bzw. deren Wirkungen soweit wie möglich (d. h. innerhalb ihrer Funktionsgrenzen) zu eliminieren, reduzieren, kompensieren suchen; (Fischer-Lexikon: Chemie, S. 175 ff).

Als Beleg für eine durch Energie-Verzehr und auf dem Wege ungleichgewichtiger (energetischer) Entropie-Verteilung in physikalischen Systemen wie ‚von selbst' erfolgende Strukturbildung und damit quasi-spontane Selbstorganisation der Materie referieren wir erstens einige Befunde aus der von HAKEN begründeten „Synergetik" (1973). Danach entstehen etwa bei (Temperaturdifferenzen ausgleichenden) Wärmeströmungen in Flüssigkeiten oder der Atmosphäre oder (durch Erhöhung des Innendrucks bewirkten) Deformierungen einer Kugel aus dünnem Metallblech quasi auto-organisatorisch „walzenförmige Muster" („Wasserrollen", „Wolkenstraßen") bzw. hexagonale „Bienenwabenmuster". Bei dem aus der Chemie bekannten Vorgang der sog. BELOUSOV-ZHABOTINSKY-Reaktion „breiten sich die Reaktionspartner" (z.B. mehrwertige Cer-Ionen) ebenso wie ‚von selbst' in „spiralförmigen Strukturen aus". Das geschieht überdies ähnlich den „Spiralwellen", wie sie entstehen, wenn sich die zunächst „verstreut" lebenden

---

[7]) Diesbezüglich vereinfacht definiert: Geordnete Zustände von sich selbst überlassenen Systemen gehen irreversibel in weniger geordnete über; (siehe auch Anm. 1).

amöboiden Zellindividuen des Schleimpilzes Dictyostelium discoideum bei akutem Nahrungsmangel zu einem Organismus „aggregieren". Schließlich seien noch die analogen Strukturierungsphänomene beim Laser-Licht erwähnt, nämlich wenn „die Laseratome" ebenso „ihr Handeln selbst organisieren" und damit „eine Ordnung aufbauen"; (HAKEN, S. 37 ff, SACHER, b, S. 132 ff) [7a]).
Zweitens betrachten wir die ähnlichen Vorgänge bei Kristallisationserscheinungen, d. h. wie sich hier (unter bestimmten Konzentrations-, Druck-, Volumen- und Temperaturbedingungen) aus Dämpfen, Lösungen oder Schmelzen (nach deren Übersättigung bzw. Unterkühlung) unter Aufzehrung sowie Umverteilung ‚freier' Energiepotentiale quasi-spontan Kristallgitter ausbilden. Dafür „muß" zunächst, wenn solche „Kristallisation" überhaupt in Gang kommen soll, eine jenen Parametern entsprechende thermodynamische „Gleichgewichtslinie" im „Zustandsdiagramm" der betreffenden Substanzen „überschritten werden". Nach Ablauf jenes Strukturierungsprozesses „befinden" sich dann beide „Phasen" des Gesamtsystems wiederum „im Gleichgewicht" und „sind" erneut „gleichzeitig stabil" (KLEBER, S. 187 f). Beispielsweise beim Gefrieren von Wasser zu Eis wird so „in einem Teil des Systems" (dem Eis) „die größere Ordnung der Moleküle hergestellt", d. h. „die Entropie verkleinert", dagegen „die Entropie des umgebenden Wassers . . . um mindestens den gleichen Betrag erhöht". Danach wird also die beim Übergang vom flüssigen in den festen Aggregatzustand „frei werdende Wärme an die Umgebung abgegeben und damit die Entropie des Gesamtsystems Eis-Wasser erhöht", was bedeutet, daß „Strukturen mit Entropieverminderung in einem Teilsystem" nur dann entstehen, wenn das „Gesamtsystem in einen Zustand geringerer freier Energie . . . übergeht"; (LASKOWSKI und POHLIT, Biophysik I, S. 82).
Damit haben wir die Grundfigur der auf physikalische Vorgänge rückführbaren Entwicklung von komplexeren Strukturen (siehe z. B. den experimentellen Nachweis auto-reduplikativer Silikat-Kristalle) und schließlich prae-vitalen Elementar-Systemen skizziert [8]). Diese abiotische Biogenese vollzog sich auf unserer Erde vor etwa 4 Milliarden Jahren unter Verwertung des energetischen Potentials der elektrischen Entladungen jener Uratmosphäre aus Ammoniak (NH_3), Methan (CH_4), Wasserdampf (H_2O), usw. [9]). Als das ‚Übergangsfeld' via anabiotischer Systeme wird eine ‚Ursuppe' kolloidaler bis koazervaler Substanzen in den Urozeanen angesehen. Hier also entstanden auf dem Wege physiko-chemischer Wechselwirkungs-Prozesse durch Ausschöpfung und Umverteilung jener ‚freien' Energiemengen schließlich organische Protein-, Kohlehydrat- sowie Lipoid-Makropolymere als erste Vorstufen von Nuclein- bis Aminosäuren [10]).

[7a]) Siehe auch: Prigogine, S. 146—199, und Epstein, S. 98—107.

[8]) „Die Entstehung von Ordnung in Lebewesen geht stets auf Kosten der Umwelt, auf die die entstehende Unordnung abgewälzt wird"; (SEXL, R. U., Was die Welt zusammenhält. — Physik auf der Suche nach dem Bauplan der Natur. Stuttgart: Dtsch. Verl.-Anst., 1982; S. 116). (Zitat Prof. SELBACH).

[9]) Siehe die Experimente von St. MILLER, 1953; (**Science 117,** S. 528 ff).

[10]) Wesentliche Kriterien gegen diese Theorie der „generatio aequivoca' finden sich bei R. LAY (SJ.); dort jedoch auch — in Parenthese — der Satz: „Aber genauso wenig, wie

Ein Verständnis für dieses Geschehen wird u. a. auch durch die Analysierung des „Problems der Viren" zu gewinnen gesucht; denn diese ‚Zwitterwesen' der Natur (sie können sowohl als Kristalle wie — in lebenden Zellen — als reduplikations-fähige Makromoleküle auftreten) stellen „Modelle für Vorstufen des Lebens" in jenen Übergangsepochen der Regelungs-Evolution dar. Danach „gilt es heute als wahrscheinlich", daß sie „rückgebildete" oder, „wie man sagt, ‚extrem parasitär entartete' Organismen sind" (BENSE, S. 18, BUTENANDT, S. 107). Wir sprechen daher im Rahmen unseres Modells von einer infeld-zirkulären Entgleisung (also Nullsteuerung) der Regelungs-Mechanismen dieser naturalen Hybrid-Systeme bzw. der (umfeld-bedingten) Rückbildung auf ein Funktionsniveau submanifester Regelungspotenz in deren kristalliner Erscheinungsform.
Als nächster wichtiger Schritt der Natur zur weiteren Entfaltung ihres ‚Lebensbaums' haben wir deren ‚Erfindung' halbdurchlässiger Zellhäute zu nennen, d. h. die Entwicklung von spezifisch filterungs-potenten Grenzschichten aus ursprünglich bilateral-durchlässigen Molekül-Konzentrationen, -Agglutinationen, -Konglomerationen, usw. [11]). Diese regulierungs-technische ‚Kompromißlösung' eines allgemein-naturalen Dilemmas: nämlich der einerseits angestrebten Isolation zellulärer Individualgebilde von ihren Umfeldern (zwecks Abwehr lebens- und entfaltungs-hemmender Faktoren), andererseits einer intendierten Kommunikation mit ihrer ‚Lebenslandschaft' (zwecks Aufnahme daseins- und entfaltungs-fördernder Komponenten) dürfte als ein unter dem evolutiven Selektionsdruck eingetretenes (weil nutz-effektiveres) Ereignis erklärt werden können. Wir nennen als für die Höherentwicklung des Lebens besonders wichtig jene semipermeablen Membranen in den phyto-zellulären Biosystemen; denn durch sie ist in derart ‚vermittelnder' Weise die osmotische Diffusion von H_2O-Molekülen entgegen dem Konzentrationsgefälle wasser-gelöster Substanzen biotechnisch optimal zu realisieren vermocht worden; (siehe Abb. 4). Solche zufolge ihrer spezifisch-differenzierten Porenkonstruktion nur für die kleineren Wasser-Moleküle passierbaren Grenzflächen arbeiten also (unter Aufzehrung der ihnen aus dem Stoffwechsel zufließenden Energiepotentiale) bereits ähnlich wie eine „Pumpe", bis sich durch den zunehmend verstärkten „Gegendruck" schließlich eine höher-gespannte (metastabile) Homöostase, nämlich das „osmotische Gleichgewicht" der Zelle mit ihrer lebens-notwendigen Turgeszenz eingestellt hat; (Fischer-Lexikon: Biologie 1, S. 298 ff, und Biologie-Atlas 1, S. 25) [12]).

---

es einen Beweis für die Urzeugung gibt, wurde jemals ein zwingendes Argument gegen sie vorgebracht" (S. 148).

[11]) Die Entwicklung verläuft dabei von „siebartig" filternden (wie im folgenden Fall) zu den wie „Pförtner" arbeitenden Membranen, z. B. im Erbmaterial und dem Bereich der Biokatalysatoren, in den Mitochondrien, in Nieren sowie Darmwänden, im Informationssystem der Immunreaktionen, usw. (SCHÖNERT, S. 735).

[12]) Auf die am Biochem. Inst. d. Univ. Kiel (Dir. B. HAVSTEN) laufenden Versuche zur technischen Rückgewinnung und Verwertung dieser (wahrscheinlich mit einer Geschwindigkeit proportional zur Oberflächengröße der wasser-gelösten Substrat-Moleküle erfolgenden) osmotischen Energie-Investments sei hingewiesen.

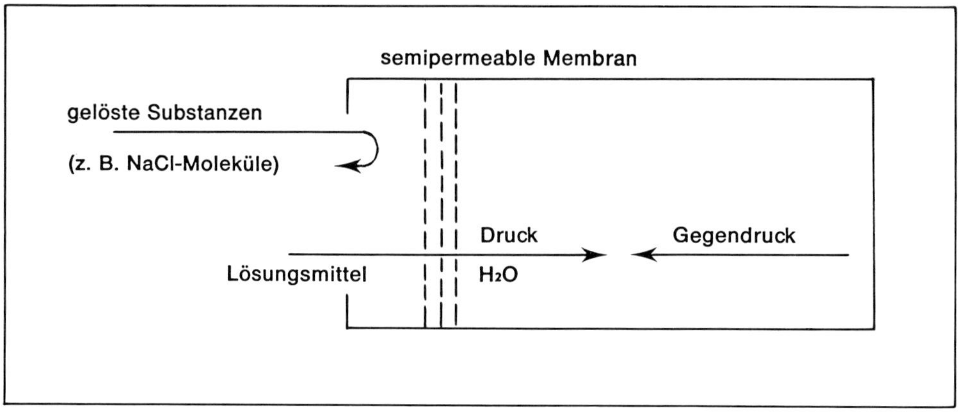

Abb. 4: Osmotischer Pumpen-Effekt semipermeabler Phyto-Membranen

Als ein funktions-strukturell analoger Vorgang soll dazu ergänzend noch die biorhythmische Ausbildung von (hier) transitorisch-metastabilen Zuständen an den (hier) ionen-diffundär spezifizierten Nervenzell-Membranen dargestellt sein; (sog. Kalium—Natrium-Pumpe). Solche temporär-asymmetrischen Aufladungen geschehen dort ebenso unter Verbrauch metabolisch bereitgestellter Energiepotentiale [13]) durch gleichfalls membran-,spontaneitär' hervorgerufene Umladungen von K^+ und Na^+ Ionen an den Innen- bzw. Außenseiten jener spezifisch-selektierenden Grenzschichten; (Ruhepotential 70—95 mV, außen positiv gegen innen negativ). Nach reizfaktorieller Erregung des Neurons erfolgt dann in saltatorischer Form eine Depotentialisierung (Aktionspotential 110 mV) mit kurzfristiger Umpolung der Membran (außen 50 mV negativ gegen innen positiv), usf. wie oben; (GALAMBOS, S. 40 ff, 82 ff, VOGT, S. 33 ff).
Abschließend erwähnen wir noch die für den weiteren Aufstieg der Lebenssysteme bzw. ihren Fortbestand bis zum heutigen Tage so entscheidende Photosynthese von Kohlehydraten aus CO_2 und H_2O (via Formaldehyd und Traubenzucker) insbesondere durch die autotrophen grünen Pflanzen. Dieser biofundamentale Vorgang struktureller Komplexierung anorganischer via organischer Substanzen mit dem Effekt gleichzeitiger Sauerstoff-Produktion für unsere lebensnotwendigen Atmungs- und Verbrennungsprozesse geschieht, unter Verwertung der Strahlenenergie der Sonne ($h\nu \sim 675$ Cal), vor allem mittels spezifisch-filternder Chloroplasten-Farbstoffe jener phyto-zellulären ersten ,Sonnenkraftwerke'. Die (wahrscheinliche) bio-chemische Umwandlungs- und bio-energetische Anreicherungs-Formel dafür lautet: $6\ CO_2 + 6\ H_2O + h\nu \rightarrow (CH_2O) \rightarrow C_6H_{12}O_6 + 6\ O_2$. Es gilt heute als sicher, daß dieser für Lebensorganisation und -dynamik wohl bedeutsamste elementare Biomechanismus der Assimilation energiearmer C- und

[13]) Die zum „Bergauftransport" dienende „Pumpe" wird auch hier mittels des überall im Organismus als Energieträger fungierenden ATP (Adenosintriphosphats) „betrieben" (SCHÖNERT, S. 737).

H-Oxyde „in Form sehr komplizierter Zyklen abläuft". Insbesondere besteht eine gleichgewichts-regulative Beziehung zum (umgekehrt verlaufenden) dissimilatorischen Atmungs-Prozeß (und anderen CO_2-Produktionsvorgängen), so daß sich für den „biologisch verwertbaren Kohlenstoff" bisher noch stets eine „ausgeglichene Bilanz" einzuregeln vermocht hat; (Fischer-Lexikon: Biologie 1, S. 151 ff, und Biologie-Atlas 2, S. 278) [14]). Ob jedoch dieser überlebens-notwendige Gleichgewichtszustand zwischen CO_2 und O_2 in unserer Biosphäre auch künftig wird aufrechterhalten werden können (Denaturierung der Bodenbakterien, Erhöhung der Industrieabgase CO_2 und SO_2, Reduzierung der Grünpflanzen-Bestände), dürfte vor allem von den technologischen Entwicklungs-Perspektiven abhängen bzw. eine Frage unserer ökologischen Ausgleichs-Reaktionen darauf sein [15]).
Zusammenfassend kann danach festgestellt werden, daß in der Natur zwei polarkonträre, funktionsstrukturell komplementäre Organisations-Trends wirken: einerseits ihre (mehr bewahrungs-technische) Tendenz hin zu Gleichgewichts-Zuständen; andererseits deren (mehr steigerungs-technische) Intention hin zu Aufspannungs-Effekten und damit Ultrastabilisierungs- sowie Komplexierungs-Phänomenen. Aus diesem Grunde haben wir jenes anfangs zitierte ‚Prinzip des kleinsten Zwanges" zu ergänzen durch ein solches des ‚größten Zwanges', welche beiden Funktionsprinzipien naturgeschichtlich alternierend wirksam gewesen sind; (et-et-Verknüpfung). Dem sollten wir daher künftig bei unseren technischen bzw. ökonomischen Eingriffen in den Natur-Haushalt Rechnung zu tragen suchen; denn diese Forderung entspricht der (naturwissenschaftlich nachweisbar) bipolar-praeformierten, sowohl gleichgewichts- als auch wachstumstendent organisierten Evolutionsdynamik des Universums.

3. Mathematische Funktionen naturaler Entwicklungsverläufe

„Dauerhaftigkeit" auf Grund jener Homöostasierungs- und damit Selbstbewahrungs-Tendenz ist also bio-technologisch „allein keine ausreichende Eigenschaft eines Systems"; denn um langfristig überleben zu können, darf es „nicht nur Störungen ausgleichen", sondern „muß sich auch langwirkenden Umweltveränderungen anpassen", d. h. sich „entwickeln", da es anderenfalls „durch Umwelteinflüsse degradiert" werden würde. Solche epochalen oder katastrophalen Änderungen der Lebenslandschaft eines Systems sind daher auch nicht mehr nur durch Halte-Regler zu bewältigen, sondern erfordern adaptations-technisch sog. Folge-Regelungen, d. h. stufenfunktionelle Verstellungen der biofundamentalen Sollwert-Niveaus. Bei diesen Anpassungs- bzw. Wachstumsprozessen spielen daher positiv-rückgekoppelte Regelkreise eine entscheidende Rolle, indem sie etwa

---

[14]) Als die (naturgeschichtlich) ersten O_2-Produzenten gelten bestimmte Bakterien und Blaualgen.

[15]) Steigende CO_2-Konzentrationen in der Atmosphäre führen zunächst natural-selbstregulativ zu vermehrtem Pflanzenwachstum, so daß vor allem Waldrodungen größeren Ausmaßes lebensgefährliche Folgen haben müßten; (etwa klimatisch durch den globalen „Treibhauseffekt" einer CO_2-Dunstglocke bei Werten über 0,8%).

„jede kleinste" (bio-effektiv förderliche erbgenetische) „Abweichung verstärken" und so auch als „Zufallsgeneratoren der Vielfalt von Optionsmöglichkeiten des Systems" gegenüber veränderten Umfeld-Verhältnissen „wirken". Auf solche Weise werden dem Biogefüge dann also „sehr viele und außerordentlich vielfältige Regulierungsmöglichkeiten" neu verfügbar, was nicht zuletzt auch als „eine der Grundbedingungen für die Stabilität eines Systems" überhaupt zu gelten hat (d e ROSNAY, S. 104).

Wachstumsvorgänge entwickeln nun allerdings, wenn sie sich selbst überlassen bleiben, der Regel nach eine evt. lebensgefährdende Eigendynamik, indem sie quasi-autokatalysatorisch und so funktionsautonom zu einem „lawinenartigen Anschwellen", d. h. zur Beschleunigung ihrer Geschwindigkeit „in geometrischer Progression" tendieren. Sie folgen dann also der Gleichung $y \sim e^x$ als jener Funktion einer „veränderlichen Größe, deren momentane Wachstumsgeschwindigkeit ein konstanter Bruchteil ihres Wertes im betreffenden Augenblick ist" (WHITEHEAD, S. 123). Jede derart exponential-funktionelle Versteilung von Wachstumsprozessen kann zu total-zirkulären Entgleisungen führen und damit strukturell-extremistischen Ausdifferenzierungen sowie funktionell-exzessiven Überspezialisierungen, was eine mehr oder weniger große Minderung der weiteren „Überlebensaussichten" eines Systems bedeutet (LORENZ, S. 17 bzw. 32 f). Ein dann evt. sogar drohender ‚E x t r e m i s i e r u n g s t o d' kann nur abgewendet werden, wenn durch rechtzeitig infunktionalisierte Gegenregulationen eine ultrastabilisierende Sollwert-Verstellung (biologisch: anamorphotische Umorganisationen; psychologisch: Aufstufungen des Anspruchs-Niveaus) erfolgt; (Fischer-Lexikon: Mathematik 1, S. 139; SACHER, a, S. 110 ff; unsere Abb. 5) [16]).

In der experimentellen Kristallographie beispielsweise gilt daher die Regel, man müsse, „um einen fehlerfreien Kristall zu züchten", dessen „Wachstumsgeschwindigkeit umso kleiner machen, je größer der Kristall wird". Anderenfalls kommt es zu architektonischen Asymmetrien, Verzerrungen, Deformierungen usw., weil „der eine Teil nicht mehr ‚weiß', was der andere tut" (HOLDEN und SINGER, S. 125). In diesem Fall verhindert dann nämlich die fehlende (negative) Rückkopplung eine ultra-homöostasierende Regulation des Wachstumsgeschehens und damit die meta-harmonische Organisation jenes Naturgebildes. Andererseits ist jedoch ebenso bekannt, daß nicht nur die „Ausbildung extrem differenzierter Formzustände" ein „Ende der Entwicklung bedeuten" kann, sondern auch deren Ablauf „in Richtung immer besser ausgeglichener Proportionalität" bis hin zu einer „morphologischen Entropie" (SCHIPS, S. 25). Als mathematische Signatur hierfür haben wir die Gleichung $y \sim \log_e x$ als Umkehrfunktion jener Exponentialfunktion heranzuziehen; denn diese Kurve bezeichnet den Verlauf von Systemverfassungen via deren ‚G l e i c h g e w i c h t s t o d'; (z. B. eine bio-psychische Bedürfnis-Sättigung). Auch hier wäre eine derart total-zirkuläre Homöostasierung wiederum nur

---

[16]) Auf das Phänomen der selbst-regulativen Wachstums-Begrenzung (etwa bei Populationen durch den zunehmenden Konkurrenzdruck der Artgenossen) kann hier nur hingewiesen werden; (siehe die explicit lösbare Differentialgleichung $x = ax - bx^2$ von VERHULST, 1837).

durch gegenregulativ inszenierte Sollwert-Verstellungen (biologisch:katamorphotische Umorganisationen; psychologisch: Herabstufungen des Anspruchs-Niveaus) abzuwenden; (siehe Abb. 5).

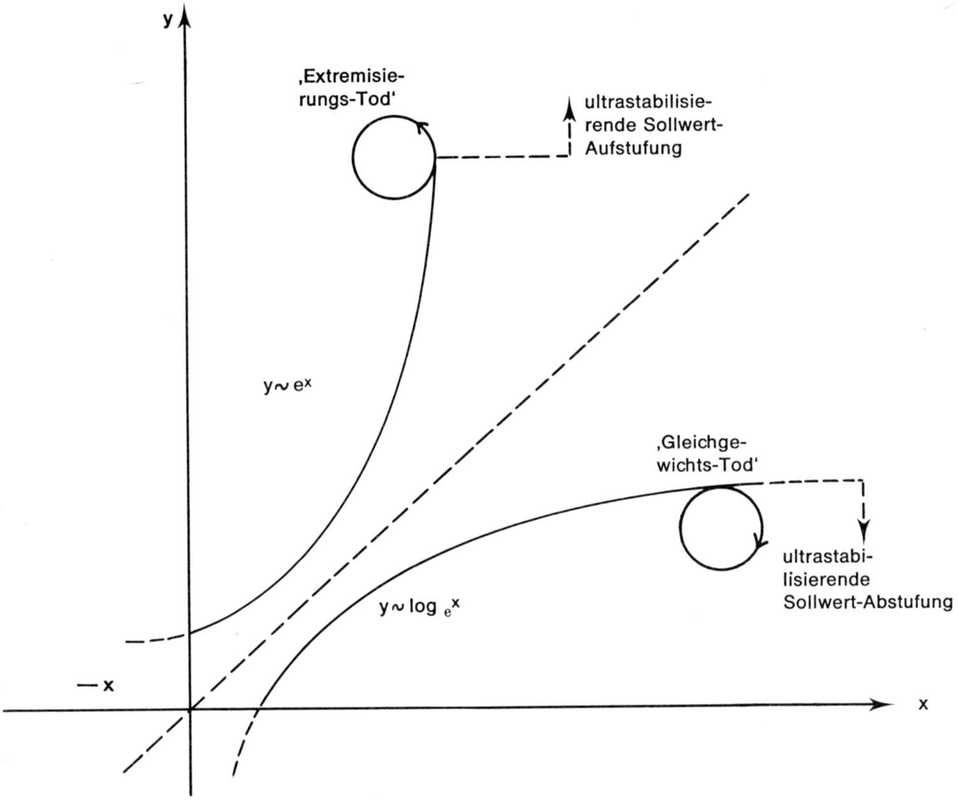

Abb. 5: Exponential- bzw. logarithmus-funktionelle Entwicklungsverläufe

Danach muß also auch aus entwicklungsgeschichtlichen Gründen in regeltechnischen Wirkungsgefügen der Natur stets „ein Rest von Unbefriedigtsein", d. h. hier speziell von Steigerungs- und Wachstums-Bedürfnissen „bestehen bleiben" (WAGNER, b, S. 239); andererseits aber ebenso deren extremisierungs-tendente Befriedigung immer wieder rechtzeitig durch Schaltung gegenregulativer Bewahrungs- und Gleichgewichts-Tendenzen abgebremst werden. Ein optimaler Komplexierungs-Effekt i. S. der Kybernetik ist daher auch hier nur dann zu erreichen, wenn sich jene beiden fundamentalen Entwicklungs-Trends der Natur periodisch-alternierend in Szene setzen können, d. h. negativ-rückgekoppelt aufeinander funktionieren. Regeltechnisch handelt es sich also hierbei um eine Sowohl-als auch- (et-et-) Schaltung von Gegen- und Mitkopplungs-Mechanismen (Kompromiß-Prinzip der Natur); mathematisch um eine sinusoidale Verlaufsform mit ab-

wechselnd exponential- und logarithmus-funktionellen Kurvensegmenten (Symmetrie-Prinzip der Natur)[17]. Im Rahmen unseres speziellen Modell-Prospekts haben wir diesen sinusoidalen Schwingungsablauf mit jenen Umschalt- oder Wendepunkten als Folge sich amplitudisch auf- bzw. abschaukelnder Einzelwellen zu betrachten; (Steigerungs- bzw. Dämpfungsfaktoren e^x bzw. e^{-x}). Diese Gegen- und Mitkopplungs-(GUM-)Schaltregel bzw. deren mathematische Repräsentation dürfte eine allgemeingültige Existenz- und Evolutions-Formel naturaler Systeme darstellen; (siehe Abb. 6). Sie sollte daher auch zur Begründung bzw. Beförderung aller biosomatischen bis -psychischen Entwicklungsprozesse sowie unserer personalen Entscheidungsakte berücksichtigt werden müssen (SACHER, 1961—82); denn „auf keinen Fall scheint es erwiesen oder auch nur wahrscheinlich zu sein, daß zur Erklärung geistiger Funktionen Voraussetzungen gemacht werden müssen, welche über die Physik hinausgehen" (STEINBUCH, 1971, S. 2).
Wir haben nun abschließend noch zu ergänzen, daß biologische Einzelgeschöpfe und Arten-Verbände sich von irgendeinem Punkt ihrer sinusoidalen Entwicklungslinie an rückbilden und schließlich irgendwann enden (bzw. nur noch rudimentär weiterbestehen). Dies gilt analog auch für alle sich derart quasi-organisch in zyklischer Verlaufsform entfaltenden und danach mit der Zeit ineffizienter werdenden, temporär oder endgültig absterbenden soziokulturellen Wirkungsgefüge[18]. Diese organologische Verlaufsdynamik wäre daher (abgesehen von katastrophalen bzw. revolutionären Finalisierungen) durch (approximativ) glocken-funktionelle Kurven mathematisch zu repräsentieren ($y \sim e^{-x^2}$; siehe Abb. 6). Zur Frage dieser evolutions-geschichtlichen Abfolge naturaler System-Organisationen „in Zyklen", also der „Dreiphasen"-Theorie von breitgefächerter „Formbildung", deren weiterer „Ausgestaltung" bis zu ihrer endeffektiven „Größenübersteigerung, Überspezialisierung und Entartung", sowie jener analogen Verlaufsform von „großen Kulturen als Organismen" sei hier auf SCHINDEWOLF (S. 3 ff) bzw. SPENGLER (S. 72 ff) verwiesen. Exemplarische Erfahrungsbefunde und paradigmatische Kurvenbeispiele für die von uns angesprochenen drei typischen Perioden organismischer, individuell-geistiger wie objektiv-kultureller Entwicklungen (sc. Steigerung, Sättigung, Erschöpfung) finden sich bei v. BERTALANFFY (b, S. 167 f), SCHWARZ (S. 11 f) und STEINBRING (in OTTE, S. 238). Das folgende literarische Exzerpt mag unsere eigene These einer sinusoidalen (helix-artigen) Verlaufsform von optimaler System-Entfaltung aus religionsphilosophischer Sicht nochmals verdeutlichen; (siehe Befund 2).

Befund 2; (aus M. BUBER, Die Bergfahrt).

Rabbi Mechal sprach: „Es heißt im Psalm: ‚Wer wird des Herrn Berg ersteigen und wer an seiner heiligen Stätte stehen?' Das ist einem Mann zu vergleichen, der in seinem Wagen einen Berg hinanfährt und ist zu dessen Mitte gelangt, und die Pferde sind ermattet — so

[17]) Dreidimensional wäre diese Verlaufsdynamik als eine Helix-(Spiral-)Kurve wiederzugeben.
[18]) Auf das Phänomen und die Gründe einer evt. Reanimation oder Renaissance von Kulturen kann hier nur hingewiesen werden.

muß er anhalten und sie verschnaufen lassen. Wer keine Einsicht hat, wird da abstürzen. Wer aber einsichtig ist, nimmt einen Stein und legt ihn unter den Wagen, solang er steht; so kann er dann zur Höhe des Berges kommen. Wer nicht stürzt, wenn er den Dienst unterbrechen muß, sondern stehenzubleiben weiß, der wird des Herrn Berg ersteigen" (R. DITHMAR, S. 303).

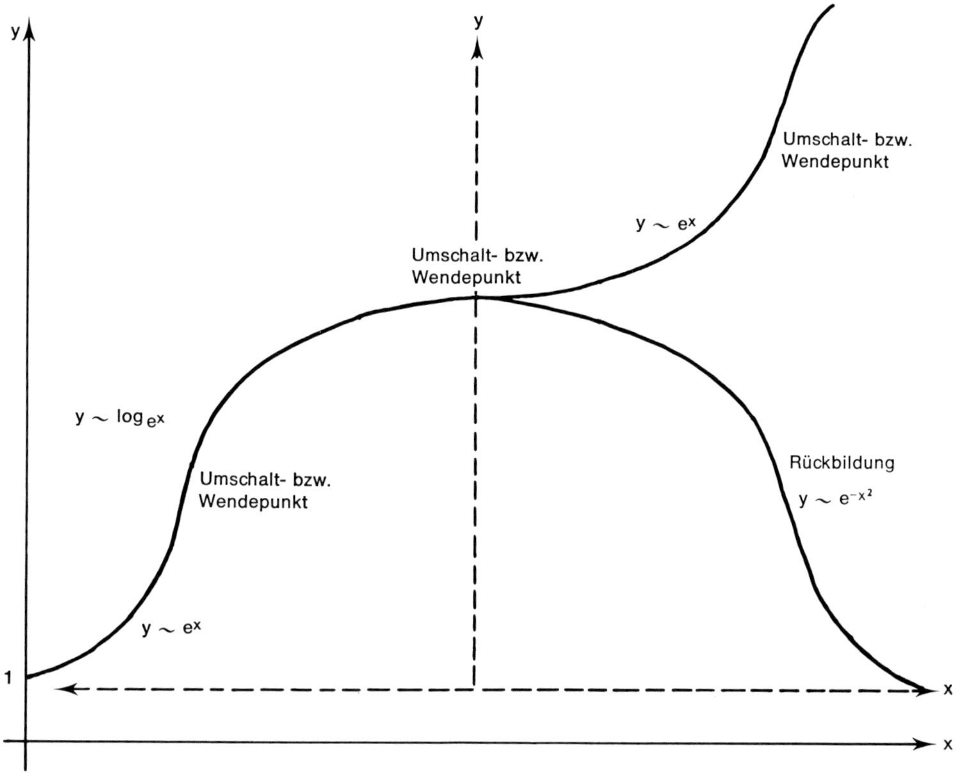

Abb. 6: Sinusoidal-optimale Entfaltungs- bzw. glocken-funktionelle Rückbildungs-Kurve

Literatur:

ALEXANDER, F., Psychoanalysis und Psychotherapy. New York, 1956.

BENSE, M., Moderne Naturphilosophie. Kevelaer, 1949.

BERTALANFFY, L. v. (a), Biophysik des Fließgleichgewichts. Braunschweig: Vieweg-Verl., 1953.

— (b), Auf den Pfaden des Lebens. Frankfurt/M.: Umschau-Verl., 1951.

BUTENANDT, A., Was bedeutet Leben unter dem Gesichtspunkt der biologischen Chemie? (In: Schöpferglaube und Evolutionstheorie). Stuttgart: A. Kröner-Verl., 1955.

DITHMAR, R. (Hrsgb.), Fabeln, Parabeln und Gleichnisse (5. Aufl.). München: Dtsch. Taschenbuch-Verl., 1978.

DUCROCQ, A., Die Entdeckung der Kybernetik. Frankfurt/M.: Europ. Verl.-Anst. 1959 (frz.: Paris, 1955).

EPSTEIN, J. R. (u. a.), Oszillierende chemische Reaktionen. Spectrum d. Wiss. 5, 1983; 98—107.
FUCHS, W. R., Eine Weltgeschichte der Physik. Stuttgart: DVA, 1975.
GALAMBOS, R., Nerven und Muskeln. München—Wien—Basel: Desch-Verl., 1962.
GELFAND, J. M. (u. a.), Funktionen und ihre graphische Darstellung (2. Aufl.). Leipzig: Teubner-Verl., 1974.
GRENIEWSKI, H. (und M. KEMPINSKY), Kybernetische Systemtheorie. Berlin: Dietz-Verl., 1966.
HAKEN, H. (a), Die Synergetik. Bild der Wissenschaft 3, 1980; S. 84—98.
— (b), Naturwiss. **68,** 6 (1981); S. 293—299.
KATSCHER, F., Die Urkräfte der Natur. Olten und Freiburg/Brsg.: Walter-Verl., 1960.
KLEBER, W., Einführung in die Kristallographie. Berlin: VEB-Verl. Technik, 1977.
LASKOWSKI, W. (und W. POHLIK), Biophysik I. Stuttgart: G. Thieme-Verl., 1974.
LORENZ, K., Die acht Todsünden der zivilisierten Menschheit. München: Piper-Verl., 1973.
OTTE, M. (u. a.), Mathematik die uns angeht. Gütersloh: Bertelsmann-Verl., 1977.
POLETAJEW, J. A., Kybernetik (2. Aufl.). (Hrsggb. v. G. KLAUS). Berlin: VEB-Verl. der Wiss., 1963.
PRIGOGINE, J. (und J. STENGERS), Dialog mit der Natur (2. Aufl.). München-Zürich: Piper-Verl., 1981.
ROSNAY, J. de, Das Makroskop. Stuttgart: Dtsch. Verl.-Anst., 1977.
SACHER, H., Regulierungspsychologie. Wien—München—Bern: W. Maudrich-Verl., Band 1 (1978) und Band 2 (1982).
SCHENK, H., Materie — Energie — Licht. Stuttgart: Belser-Verl., 1965.
SCHINDEWOLF, O. H., Fragen der Abstammungslehre. Frankfurt/M.: W. Kramer-Verl., 1947.
SCHIPS, M., Mathematik und Biologie. Leipzig u. Berlin: Teubner-Verl., 1922.
SCHÖNERT, H. J., Die Zellen der Organismen und die biologischen Membranen. (Ber. Forschungsprojekt „Eigenschaften biologischer Membranen"). Univers. **37,** 7 (1982).
SCHRÖDINGER, E., Was ist Leben? — Mit den Augen des Physikers betrachtet (2. Aufl.). München: Lehnen-Verl., 1951.
SCHWARTZ, W. (und A. SCHWARTZ), Grundriß der allgemeinen Mikrobiologie. Berlin: W. de Gruyter-Verl., 1961.
SELBACH, H., Pers. Mitt. v. 9. 6. und 1. 7. 1981.
SPENGLER, O., Der Untergang des Abendlandes. München: C. H. Beck, 1959 (1917).
STEINBUCH, K., Automat und Mensch (4. Aufl.). Berlin—Heidelberg—New York: Springer-Verl., 1971.
STOCKHAUSEN, M., Physik für Mediziner. Berlin: W. de Gruyter-Verl., 1974.
VESAAS, T., Es schneit und schneit. (In: Skandinavien erzählt). Fischer-T., 1964.
VOGT, H. H., Reiz-Impuls-Gedanke. Stuttgart: Franck'sche Verlagsbuchhandlung, 1965.
WAGNER, R. (a), Probleme und Beispiele biologischer Regelung. Stuttgart: G. Thieme-Verl., 1954.
— (b), Rückkopplung und Regelung: ein Prinzip des Lebenden. Naturwiss. **48,** 1961; S. 235—242.
WALTHER, A., Exponentialfunktionen. München: Bayer. Schulbuch-Verl., 1978.
— Logarithmusfunktionen. Ebd., 1979.
— Arcusfunktionen. Ebd., 1979.
WEIZSÄCKER, C. F. v., Die Geschichte der Natur (6. Aufl.). Göttingen: Vandenhoeck u. Ruprecht, 1964.
WHITEHEAD, A. N., Eine Einführung in die Mathematik (2. Aufl.). Bern: Francke-Verl., 1958.
— Die Funktion der Vernunft. Stuttgart: Reclam-Verl., 1974 (1929).
WIENER, N., Kybernetik (2. Aufl.). Düsseldorf—Wien: Econ-Verl., 1963.
WOLF-GAZO, E. (Hrsgb.), Whitehead: Einführung in seine Kosmologie. Freiburg — München: K. Alber, 1980.
Fischer-Lexikon Physik. (Hrsggb. v. W. GERLACH). Frankfurt/M., 1962.

Fischer-Lexikon Chemie (Hrsggb. v. H. KLEBER u. a.). Frankfurt/M., 1961.
Fischer-Lexikon Biologie 1 (Hrsggb. v. S. STRUGGER). Frankfurt/M., 1962.
Fischer-Lexikon Biologie 2 (Hrsggb. v. B. RENSCH). Frankfurt/M., 1963.
Fischer-Lexikon Mathematik 1 (Hrsggb. v. H. BEHNKE u. a.). Frankfurt/M., 1964.
dtv-Atlas Biologie, Bd. 1 und 2 (Hrsggb. v. G. VOGEL und H. ANGERMANN). München, 1967 bzw. 1968.

II. DIE ENTFALTUNG DES LEBENS IN REGELTHEORETISCHER SICHT

1. Der Evolutionswert nicht-perfekter Biosysteme

Wir werden im folgenden Kapitel einige der wichtigsten biotechnischen Voraussetzungen hinsichtlich der Entwicklung progredient komplexerer zoologischer Lebensformen bis zum Menschen aus neo- bzw. sozial-darwinistischer Sicht und speziell unter unserem regeltheoretischen Aspekt betrachten. Nach den vorangehenden Überlegungen in Kap. I hypostasieren wir also sowohl eine (genuin-praeformierte) Homöostasierungs- (System-Erhaltungs-) als auch Ultrastabilisierungs- (System-Steigerungs-) Tendenz der naturalen Evolutionsdynamik. Grundsätzlich ist dazu vorerst einmal festzustellen, daß „geregelte Prozesse fast immer vorteilhafter für das Überleben (sind) als ungeregelte" (WEIDEL, S. 125). Jedoch auch kybernetische Wirkungsgefüge funktionieren bezüglich ihrer energetischen Kosten-Nutzen-Bilanz mehr oder weniger effizient. Unter den in bestimmten Epochen der palaeo-zoischen Erd- und humanen Geistesgeschichte variierenden (naturalen bzw. soziokulturellen) Umfeld-Bedingungen überlebten und entfalteten sich daher vor allem diejenigen (mutativen bzw. modifikatorischen) System-Varianten, deren Regulations-Organe oder -Instrumente mit einem oekotechnisch günstigeren Wirkungsgrad und also nutzeffektiver arbeiteten als bei ihren Konkurrenz-Systemen [1]).
Mit solchen (zumindest langfristig) weniger wahrscheinlich der natürlichen oder sozialen ‚Ausmerze' (DARWIN bzw. HAECKEL) unterliegenden ‚fittest survivors' (SPENCER) meinen wir jedoch nicht die regelungstechnisch hinsichtlich vorgegebener Umfeld-Konstellationen „perfekt" oder „optimal" funktionierenden, also jene i.u.S. TST-zirkulär voll-angepaßten (‚durchschnittlichen') bzw. HB-zirkulär restlos-ausgeglichenen (‚gesunden') Biosysteme. Als phylo- wie ontogenetisch auf längere Sicht hin biologisch bzw. soziokulturell relevanter dürften vielmehr die ‚ad hoc' jeweils partiell-nonkonformistischen bzw. -dysregulierten Lebens- und Geistgefüge gelten müssen, vor allem wenn sie darüberhinaus bio- bzw. soziokybernetisch auch noch besonders plastibel-strukturiert, flexibel-trainiert und sensibel-disponiert erscheinen. Indem solche Wirkungsgefüge nämlich regulierungsdynamisch noch „variabel" zu reagieren vermögen, werden sie speziell dann „Selektionsvorteile" haben, „wenn sich das Umfeld rasch verändert"; denn „Variabilität" ist nicht nur deshalb erfolg-versprechender, weil das „Reproduktions-

---

[1]) Siehe dazu auch LANC, insbesondere S. 36.

system" des „nicht perfekten Organismus" noch „Fehler macht", die „es ihm ermöglichen, sich neu zu adaptieren", sondern auch darum, weil „variabel zu sein" energetisch „ ‚billiger kommt' als optimiert zu sein" (GLASER, S. 8). Ein Bio- und Kultur-System sollte also einerseits „stabil genug sein, um sich gegen Umwelteinflüsse genügend zu schützen" und so „nicht der Struktur verlustig zu gehen, in der die Information steckt"; andererseits aber vermag es „keine zusätzliche Information zu erwerben", wenn es nicht auch „ein ganz klein wenig unstabil" ist, „eben genug, um hier und da bei der Reduplikation seiner selbst einen kleinen Fehler zu machen", welcher dann einem oder einigen seiner Nachkommen „neues ‚Wissen' " mit besseren „Überlebens- und Vermehrungsaussichten" erbringt (LORENZ, S. 68).

Allen in bezug auf ein vorfindliches Umfeld weder HB- noch TST-zirkulär ‚ausgeregelten' Systemen dürften daher für evolutive Zeitspannen wie historische Dimensionen letztlich bessere Überlebens- bzw. Wirkungs-Chancen zuerkannt werden müssen; (siehe R. WAGNER's Begriff des lebensnotwendigen ‚Restreizes' in Biosystemen). Denn zufolge ihrer größeren Störbarkeit werden sie gezwungen und bei genügender Empfindlichkeit, Beweglichkeit, Schwingungsfähigkeit usw. auch fähig sein, sich immer wieder zu wandeln, andersartige Belastungen auszugleichen, neue und evt. exponierte Daseinsziele mit Engagement anzustreben bzw. erreichen zu können. Sie stellen somit evolutions-historisch wie zukunftsgeschichtlich das hereditär-kreative und dispositionell-schöpferische Innovations-Potential der Natur-Entwicklung bzw. Kultur-Entfaltung dar. Jene anderen Spezietäten, Rassen, Individuen, Gruppen, Völker, Gesellschaften usw. können wir hingegen als den (allerdings ebenso unerläßlichen) erbgenetischen Bio-Humus bzw. sozial-traditionären Kultur-Fundus jeder Art von Evolutionsdynamik bezeichnen.

„Perfekt" (umfeld-) konformistisch geschaltete wie „optimal" (ohne Reststörungen) ausgeglichene Systeme dürften also in der Regel keine epochal-innovativen Aufbrüche bzw. Aufschwünge einzuleiten vermögen; ja sie werden den Entwicklungsfluß eher stagnieren, vielleicht austrocknen oder sogar in ‚toten Armen' enden lassen. Als ein aktuelles Beispiel hierfür sei der weitreichende Verlust ungewöhnlicher, individualistisch-produktiver Lebens- und Schaffensformen in unseren hoch-zivilisierten, über-spezialisierten, ver-bürokratisierten Massengesellschaften erwähnt. Die entscheidenden Gründe für solche Nivellierung sind einerseits ein erfolgs-anankastisch selbst-regularisiertes, andererseits wachstums-fetischistisch fremd-reglementiertes Bedürfnis vieler Menschen, im Trend soziokultureller Umfeld-Strömungen widerstandslos mit-schwimmen, alles mit-machen, jederzeit reibungslos mit-funktionieren zu wollen. Wir verweisen dazu auf die „düster utopischen Sätze" (H. B. BOCK) in H. MARCUSE's (wenn auch ideologisch-libertinistisch überzogener) „Analyse" solcher „Tendenzen" vor allem „in den höchstentwickelten gegenwärtigen Gesellschaften" (S. 20). Besonders schwerwiegend erscheint die Kritik dieses Autors speziell an der sich immer mehr „perfektionierenden", d. h. exponential-funktionell versus Zirkeldynamik ausufernden Technologie, oekonomischen Gewinn- und Besitzgier, Güterherstellungs-Hysterie, Konsumptions-Mentalität und Verschwendungs-Sucht sowie apparativen Verwaltung und Überwachung. Der auf diese Weise ‚produzierte', sich quasi autokatalytisch zunehmend auch selbst-reproduzierende „eindimensionale Mensch" (MARCUSE) dürfte daher in absehbarer Zeit seiner essentialen Potenz zu mehr individuell-kreativen, existentiell-sinnvolleren Formen des Arbeitens, der Muße und des Genusses verlustig gehen können.

Manches derart (unipolar) FST-mitkopplungstechnisch geschaltete und im Endeffekt TST-kreisprozessual funktionierende Individuum mag daher als ein umfeldalgorithmisch programmiertes „Maschinen"-Wesen aus „Walzen" und „Windschläuchen" und „Uhrfedern" (G. BÜCHNER), als „lebloser Automat" (E. T. A. HOFFMANN) oder „gespentisches Perpetuum mobile" (N. ELIAS) bezeichnet werden können. So betrachtet beispielsweise WAWRZYN in seiner (leider einseitig marxistisch orientierten) Untersuchung der bekannten Erzählung E. T. A. HOFFMANN's vom „Sandmann" aus der Welt frühkapitalistischer Arbeits- wie Lebens-Mechanisierung die Figur der „Bürgerin Clara" als „Doppelgängerin" jener „Puppe Olimpia", einem „perfekt"-konstruierten „Automaten" (S. 143 bzw. 109) [2]). Zur Veranschaulichung solcher wie ein Uhrwerk aufgezogener und ablaufender, quasi-mechanistisch nach immer derselben Verhaltensschablone funktionierender Menschen dieser Epoche des ausgehenden feudalistischen Rokoko- bzw. pseudoidyllischen Biedermeier-Zeitalters seien hier zwei literarische Beispiele vorgelegt; (siehe Befund 1 bzw. 2). Insbesondere aus G. BÜCHNER's ironisch-satirischer, parodistisch-persiflierender Darstellung zweier solcher „Marionetten" ohne den spezifisch-humanen „Bruch von Geist" in sich selbst (KLEIST, S. 9) dürfte erkennbar sein, daß sich Menschen schon immer bis heutzutage zu derart grotesken, tragikomischen Figuren unseres Gesellschafts-Theaters haben dressieren und daraufhin manipulieren lassen; (Termiten-Menschen i.u.S.).

Befund 1; (aus N. ELIAS, Die höfische Gesellschaft).

„... Die Etiquette hatte im Aufbau dieser Gesellschaft und dieser Regierungsform eine symbolische Funktion von großer Bedeutung ... Die Hofdame vom Dienst hatte das Recht, der Königin beim Ankleiden das Hemd zu reichen. Die Palastdame zog ihr den Unterrock und das Kleid an. Kam aber zufällig eine Prinzessin ... dazu, so stand dieser das Recht zu ... Einmal war die Königin gerade ... ganz ausgekleidet worden ..., als die Herzogin von Orléans eintrat. Die Hofdame gab das Hemd der Kammerfrau zurück, die es gerade der Herzogin übergeben wollte, als die ranghöhere Gräfin von Provence dazu kam. Nun wanderte das Hemd wieder zu der Kammerfrau zurück, und erst aus den Händen der Gräfin von Provence empfing es endlich die Königin. Sie hatte die ganze Zeit nackt ... dabeistehen und zusehen müssen, wie die Damen sich mit ihrem Hemd bekomplimentierten ... Die Etikette und das Zeremoniell wurden (so) mehr und mehr zu einem gespenstischen Perpetuum mobile ..." (S. 129 ff).

---

[2]) „Durch Räder, fein und meisterlich,
Senkt sie die Augen minniglich:
‚Ich liebe dich' hört man sie sagen ..."
(J. OFFENBACH, S. 21).

B e f u n d 2; (aus G. BÜCHNER, Leonce und Lena).

Valerio: „... Sehen Sie hier ..., ein Männchen und ein Weibchen, einen Herrn und eine Dame! (Leonce und Lena als Liebespaar, mit Gesichtsmasken) ... Nichts als Kunst und Mechanismus, nichts als Pappendeckel und Uhrfedern! Jede hat eine feine, feine Feder unter dem Nagel der kleinen Zehe am rechten Fuß; man drückt ein klein wenig, und die Mechanik läuft volle fünfzig Jahre. Diese Personen sind so vollkommen gearbeitet, daß man sie von anderen Menschen gar nicht unterscheiden könnte, wenn man nicht wüßte, daß sie bloß Pappendeckel sind; man könnte sie eigentlich zu Mitgliedern der menschlichen Gesellschaft machen. Sie sind sehr edel, denn sie sprechen Hochdeutsch. Sie sind sehr moralisch, denn sie stehen auf den Glockenschlag auf, essen auf den Glockenschlag zu Mittag und gehn auf den Glockenschlag zu Bett; auch haben sie eine gute Verdauung, was beweist, daß sie ein gutes Gewissen haben. Sie haben ein feines sittliches Gefühl, denn die Dame hat kein Wort für den Begriff Beinkleider, und dem Herrn ist es rein unmöglich, hinter einem Frauenzimmer eine Treppe hinauf- oder vor ihm hinunterzugehen. Sie sind sehr gebildet, denn die Dame singt alle neuen Opern, und der Herr trägt Manschetten. Geben Sie acht, meine Herren und Damen, sie sind jetzt in einem interessanten Stadium: Der Mechanismus der Liebe fängt an sich zu äußern, der Herr hat der Dame schon dreimal den Schal getragen, die Dame hat schon einigemal die Augen verdreht und gen Himmel geblickt. Beide haben schon mehrmals geflüstert: Glaube, Liebe, Hoffnung! Beide sehen bereits ganz akkordiert aus, es fehlt nur noch das winzige Wörtchen Amen ..." (S. 137 f).

Ebenso können nun aber auch extrem EST-polar bis NST-zirkulär funktionierende Individuen ihre eigene Entwicklung dadurch abbrechen bzw. für eine humanitär vertretbare Entfaltung des Sozialverbandes bedeutungslos werden; (Parasiten-Menschen i.u.S.). Bei solchen Fällen erscheint es freilich weitaus schwieriger, die biologische Valenz bzw. den geistigen Wert derart exzessiv-individualistischer Mutanten bzw. Modifikanten futurologisch sicher abzuschätzen, da es sich hier entweder um deletäre Minus- oder raritäre Plus-Varietäten des naturalen bzw. kulturellen Aszendenz-Potentials handeln kann. Als Beispiele für eine solche genauso „perfekt" funktionierende Existenzform seien hier einige Sätze aus P. MÉRIMÉE's Novelle: „Carmen", und H. MILLER's autobiographischer Erzählung: „Stille Tage in Clichy", zitiert. Sie dürften jene Problematik futuristischer Taxierung und damit das gesellschafts-politische Dilemma einer unvoreingenommenen Beurteilung sowie angemessenen Bewertung solcher Outsider- oder Outcast-Existenzen deutlich machen; (siehe Befund 3 bzw. 4) [3]).

B e f u n d 3; (aus P. MÉRIMÉE, Carmen).

„... ‚José', erwiderte sie, du verlangst Unmögliches von mir. Ich liebe dich nicht mehr; du liebst mich noch, und darum willst du mich umbringen ... Ich könnte dich ja noch belügen, aber ich will mir nicht die Mühe machen. Alles ist aus zwischen uns. Als mein Rom hast du das Recht, mich, deine Romi, zu töten; aber Carmen gehört niemanden als nur sich selber, immer und ewig. Als Calli ist sie geboren, als Calli wird sie sterben' ..." (S. 123).

---

[3]) Vgl. dazu auch EICHENDORFF's romantische und LIN-YÜTANG's taoistische Idealisierung menschlicher „Taugenichtse" (S. 21 ff und 91).

B e f u n d 4; (aus H. MILLER, Stille Tage in Clichy).

„... Es war die Erkenntnis, daß, wenn auch die Welt eifrig an ihrem Grab schaufelte, doch noch Zeit blieb, das Leben zu genießen ...: ‚gar nichts tun, einfach nur leben' ... (wie Nys) ... Sie ließ sich einfach von der Strömung treiben. Sie brachte keine Kinder zur Welt, trug nichts zum Wohlergehen der Allgemeinheit bei, ließ in der Welt keine Spur hinter sich zurück. Aber wohin sie auch kam, wurde das Leben leichter, reizvoller, beschwingter ... So unnütz wie möglich zu werden ..., (und) nackt und allein zu sterben, wenn die Zeit kam — ohne Schuld, ohne Klage, ohne Reue ..." (S. 60 bzw. 82 ff).

Hier wie in anderen ähnlichen Fällen von (EST-unipolar) abnormer, exzentrischer Daseinshaltung und Wertgesinnung dürfte die Entscheidung darüber nicht leicht sein, ob wir es noch mit nur harmlos sozio-defizitären, bereits sozial-pathologischen oder aber individuell-kreativen und sich damit evt. später auch soziokulturell fruchtbar auswirkenden Existenzphänomenen zu tun haben. So werden hierfür stets subtile, diffizile Erwägungen nötig sein, weil uns die End-Sollwerte humaner Daseins-Entfaltung, jene letzten, höchsten „Urforderungen" der Natur (H. FRANK, S. 149, 171) unbekannt sind und daher immer nur temporäre, passagere Zwischenziele aufgestellt werden können. Es erscheint uns somit auch keineswegs abwegig, was W. RAABE in seiner „Chronik der Sperlingsgasse" am Menschen nur kritisch vermerkt und bloß tadelnswert findet, wenn er schreibt: „Verkehrt auf dem Esel ‚Zeit' sitzend, reitet die Menschheit ihrem Ziel zu" (S. 35). Wir meinen vielmehr, daß jeder Rückblick auf kultur-historische Kybernetopathien ebenso wie das Studium natural-selektierter, weil regelungstechnisch früher einmal insuffizient gewordener Biosysteme uns manche Hilfe zu einer derart begrenzten, fragmentarischen Formulierung freilich immer nur vorläufiger Führungsgrößen bieten können; denn „alles Leben, auch nur einer Minute, hat ewige Gesetze hinter sich"; (siehe Befund 5).

B e f u n d 5; (aus J. PAUL, Dr. Katzenbergers Badereise).

„... ‚Gott gebe doch', fing Katzenberger an ..., ‚daß er etwas wahrhaft Mißgeborenes bringt. Ich weiß nicht, haben Sie meine de monstris epistola gelesen oder nicht; inzwischen habe ich darin ohne Bedenken die allgemeine Gleichgültigkeit gegen echte Mißgeburten gerügt und es frei herausgesagt, wie man Wesen vernachlässigt, die uns am ersten die organischen Baugesetze, eben durch ihre Abweichungen gotischer Bauart, lehren können. Gerade die Weise, wie die Natur zufällige Durchkreuzungen und Aufgaben (z. B. zweier Leiber mit einem Kopfe) doch organisch aufzulösen weiß, dies belehrt. Sagen Sie mir nicht, daß Mißgeburten nicht bestehen, als widernatürlich; jede mußte einmal natürlich sein, sonst hätte sie nicht bis zum Leben und Erscheinen bestanden; und wissen wir denn, welche versteckten organischen Mißteile und Überteile eben auch Ihrem oder meinem Bestehen zuletzt die Ewigkeit nehmen? Alles Leben, auch nur einer Minute, hat ewige Gesetze hinter sich; und ein Monstrum ist bloß ein Gesetzbuch mehrerer föderativer Staatskörperchen auf einmal; auch die unregelmäßigste Gestalt bildet sich nach regelmäßigsten Gesetzen (unregelmäßige Regeln sind Unsinn). Eben darum könnte aber aus Mißgeburten, als den höheren Haruspizien oder passiven Blutzeugen, bei geschickter Zergliederung mehr Einsicht gewonnen worden sein als aus allem Alltagsvieh, sobald man nur besser diese Sehröhre und Operngucker ins Lebensreich hätte zu richten verstanden, und wenn man überhaupt so seltene Cicerone und Zeichendeuter, die eben gerade wie die Wandelsterne in ihren Verfinsterungen am meisten erleuchten, sorgfältiger aufgehoben hätte? Wo ist aber — mein elendes ausgenommen — noch ein ordentliches Mißgeburtenkabinett? Welcher Staat hat noch Preise auf Einliefern von Monstris gesetzt, geschweige auf Erzeugung derselben, wie doch bei Blumen geschehen? Geht ein Monstrum als ein wahrer Solitär der Wissenschaft unter, so ist man noch gleichgültiger, als wäre ein Schock leicht zu zeugender Werkeltagleiber an der Ruhr geschieden. Wer kann denn aber eine Mißgeburt, die sich so wenig als ein Genie fortpflanzt — denn sie ist selber ein körperliches, eine Einzigperle — nicht einmal ein Sonntagskind, sondern ein Schalttagskind —, ersetzen, ich bitte jeden?' . . ." (S. 54 f).

Sicher dürfte also das Leben sowohl von TST-„Automaten" wie NST-„Monstren" häufig ‚in Sackgassen' enden. Suchen wir daher eine Begründung dafür zu finden, warum solche funktionellen Zirkelprozesse sowie daraufhin strukturellen Entartungen in Bio- oder Kultur-Systemen überhaupt und derart oft auftreten. Wir erinnern dazu an unsere Ausführungen in Kap. I, 3 und die dortige Abb. 5, wonach naturale Entfaltung entweder exponential-funktionell in Richtung extremistischer (TST- aut NST-) Wachstums-Zirkel oder logarithmus-funktionell via ebensolcher (HB-) Gleichgewichts-Zirkularisierung verläuft. Regulierungstheoretisch heißt dies, daß immer kleinere bzw. größere ‚Reize' immer größere bzw. kleinere ‚Reaktionen' zur Folge haben; (mit beispielsweise konsekutivem Überanspruchs-Verhalten bzw. Übersättigungs-Erleben).

Diese Extremisierungs-Tendenzen der beiden (gegen-sinnigen) Entwicklungs-Züge in Natur und Kultur führen also stets dann zu Endstationen des Entwicklungsgeschehens, wenn ihre Verlaufsdynamik nicht immer wieder und rechtzeitig genug gegen-regulativ abgebremst und umgepolt wird; (s i n u s o i d a l e s E v o l u t i o n s p r i n z i p gem. Abb. 6 in Kap. I, 3). Der Kulturphilosoph und -anthropologe M. SCHELER hat ein solches prinzipielles (auch) ‚Nein-sagen-können' als die, unsere besondere „Stellung im Kosmos" begründende essentiale Existenz-Technik des Menschen bezeichnet. Schwieriger ist es allerdings, wenn bereits hochgradig verfestigte (natural-programmierte oder soziokulturell-konditionierte) Verhaltens- und Erlebens-Zirkel von Individualsystemen auf diese Weise durchbrochen und aufgelöst werden wollen, um eine neue Entfaltungsform für sich selbst finden zu können und so evt. auch novitäre Art-Evolutionen bzw. Gesellschafts-Entwicklungen einzuleiten. Als ein Modellbeispiel dafür soll hier die, unter höchster Lebensbedrohung erfolgte (NST-funktionelle) Absonderung eines erbgenetisch abartigen und also art-spezifisch ‚nicht perfekten' Wolf-Albinos aus seinem Rudel mit daraufhin möglicher Gründung eines neuen soziokulturellen Verbund-Systems dargestellt werden; (siehe Befund 6).

B e f u n d 6; (aus W. QUINDT, Der weiße Wolf).

(Nach einem Kampf auf Leben und Tod mit dem Leitwolf seines Rudels, wird der schwerverletzte junge „Weißling" von einer „Menschenfrau" gerettet) . . . Eine Armlänge von ihm kauert Laila sich vor ihm nieder . . . „Weißer Wolf (sagt sie) . . ., Wölfe sind wie die Menschen; was anders ist als sie, das muß nach ihrem Sinne schlechter sein als sie, sie hassen es und trachten nach seinem Leben. Ich weiß um deine Not, denn ich habe die gleiche getragen" . . . Sie lacht leise und zärtlich, und dann hat sie ihn mit einem Griff in ihrer Ge-

walt ... Ihre Last tragend, stellt sich die Frau auf die Füße, wendet sich und geht dann raschen Schrittes dahin, der nahen Wolfshöhle zu. Schlaff und willenlos hängt der weiße Wolf an ihrem Leib ...
(Wieder genesen, entläuft er, wächst heran — doch da bricht ein strenger „Hungerwinter" herein) ... Die Welt ist still und wie gestorben in der Eisluft des Winters ... Der weiße Wolf leidet große Not ... Er ist allein und verlassen, er ist ausgestoßen und geächtet, kein Wolfsrudel nimmt ihn auf So vielen er auch begegnet ist in der ganzen Welt, überall traf er nur auf bleckende Zähne, auf böse knurrende Altwölfe, auf Wölfinnen, die nach ihm schnappten ohne Warnung, auf Jungwölfe, die über ihn herfielen ... Keinen Kampf hat er verloren ..., aber dennoch hat er kein Rudel erobert, mit dem er hätte laufen können zur Jagd. Er ist einsam, denn er ist weiß ...
(So schließt er sich jenem, wie auch er von den Artgenossen ausgestoßenen Menschenpaar ‚freiwillig' an, jagt mit ihm — bis ihn eines Nachts „die große Frühlingsunruhe" ergreift) ... Er trippelt auf der Stelle .. Schon macht er ein paar Schritte hinaus in die Ebene, den Tönen entgegen, dem großen Gesang seiner Brüder ... Und nun kann er nicht länger widerstehen: sein Fang reckt sich gegen den Himmel, er stimmt ein ... Da trifft ihn aus der Höhle der Ruf der Frau ... Jäh bricht sein Geheul ab, und er stellt sich auf. Schon der Höhle zugewandt, lauscht er noch einmal in die Nacht hinein ... In dem weißen Wolf zerbricht etwas ... Wieder ruft die Frau, und jetzt folgt er ihr ohne Säumen ... Still wendet er der düsteren und traurigen Musik der Nacht den Rücken und trollt eilfertig in die Höhle, um sich vor dem Lager niederzulegen, in den beglückenden Dunstkreis der dunklen Frau und gestreichelt von ihren guten Händen ... (S. 58 ff, 63 ff, 138 f).

Ein weiteres Beispiel hierfür ist der analog NST-zirkuläre Ausbruch jenes „Wilden" in A. HUXLEY's Zukunftsroman aus einer, alle Menschen TST-zirkulär ‚perfekt' zu reglementieren, normieren, schablonisieren suchenden „schönen Welt" ohne jede „Unannehmlichkeit":

„... ‚Ich brauche keine Bequemlichkeiten. Ich will Gott, ich will Poesie, ich will wirkliche Gefahren und Freiheit und Tugend. Ich will Sünde ... Ich fordere das Recht auf Unglück ..., auf Alter, Häßlichkeit und Impotenz ..., auf Syphilis und Krebs ..., auf Hunger und Läuse ..., auf ständige Angst vor dem Morgen ..., auf unsägliche Schmerzen jeder Art ...'" (S. 201 f).

Freilich handelt es sich hierbei um eine over-shoot-Gegenregulation in Richtung auf primitive, ja atavistische, vor- oder gar un-menschliche Verhaltens- und Erlebensweisen. So antwortet auch der „Direktor" jener überzivilisatorisch organisierten „brave new world" achselzuckend und nicht ganz zu Unrecht: „Wohl bekomm's!" Und in einer anderen science-fiction-Erzählung argumentiert der „Manipulator" dieser „kryptochemokratischen Psivilisation" [3a]) wie folgt: Da diese Welt nun einmal zugrunde gehen muß, bleibt dafür zu sorgen, daß sie nicht leidet ... Wir narkotisieren die Zivilisation, denn sonst ertrüge sie sich selbst nicht" (LEM, S. 161 f). Angesichts eines solchen radikalen Nihilismus wie zynischen Fatalismus erscheinen dann nurmehr noch extreme (NST-) Rück- und Gegenwendungen angebracht, um auf diesem Wege vielleicht Alternativen für die weitere soziokulturelle Entwicklung des Menschen entdecken zu können.
Zur Verdeutlichung der Notwendigkeit und Dringlichkeit eines solchen Neuansatzes, wollen wir daher im folgenden noch ein weiteres, gegenwärtig sehr ak-

[3a]) psi (gr. ψ), formelhafte Bezeichnung parapsychologischer Phänomene.

tuelles Problem unserer zivilisatorischen Entfaltungsdynamik etwas ausführlicher betrachten. Wir meinen die immer größer werdende Gefahr der Überflutung des heutigen Menschen mit Informationen, in welchem „Labyrinth" von Signalen, Nachrichten, Wissensdaten, Erkenntnisfakten usw. wir uns selbst wie in dem „unbegrenzten Universum" einer visionär-utopischen „Bibliothek zu Babel" (BORGES, S. 89 ff) zu verirren bzw. verlieren drohen. Denn „das Wissen unserer Zeit entspricht einem ungeheuer großen und rasch wachsenden Gitter aus Begriffen ..., und unser Bewußtsein einem Käferchen, das in diesem ungeheuren Gitter herumkrabbelt (STEINBUCH, S. 159) [4]). Mit dem folgenden Literatur-Exzerpt aus einem bereits vor 60 Jahren erstmals erschienenen Büchlein (1920!) möchten wir dieses Problem noch besser verdeutlichen; (siehe Befund 7).

Befund 7; (W. IWANOW — M. GERSCHENSON, Briefwechsel zwischen zwei Zimmerwinkeln).

„... Unzählbare Kenntnisse haben mich, wie Millionen unzerreißbarer Fäden, umstrickt, samt und sonders unpersönlich, unabänderlich, bis zum Entsetzen unvermeidlich. Und wozu sind sie mir nütze? Ihre überwiegende Mehrzahl brauche ich überhaupt nicht. In Liebe und Leiden bedarf ich ihrer nicht, nicht durch sie begreife ich in verhängnisvollen Irrtümern und unvermutetem Erreichen langsam meine Bestimmung, und in der Stunde des Todes werde ich mich ihrer natürlich nicht erinnern. Aber wie Kehricht verschütten sie meinen Verstand, in jedem Augenblick meines Lebens sind sie da und stehen als staubiger Vorhang zwischen mir und meiner Freude, meinem Schmerz, jedem meiner Gedanken ...
... Wie die in Läden feilgebotenen Waren uns durch ihre Zierlichkeit und Verwendbarkeit verlocken, so verführen uns Ideen und Kenntnisse mit eitlem Glanz, und unser Geist wird mit ihnen ebenso überladen wie unsere Häuser mit allerlei Zeug. Die Idee und das Wissen sind für mich fruchtbar, wenn sie aus meiner persönlichen Erfahrung in mir auf natürliche Art geboren sind oder wenn ich ein unüberwindliches Bedürfnis nach ihnen empfinde; wenn ich sie mir aber rein äußerlich und ohne inneres Bedürfnis aneigne, sind sie wie Zelluloidkragen, Schirme, Gummischuhe und Uhren, welche der nackte Neger in den Wildnissen Afrikas von dem Europäer durch Tausch erwirbt, um sich damit aufzuputzen.
Und nun sage ich: mich langweilt die Fülle der Fabrikgegenstände in meinem Hause, aber unendlich mehr bedrückt mich die angesammelte Vollgestopftheit meines Geistes. Ich gäbe alle von mir aus Büchern herausgelesenen Kenntnisse und Gedanken und dazu auch noch die, mit welchen ich sie zu überbauen wußte, für die Freude her, ein einziges ursprüngliches, ganz schlichtes, wie der Sommermorgen frisches Wissen persönlich aus eigenster Erfahrung zu gewinnen ...
Das Kulturerbe drückt auf die Persönlichkeit mit einem Gewicht von sechzig Atmosphären und noch mehr, und sein Joch ist, kraft der Verführung, wahrlich —— ein leichtes Joch; die Mehrheit fühlt es gar nicht; wer es aber fühlt und sich emporschwingen will — der soll nur versuchen, diese dicke Schicht zu durchbrechen! Denn sie lastet nicht auf seinem Kopf, sondern in ihm selbst; er ist selber Last, und nur etwa die Flügel des Genies können seinen Geist über sein schwer gewordenes Bewußtsein erheben.
... Aber ich weiß und glaube, daß ein anderes Schaffen und eine andere Kultur möglich sind, welche nicht jede Erkenntnis in ein Dogma einmauern, nicht jedes Gut zu einer Mumie und jeden Wert zu einem Fetisch austrocknen ...: es gibt einen freien Raum, und die Menschheit besitzt Flügel! ... (S. 18 ff).

---

[4]) Vgl. dazu auch: FRANZ, S. 509 ff.

Auf der Suche nach einem Ariadne-Faden aus dieser Labyrinthik beziehen wir uns hier nochmals auf STEINBUCH, welcher Autor als Nachrichtentechniker, Informationstheoretiker und Kulturphilosoph vor allem das Fragmentarische sowie die subjektiv-relativistische Beschränktheit unserer menschlichen Auffassungs- und Verarbeitungskapazität betont, indem er schreibt: „Unser Wissen ist Stückwerk. Wer absolute Aussagen macht, beweist vor allem sein Unverständnis der informationellen Unzulänglichkeit des Menschen" (S. 159). Als erstes „Mittel" gegen jedes „Übermaß von Historie" und die dadurch bewirkte Paralysierung unserer „plastischen Kraft" der geistigen Bewältigung von Informationen bezeichnete daher NIETZSCHE schon vor über 100 Jahren (1872!) die „Kunst und Kraft vergessen zu können", also zeitweilig auch „unhistorisch" zu „leben" wie „das Tier" (S. 31, 65). Weiterhin, speziell das so entscheidende Kriterium der individuellen Auswahl aus dem Überangebot allgemein verfügbarer Wissensfakten betreffend, sei hier an die (im „Vorwort" jener „Unzeitgemäßen Betrachtung" NIETZSCHE's zitierten) Worte GOETHE's erinnert, der von und für sich bekennt: „Übrigens ist mir alles verhaßt, was mich bloß belehrt, ohne meine Tätigkeit zu vermehren oder unmittelbar zu beleben". Schließlich, dies noch ergänzend und präzisierend, mahnten dessen Zeitgenossen WACKENRODER und TIECK ebenso eindringlich schon wie folgt: „Begreifet doch, daß jedes Wesen nur aus den Kräften, die es vom Himmel erhalten hat, Bildung aus sich heraus schaffen kann, und daß einem jeden seine Schöpfungen gemäß sein müssen" (S. 41).

Mag daher jedes Individuum aus der ‚Not' eines ‚nicht-perfekten' Informations-Standes regulierungstechnisch die höchst-persönliche ‚Tugend' entwickeln, in eigen-schöpferischer Weise eine ihm wesensgemäße Individual-Kultur für sich selbst (und vielleicht einige Geistesverwandte) zu begründen. Evolutionstheoretisch wäre solches dann als (akzentuiert) EST-funktionelle Rückkopplung und also eine Art von individueller Regression sowie personaler ‚Neotenie' zu betrachten; (siehe das folgende Kap. 2). Freilich setzt das, auch im wissenschaftlichen Bereich, den Mut des Autodidakten zum ‚Nicht-Perfekten' und also partiellen Dilletantismus voraus; denn ohne diesen erscheinen relativ-universale Selbstbildungs- und geistige Welt-Interpretationskonzepte heut (und wohl immer schon!) nicht denkbar. Und darüberhinaus gilt es dabei mehr denn je die Alltagsweisheit zu beachten, wonach ‚das Beste der Feind des Guten ist'.

2. Neotenie und milieus intérieurs

α) Spätestens seit den Untersuchungen des Hirnanatomen L. BOLK (1926) ist bekannt, „daß der Mensch sehr viel mehr einem Menschenaffen-Embryo gleicht als einem ausgewachsenen Menschenaffen" (MIKOREY, S. 47 ff). Daher kann angenommen werden, daß die Entwicklung der menschlichen Species aus den anthropoiden Pongiden als ‚Neuansatz' nach vorheriger, quasi feedback-regulativer Bremsung und Aufstauung jener phylogenetischen Biodynamik der Natur erfolgt

sein dürfte; (siehe Abb. 7a und b). Dieser „Prozeß der Neotenie“ [5]) scheint nicht nur bei der Entstehung des, in seiner naturalen Instinktausstattung unvollkommenen und daher existenznotwendig auf kulturelle Kompensationen hin angelegten ‚Mängelwesens‘ Mensch (HERDER) [6]), sondern allgemein „sehr viel zur Evolution beigetragen“ zu haben. Wir nennen als ein Beispiel die staatenbildenden Formen der (aus den Tausendfüßlern hervorgegangenen) Insekten, indem auch bei einigen von ihnen „der Embryo der Ahnen das Vorbild der Nachkommen ist“, und diese ähnlich erstaunliche soziokulturelle Überlebenstechniken wie wir Menschen entwickelt haben (ROSTAND, S. 23 ff).
Speziell beim Menschen (als ‚Nesthocker‘) findet sich nun auch ontogenetisch eine allgemeine (individuell mehr oder weniger ausgeprägte) „Verzögerung des Wachstums“ und daher „Verlängerung der Jugendzeit“, durch welches feed-back-regulative Brems- wie Aufspannungs-Phänomen erst dessen „geistige Entwicklung“ und damit „die Kultur“ der Menschheit „ermöglicht“ worden sind (v. BERTALANFFY, S. 169 ff) [7]). Besonders auffällig ist diese Verlangsamung der Persönlichkeitsentwicklung bei den meisten jener in späteren Lebensjahren geistig-schöpferischen Menschen. Die Retardierung bei solchen ‚Spätentwicklern‘ betrifft vornehmlich deren endo- und epithyme Persönlichkeitsschichten, während ihre noetischen oder sonstigen cortikal-instrumentellen Sonderbegabungen (‚special-factors‘ i. S. PEARSON's) häufig schon ‚frühvollendet‘ erscheinen. Jene ent-

Abb. 7 a: Neugeborener und erwachsener Schimpanse; (aus HUBER, a, S. 2475)

---

[5]) Neotenie (lat. teneo, tenui, tentus; intr. halten, trans. steuern): „Stehenbleiben“ der Phylo- oder Ontogenese auf einer atavistischen bzw. puerilen, infantilen oder fetalen Entwicklungsstufe (HUBER, a; S. 2475).

[6]) Also eines (natural) ‚nicht perfekten‘ Biosystems i. S. unserer Ausführungen in Kap. 1.

[7]) Siehe die dort abgebildete art-spezifische „Wachstumskurve“ des Menschen als eine human-spezifische „Kulturkurve“.

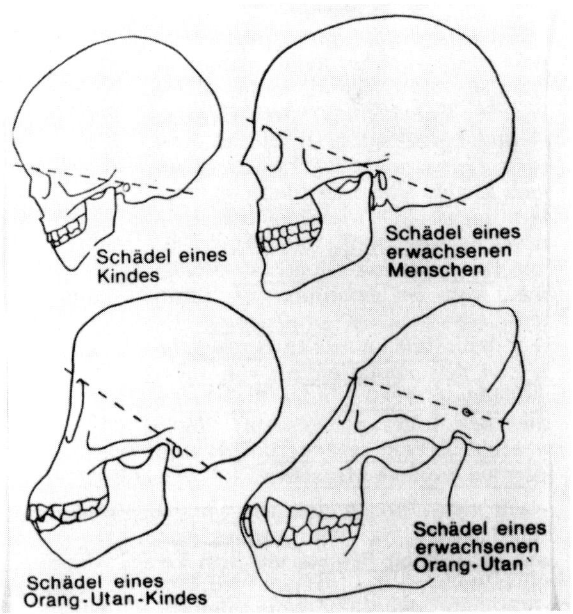

*Abb. 7 b: Massenverhältnis zwischen Hirn- und Gesichtsschädel beim Menschen und Orang-Utan; (aus HUBER, a, S. 2475) *)*

wicklungsphasisch infantilen oder pubertären, naiven bzw. primitiven Persönlichkeitszüge werden dagegen oft erst im mittleren bis hohen Lebensalter durch (infeld-regulativ initiierte oder/und umfeld-provokativ inszenierte) Nachreifungs-Schübe in Korrespondenz mit konsekutiven Charakterwandlungen sowie Steigerungen der Allgemein-Intelligenz (‚general-factor') und geistigen Kreativität periodisch über-holt, über-formt, über-wunden, d. h. im anthropo-kybernetischen Sinne personal-ganzheitlich ausgeregelt.

Diese „These eines Fortschritts durch Infantilisierung" erscheint somit speziell beim Menschen sowohl phylo- wie ontogenetisch „von großer Tragweite". Wahrscheinlich kann als Ursache eines solchen „Zurückbleibens" die „Ausschaltung beschleunigender" oder das „Eingreifen verzögernder Hormone", also eine „Änderung des hormonalen Gleichgewichts" angenommen werden. Danach wäre dann zumindest „sehr oft" eine somatogene Gleichgewichtsstörung der Grund für solche „Rückkehr" zum „Kindhaften" oder/und „Primitiven", bzw. diese „das einzige Mittel", um „mit einer zu differenzierten, zu spezialisierten und zu ‚verkalkten' Gegenwart zu brechen". Denn „man muß" wohl immer und überall und nicht

*) Beachte auch die human-ontogenetische „formale Rückentwicklung ins ‚Äffische' " (HUBER, l. c. p.).

zuletzt auch im soziokulturellen Bereich erst „ein paar Schritte zurücktun, um einen neuen Anfang nehmen“ zu können (ROSTAND, S. 24 ff) [8]).

Aus diesem Grunde versuchen daher manche Menschen, wenn sie in ihrer soziokulturellen Lebenslandschaft geistig nicht mehr existieren zu können meinen, sich ganz bewußt auf ein für sie ‚ursprünglicheres‘ Selbsterfahrungs-Niveau zurückzunehmen, um sich danach eine ihnen essentiell angemessene, individualspezifische Kulturlandschaft ausdenken zu können; (personale Rückkopplungen bzw. Sollwertverstellungen). Jedes derart extrem non-konformistische Verhalten wird aber von der Umfeld-Normalität in der Regel mit diskriminierenden, repressiven und restriktiven Sanktionen oder evt. sogar lebensbedrohlichen ‚Ausstoßungsreaktionen‘ beantwortet, woraufhin sich entschieden-liberalistisch denkende Außenseiter der Gesellschaft wiederum regulierungs-reaktiv noch (umfeld-polar) rück-haltloser in ihre (infeld-polare) Eigen-Welt absondern werden. Genügend ‚substanzreichen‘ (IBSEN) und ausreichend regulierungs-potenten Persönlichkeiten mag es in existentiellen Notlagen dann wohl gelingen, ein sie selbst befriedigendes utopisches Modell von humaner Gesellschaftsformation sowie Kulturorganisation zu entwerfen und auf solche Weise ihr zunächst gestörtes Selbstwerterleben wieder ins Gleichgewicht zu bringen. Andere dürften sich jedoch zu haltlosen Einzelgängern, verschrobenen Sonderlingen, starrsinnigen Querulanten, revoltierenden Anarchisten, realitätsblinden Weltverbesserern usw. entwickeln können, in ihren autistisch-paranoiden Innen- und Unterwelten versinken oder als Kriminelle enden.

Zweifellos „erweist sich“ in vielen Fällen solcher Entgleisung und Entartung menschlicher Biosysteme deren „individuelles Schicksal in einem hohen Grad davon bestimmt, wie das Wertsystem einer Kultur strukturiert ist“ (STROTZKA, S. 170) [9]). Die erschreckend große Zahl der in solcher Weise gegenwärtig Strauchelnden oder Untergehenden dürfte somit auf eine partiell-inhumane und daher -pathogene Funktionsstruktur mancher tradierter Gesellschafts- wie Wert-Ordnungen hinweisen und daher entsprechende Korrekturen, Neuorientierungen, Umorganisationen oder sogar reformerische System-Veränderungen angezeigt erscheinen lassen. Dagegen ist gerade erst wieder einmal von seiten des Gesetzgebers hinsichtlich psychotherapeutischer Individualbehandlungen die „Ausklammerung“ aller „gesellschaftsbezogenen Krankheitsmerkmale“ dekretiert worden, um eine „Medikalisierung der Gesellschaft . . . auf Kosten der Allgemeinheit“ zu verhindern (MERZ, S. 8) [10]). Dabei soll also mittels eines über-

---

[8]) Siehe dazu den Rückgriff epoche-machender Künstler nach der letzten Jahrhundertwende auf archaisch-primitive bzw. infantil-verspielte Gestaltungsformen; (etwa bei PICASSO, ARCHIPENKO, STRAWINSKY bzw. KLEE, MIRÒ usw.)

[9]) Ergänzend dazu SZEWCZYK (Berlin-Ost) wie folgt: „Weit überwiegen die Ursachen und Mitbedingungen aus dem sozialen Bereich bei der Entwicklung zur Kriminalität“ (S. 15).

[10]) „Den heilkundigen Tätigkeiten im Sinne dieses Gesetzes sind Tätigkeiten nicht zuzurechnen, die die Aufarbeitung und Überwindung sozialer Konflikte zum Gegenstand ha-

zogenen erb-genetischen Krankheitsbegriffs bzw. durch jene pseudo-soziale Argumentation nur verschleiert oder zumindest davon abgelenkt werden, was dem Wissensstand der heutigen Psychotherapie nach gesichert erscheint: daß nämlich viele seelischen Anomalien, psycho-somatischen Erkrankungen, neurotischen Symptome usw. ebenso wie manche jener verbrecherischen oder umstürzlerischen Aktivitäten auch mit durch unsere teilweise unmenschliche Wirtschaftsdynamik bzw. deren soziokulturelle Bedingungsfaktoren provoziert und evoziert worden sein dürften.

Aus diesen (und noch anderen Gründen) dringend erforderliche Anstöße zu einer Um-, Neu-, Weiterbildung derart allzu starr verfestigter staatlicher Ordnungsformen sowie gesellschaftlicher Werthierarchien sollten insbesondere von jenen weder ‚perfekt' noch ‚optimal' funktionierenden EST-Gegenwelt-Systemen her erfolgen können; (N e o t e n i e - P r i n z i p). Denn jede Art eines individuellen „Überschreitens" dessen, „was ist" (hier also speziell der Grenzwerte gesellschaftlich indizierter Normen und staatlich kodifizierter Normativen) „öffnet" einen „Zugang" zu jenem „Meer des objektiv-real Möglichen", welches jede Form von (immer auch wissens-ideologisch mitbestimmtem) „Positivismus nicht austrocknen kann", freilich „die Spekulation" ebenso „nicht ungeregelt befahren soll" (E. BLOCH, S. 218 f). Hierin scheint uns natur- wie kultur-philosophisch der ‚Sinn' zu liegen für das fundamentale Evolutions-Prinzip einer, von Beginn der kosmischen Entwicklung an regeltechnisch-inszenierten Abgrenzung möglichst weitgehend autarker und autonomer Individual-Systeme. Dabei kann es sich jedoch immer nur um die Herstellung einer teilweisen Eigenständigkeit und Freiheit handeln, indem alles Isolierte bzw. Individuelle nicht solitär und solipsistisch zu existieren vermag, sondern stets auch noch umfeld-bezogen bzw. sozio-dynamisch formiert bleiben muß; (K o m p r o m i ß - P r i n z i p).

Zum letzteren erinnern wir hier nochmals an die Erfindung der semipermeablen Membranen durch jene Urzellen des prae- bis anabiotischen Übergangsfeldes; (siehe Kap. B I, 2). Diese garantierten einerseits die (struktur-praeservativ) erforderliche Abschirmung jener Individualgebilde von den (energetischen) Entropisierungsprozessen im ‚milieu cosmique', andererseits deren (struktur-explikativ) ebenso unerläßliche Belieferung mit Baumaterialien und Betriebsstoffen; (Selbstbewahrungs- bzw. Selbstentfaltungs-Tendenz). So gelang es auch hier durch einen Kompromiß zwischen diesen biodynamisch gegensätzlichen Existenz-Notwendigkeiten eine biotechnisch optimale Existenz-Möglichkeit für jene Ursysteme zu erreichen. Dieselbe derart ‚vermittelnde' Regulierungs-Methode der Natur können wir nun auch am Beispiel der Instituierung von ‚milieus intérieurs' (Cl. BERNARD, 1879) im Laufe der Weiterentwicklung des Lebens zu noch komplexeren Individual-Systemen aufzeigen.

β) Die „Konstanz" von ‚milieus intérieurs' war eine der wichtigsten „Vorbedingungen" für das Überleben bereits höher-organisierter Biosysteme deren Auf-

---

ben". (Aus dem Gesetzentwurf zur „Regelung der Berufstätigkeit" des „Heilberufs eines Psychotherapeuten" in der Bundesrepublik Deutschland, 1979; zit. nach MERZ).

stieg zu weiteren „Gipfeln der Komplexität“ und damit nicht zuletzt für ein weitgehend „freies, unabhängiges Leben“ (BERNARD, zit. nach HENN, S. 174). Auch an diesem Beispiel einer Kompromißlösung jenes Dilemmas dürfte erkennbar werden, wie nur ‚die Not erfinderisch macht‘ bzw. mit welcher besonderen Regulierungstechnik es natural gelungen ist, ‚aus der Not eine Tugend zu machen‘. Vor allem aber möchten wir hiermit nochmals verdeutlichen, daß in der Natur die (EST-funktionell bewirkte) Umfeld-Independenz von Individual-Systemen prinzipiell den Vorrang zu haben scheint gegenüber deren (FST-funktionell geschalteten) Umfeld-Dependenzen. Es dürfte daher folgender, jenem regulierungstechnischen Sowohl-als-auch-Prinzip in der Natur wie in unserem soziokulturellen Dasein übergeordneter Grundsatz formuliert werden können: ‚So wenig Außenwelt wie möglich, und nur so viel davon, wie unbedingt nötig‘; (zahlreiche empirische Befunde als Beleg hierfür in: v. DITFURTH, S. 31, 55, 93, 108, 180).

Wir betrachten im folgenden nur ein (aber sehr wichtiges) Beispiel der Einrichtung relativ-konstanter ‚innerer Umfelder‘ und der so erreichten „Emanzipation des Organismus“ höherer Wirbeltiere, „in einem sehr großen Intervall von (äußeren) Umweltbedingungen existieren“ zu können (OPARIN, S. 142). Wir meinen jene (im letzten Evolutionszehntel bei Vögeln und Säugetieren erfolgte) „biologische Neuerung“ der Homoiothermie, welche die „notwendige Grundlage“ für jede „weitere Vervollkommnung der geistigen Fähigkeiten“ komplexer Biosysteme „bildete“ und so (mit) auch „die Evolution des Menschen“ und dessen Hochkulturen „ermöglichte“. Denn dieser „selbsttätige Mechanismus der Temperaturregelung“ garantierte das für solche Organisationsformen des Lebens erforderliche „hohe Maß“ von „Kontinuität und Genauigkeit der Geistestätigkeiten“ ihrer, jene Gesellschaftskultur tragenden Einzelwesen (J. HUXLEY, S. 34 bzw. 126). Wir können an dieser Stelle freilich nur einige Stufen der progredienten Verbesserung dieses thermischen Regelmechanismus und der hieraufhin möglichen prozessualen Intensivierung aller Lebensvorgänge bis Kulturprozesse skizzieren.

Zunächst sei an die van't HOFF'sche RGT-Regel erinnert, wonach sich die Reaktionsgeschwindigkeit chemischer Prozesse etwa bei Temperaturerhöhungen „um 10° C“ ungefähr „verdoppelt“; (KELKER, in: Lexikon Chemie, S. 176). Die bei Warmblütern gegenüber den Poikilothermen durchschnittlich höhere Körpertemperatur führt daher zu einer Steigerung ihrer Stoffwechselprozesse sowie daraufhin zur „Beschleunigung“ auch anderer organismisch wichtiger „Erscheinungen“ und „Reaktionen“. Hinzu kommt die größere Beständigkeit und ebenso höhere Präzision jener Lebensphänomene; denn gleichwarme Tiere „tragen“ ihre optimale „Lebenstemperatur“ (nahezu unverändert während des ganzen Jahres) „stets bei sich“. Infolge solcher „Entsprechung“ von „Körpertemperatur“ und „Lebensintensität“ handelt es sich also bei jener Erfindung der Natur um ein für die Evolution des Lebens entscheidendes Ereignis; (EISENTRAUT, S. 6 ff, SCHRÖDINGER, S. 106 f).

Hinsichtlich der evolutionären Bedeutung bzw. Verfeinerung jener (relativ-stabilen) Wärme-Regulation seien an dieser Stelle noch einige Bemerkungen eingeschoben. So wissen wir, daß sich „wirkliche Winterschläfer“ (also Tiere mit langfristig herabgesetzten thermostatischen Soll- oder Richtwerten) „nur unter den niederen Warmblütern finden“. Weiterhin ist bekannt, daß ihre „Wachtemperatur“ gegenüber derjenigen bei „höheren Warmblütern“ mit Zeiten von ‚Winterruhe‘ „nicht nur eine relativ hohe Schwankungsbreite“ im Normothermie-Bereich hat, sondern „in der Regel auch allgemein viel niedriger als bei diesen liegt“ (EISENTRAUT, S. 46). Schließlich hat M. EIGEN nachgewiesen (1971), daß die „Reaktionsgeschwindigkeit“ von chemischen Prozessen in „räumlichen Gruppierungen“ schon am Beginn der kosmischen Evolution ein entscheidendes Selektionskriterium via Systemkomplexierung gewesen sein muß. Denn vom naturalen Energie- und Materie-Angebot „profitieren“ am meisten die „Höher-Organisierten“ auf Grund ihrer „Überlegenheit bezüglich der Umsatzgeschwindigkeit“. Die daraufhin erfolgende „Auslese der komplizierten Molekülanordnungen“ dürfte daher bereits auch für die „praevitale Evolution“ Gültigkeit haben, so daß damit ein fundamentales „physikalisches Bewertungsprinzip“ von „Selektion“ gefunden wäre (SACHSE, S. 21 f).

Im Hinblick auf unsere folgenden Ausführungen zu einer technisch-apparativen bzw. sozial-dynamischen Entwicklung thermo-regulativer ‚Binnenwelten‘ durch den Menschen sollen noch zwei Beispiele entsprechender „primitiver“ Ansätze im Tierreich erwähnt werden. So haben die (vor etwa 50 Mill. Jahren als damals potentielle Konkurrenten zu Homo angetretenen) „höchsten und erfolgreichsten“ („Staaten“ oder einen „Superorganismus“ formierenden) Insekten dieses Überlebenssicherungs- und Lebensentfaltungs-Problem durch Erzeugung von „Gärungswärme“ (in den „Termitengärten“) bzw. Bilden von „Trauben-Ballungen“ (in den „Bienen-Brutnestern“) zu lösen versucht (LINDAUER, S. 113 ff, CHAUVIN, S. 86 f). Von den Vögeln gelang es den Kaiserpinguinen der Antarktis, in Ergänzung ihrer organismischen Temperaturregelung einen sozial-technisch nahezu vorbildlichen „gemeinschaftlichen“ Wärmeregulierungs-Mechanismus“ zu „entwickeln“. Bei eisigen Stürmen mit Temperaturen zwischen —50 und —100°C „drängen sich 200—300 Tiere in konzentrischen Kreisen eng zusammen“, welche sich „unaufhörlich drehen“; (Temperaturen im „Inneren“ dieser sog. „Schildkröten“, wie in den Honigbienen-Stöcken, über 30° C, nach CHAUVIN, S. 205).

Eine der wesentlichen Voraussetzungen dafür, daß der Mensch seine durch Instituierung eines ‚inneren Milieus‘ gewonnene Autarkie und Autonomie gegenüber den äußeren Umfeldern relativ-‚freiheitlich‘ nutzen konnte, war die erbgenetische Auflockerung der vorher instinkt-fixierten „Flucht-, Schutz- und Wehranpassungen“ in jenem ‚Tier-Mensch-Übergangsfeld‘ (RENSCH). Auch hierbei handelt es sich also ebenfalls um einen Rückschritt der Natur im Verlauf unserer Stammesgeschichte, aus welchem Mangel jedoch daraufhin wiederum neotenisch die „kompensatorische Ablösung“ jener früher genuinen Verhaltens-Automatismen erfolgen konnte (HEBERER, a, S. 10; b, S. 113 ff; GROISS, in: SIEWING, S. 357 ff). Die ersten Ansätze von derart ‚notfallsfunktionell‘ (CANNON) in Gang gebrachten technoiden Nachahmungen, Umformungen, Vervollkommnungen umfeld-naturaler

Vorgegebenheiten gelangen den (späteren) Australopithecinen [10a]), dem ostafr. homo habilis, dem homo erectus (von Java, Peking usw.) und homo praesapiens (etwa vom Neandertal), bis sich schließlich beim rezenten homo sapiens sapiens als Folge jener Feedback-Regressionen und Neotenie-Progressionen eine prototypisch-humane Technologie entfalten konnte. Wir unterscheiden beim Menschen daher folgende drei Schichten von thermo-regulativen Innen-Milieus (gegenüber den naturalen Außenfeldern) zur Bewältigung unserer organismischen Überlebens-Probleme bzw. der Durchsetzung art-spezifischer, humanitärer Weltbemächtigungs-Versuche:

1. Die thalamencephal-neurovegetative Wärmeregulation (WR).
2. Die neencephal-psychodynamische WR.
3. Die soziokulturell-technokratische WR.

Die letztere Formation beginnt mit der Bewahrung bzw. Herstellung des Feuers durch unsere pithec-anthropoiden Vorfahren. Der griechischen Mythologie nach „entwendete" es Prometheus („Erfinder aller Künste", welche „das Leben des Menschen verschönern") den Göttern (aus dem „Blitz des Zeus") und „brachte es auf die Erde" (H. JENS, S. 81 f). Von diesen Anfängen einer prae-technoiden Wärmeerzeugung und damit quasi umfeld-klimatischen Temperatur-Stabilisierung führt dann der Weg hin zur immer perfekteren Konstruktion und Fabrikation thermostatischer Wärme-Regulatoren bzw. -Niveaus in unserer technokratischen Zivilisation. Gegenwärtig beginnt man endlich die Grenzen der bisher hemmungslosen Ausbeutung des hierfür nötigen Rohstoffmaterials sowie Energiepotentials der Natur zu erkennen und darüberhinaus auch aus ökologischen Erwägungen (Luftverschmutzung, Pfanzenschadstoffe usw.) zu beachten. Danach werden wir also wohl oder übel das exponentielle Wachstum auch unserer Wärme-Produktion wie -Konsumption abbremsen (feedback-regulative Regressionsdynamik) bzw. ein mehr partnerschaftliches, kompromiß-affines Verhältnis zur Natur finden müssen (neotechnisch-regulative Sollwert-Verstellung).
Schließlich mag an dieser Stelle noch ein Wort über das ‚schlechte Klima' in den ‚Begegnungsräumen' der Menschen gesagt werden dürfen. Denn sicher ist es uns sozial-politisch bisher noch kaum gelungen, zwischen den verschiedenartigen Kulturgruppen der Menschheit, den Individuen untereinander sowie zwischen diesen und ihren soziokulturellen Organisationen ein befriedigendes (quasithermisches) ‚Behaglichkeits-Optimum' einzuregulieren. In dieser Hinsicht dürfte somit ebenso eine gegen-regulative Hemmung unseres exaltiert-aggressiven Macht- und Konkurrenz-Denkens bzw. die Rückbesinnung auf jene symbiotischen Naturanlagen in uns selbst mit Hinwendung zu kompromiß-geneigtem Denken und kooperativen Handlungsweisen angezeigt sein. Auf solche Weise könnte es derart psycho- und sozio-technisch dann vielleicht doch noch gelingen, die ‚Kälte'

[10a]) Bei dem 1974/75 im Hadar-Tal der Serengeti von D. JOHANSON gefundenen Totalskelett des (sicher schon aufrecht gehenden Australo-pithecus ‚Lucy' (etwa 3,5 bis 3,75 Mill. Jahre alt) wurden noch keine Steinwerkzeuge mit aufgefunden.

in den zwischen-menschlichen wie -staatlichen Beziehungen zu temperieren und damit ein humanitär befriedigendes, relativ-stabiles wie -stationäres ‚inneres Milieu' von ‚Wärmegleichgewicht' im Quasi-Organismus der Menschheit einzuregeln.

3. Anthropo-kybernetische Zukunftsperspektiven

Es dürfte heut kaum mehr umstritten sein, daß der Mensch „höchst wahrscheinlich" ein (erbgenetisch) „fast endgültig feststehender Typus" ist (ROSTAND, 1956, S. 28). Auch MOTULSKY und VOGEL haben vor kurzem festgestellt, „that the overall genetic composition of the human species will be similar to that encountered at present", wenn auch „for the biological future of mankind" gewisse („more or less significant") „favorable" und „unfavorable trends" vermutet werden müßten (1979, p. 549). HUBER z. B. behauptet für den „homo sapientior futurus" (1980, a, S. 2477) eine (durch die fortschreitende „Urbanisation" und „Domestikation" bedingt) „verstärkte Fetalisierung" und „morphologische Verjugendlichung" sowie daraufhin „ethologische Vermenschlichung"; (siehe Abb. 8) [11]). Für den (früher Berliner bzw. Gießener) Hirnanatomen SPATZ (1950) „gibt es" schließlich sogar „eine Reihe von Hinweisen darauf", daß (etwa) seit „Erreichen des Homo sapiens-Niveaus" wohl „nicht das Volumen", jedoch „die Struktur des Hirns weiter evoluierte", und zwar „beim rezenten Menschen" vor allem „die basalen Teile der Rinde ... in der vorderen und mittleren Grube der Schädelbasis"; (dort verstärkte „Impressionen" in der „Schädelkapsel") [12]). In diesen Regionen der basalen Neocortex unseres Frontal- und Temporalhirns finden sich nun aber insbesondere die Zentren zur bewußten, willensmäßigen Steuerung der vom Thalamus des Zwischenhirns her gebahnten Triebimpulse, Instinkthandlungen, Affekterregungen usw., so daß jene neencephalen Areale „gelegentlich" als „Organ der Zivilisation" bezeichnet worden sind (SCHWIDETZKY, 1971, S. 112).

Von einer optimalen Regulierung atavistischer Residuen dürfte der heutige Mensch freilich noch weit entfernt sein. So hat HUBER kürzlich erst wieder (1981) die entscheidende Frage nach der „humanen Alternative", nämlich einer künftigen „Cerebralisation oder Animalisation", aufgeworfen (b, S. 94—111) [13]). Diesbezüglich schrieb der Berliner Dichter-Arzt G. BENN schon 1944 in seinem essayistischen „Roman des Phänotyps" über den Menschen jener Epoche, dieser sei „drei Viertel immer noch Pathetiker der Zwischenwelt"; denn: „Auf der einen Seite die progressive Zerebralisation, der Vorstoß eines Gestalt werdenden Gehirnwesens in die Richtung formelhafter Überwelten, auf der anderen Seite Strindberg, Wedekind, Ibsen, Weininger — bei Amöben oder innerhalb vollendeter Rindenkosmen unmöglich ..."

---

[11]) Vgl. dazu auch Th. LÖBSACK's (1974 erschienenes) Buch: „Der Mensch: Fehlschlag der Natur".

[12]) Vgl. dazu auch SPATZ, b; in BENZ, S. 317 ff.

[13]) ‚(Progressive) Cerebration', ein von dem Wiener Hirnpathologen v. ECONOMO (1917) erstmals formulierter Begriff.

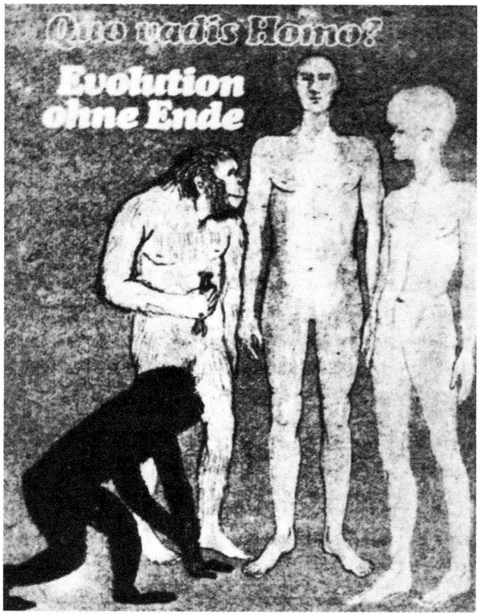

Abb. 8: Proconsul afr., homo neandertal., homo sapiens, homo sapientior futurus.

Für uns hier besonders wichtig erscheint jedoch vor allem die dort weiterhin verzeichnete Quasi-‚Animalisation' des Menschen jener Zeit in Bereichen, wo bislang (zumindest vornehmlich) die Vernunft überwog, indem BENN feststellt: „Aber die seelischen Belastungen verschieben sich: Erkenntnis als Affekt, Ausdruck als Wahnsinn und Leidenschaft, Kunst als Gruppenphänomen — . . ." (S. 162 f). Ein Blick auf gewisse derart regressions-suspekte Modernismen beispielsweise in unserer gegenwärtigen Kunst-Szenerie scheint solche Behauptungen zu bestätigen. Es mögen sich daher berechtigte Zweifel erheben, ob „die Evolution" (wie sie „seit dem Erreichen der Eu-Hominiden-Stufe vor etwa 2 Millionen Jahren mit großer Geschwindigkeit weitergegangen ist") in ähnlicher Weise wie bisher cerebrations-tendent, d. h. durch geistige Lernprozesse soziokulturell-‚vererbter' Erkenntnisse und Erfahrungen, Wertschöpfungen, Überlebensformeln und Kooperations-Techniken, sozialethischer Liebesgebote wie individuell-sittlicher Entfaltungs-Regeln usf., weiterlaufen wird; (Decerebration oder Neotenie i. S. von BENN bzw. HUBER).
Zumindest erwähnt werden soll an dieser Stelle die Frage, inwieweit die moderne Gentechnologie evolutions-futuristisch eine Rolle spielen könnte. Nach HEBERER „besteht zur Zeit keine große Wahrscheinlichkeit", daß „die Evolution" derart gen-manipulativ „von uns in eine ‚gewollte Richtung' gebracht werden könnte", obwohl bioszientistisch „der Mechanismus, mit dem dies möglich wäre, bekannt" sei; denn „die politischen Systeme", welche „zu den wichtigsten Umweltfaktoren gehören, sind zu unterschiedlich und wirken über Generationen hinweg zu un-

terschiedilch" (b, S. 118). Allerdings sollten wir den naiven Optimismus einiger Anthropologen, die metaphysische Unbedarftheit oder ethische Hybris einzelner namhafter „Menschenmacher" nicht unterschätzen, denen nurmehr noch eine „biologisch gesteuerte Welt" sinnvoll erscheint (KAUFMANN) und darin „die Erschaffung eines" (aber eben in welcher Hinsicht?) „mächtigeren Prometheus" vorschwebt (MULLER, S. 256) [14]:

(Wagner, zu Mephisto): „Es leuchtet! seht —
Nun läßt sich wirklich hoffen,
Daß, wenn wir aus viel hundert Stoffen
Durch Mischung — denn auf Mischung kommt es an —
Den Menschenstoff gemächlich komponieren . . ."
(GOETHE, Faust II; S. 445).

Bleibt schließlich die Erwägung eines „weltweiten Atomkriegs", welchen seit geraumer Zeit bereits verfügbaren ‚Overkill' vielleicht „einige kleineren Populationen überleben könnten". Nach HEBERER würde hierbei „die natürliche Auslese" u. a. „die geistige Beweglichkeit stark fördern", was möglicherweise „ ‚einen Schritt nach vorn' (G. G. SIMPSON) für die Menschheit" (!) zu bedeuten hätte (b, S. 118). Wir möchten von einer Diskussion dieser so makabren wie imponderabelen Futurismen hier absehen; hingegen wollen wir kurz wenigstens auf die Bedeutung der sich atemberaubend entwickelnden kybernetischen Maschinen (Mikroprozessoren!) für eine eventuelle Beeinflussung des künftigen Evolutionsgeschehens hinweisen.
KLAUS (Berlin-Ost) definiert die Kybernetik als „die Wissenschaft von den möglichen Verhaltensweisen möglicher Strukturen". Diese „kann" daher „nicht nur" dazu „beitragen", alle „tatsächlich existierenden Strukturen und ihre Verhaltensweisen besser verstehen zu lehren", sondern sie vermag demnach auch „als ein Instrument der theoretischen Voraussage möglicher technischer Geräte und möglicher Verhaltensweisen dynamischer Strukturen" zu „wirken" (S. 35). Nach SCHALTENBRAND „könnte" somit „der Prozeß der Bewußtwerdung des Universums auch Wege gehen, die nicht in biologischen Wachstumsprozessen bestehen, sondern den Umweg über die menschliche Hand nehmen", was nicht zuletzt zu „einer wesentlichen Beschleunigung in der Entwicklung" führen würde (S. 526) [15].
Ausschlaggebend bei diesen anthropo-kybernetisch bzw. jenen gen-technologisch denkbaren Eingriffen in die Evolutionsdynamik wäre es jedenfalls, was für Zukunfts-Modelle von Menschheitsentwicklung zugrunde gelegt bzw. welche Führungsgrößen jenen Maschinen von uns einprogrammiert werden wollen. Denn genauso wie der künftige Mensch sicher nicht mehr als ‚Produkt' einer naturalen Entwicklungs-Progression anzusehen ist, ebensowenig wird er heut das ‚Opfer'

---

[14]) Kontroverse Diskussionen über solche „Vorschläge" von bedeutsamen Gelehrten und Nobelpreisträgern beim Symposion der Ciba-Foundation in London, 1962; (heut sog. 'Cloning').

[15]) Dieser Autor (früherer Neurologe in Würzburg) „bestreitet" dazu ausdrücklich, „ein Materialist zu sein".

seines technischen Fortschritts sein müssen. Als Beispiel einer diesbezüglich fatalistischen, pessimistisch-resignativen Theorie sei hier an O. SPENGLER's „Ansicht" vom „zyklischen Untergang" der technologischen Zivilisation „des Abendlandes" in Analogie zu allem „organischen Geschehen" erinnert (1917!). Danach sei „der faustische Mensch zum Sklaven seiner Schöpfung geworden", wären wir alle „Sklaven, nicht Herren der Maschine", welche „ihre teuflische, geheime Macht erst jetzt entfalte". Und „gesetzt den Fall, daß das Heil der Seele den Begabtesten künftiger Generationen näher liegt als alle Macht in dieser Welt; daß unter dem Eindruck der Metaphysik und Mystik, die heute den Rationalismus ablösen, das wachsende Gefühl für den Satanismus der Maschine gerade die Auslese des Geistes ergreift, auf die es ankommt", so würde auch dies nicht, weil überhaupt „nichts", das „Ende" jenes „großen Schauspiels aufhalten" (S. 397 f) [16]).

Wir skizzieren im folgenden exkursorisch aus unserer regulierungstheoretischen Perspektive noch einige weitere Beispiele solcher allzu vor-eilig wie apodiktisch formulierten Prognosen einer künftigen Entwicklung der Menschheit. So „stehen wir" nach „Ansicht" des französischen Kulturphilosophen P. BERTAUX (1963) „auf der Schwelle der Zukunft" einer „neotechnischen Welt", wo eine „Mutation der menschlichen Art das Individuum zugunsten größerer Gruppenorganismen aufheben wird". Dieser Vorgang erscheint dem Autor als ein unausweichliches „Schicksal", das wir Menschen nurmehr „in guter Haltung zu überstehen versuchen" müssen. Er verweist dazu wie folgt auf die vergleichsweise ähnlich ‚katastrophale' Situation unserer neolithischen Vorfahren: „Nur zuweilen noch regt sich (dann) in einem von uns als genetischer Atavismus der wache und unruhige Instinkt" des „jagenden Urahns"; doch alle, welche dem „folgen", etwa „die Abenteurer, Dichter und Landstreicher", seien „ ‚Asoziale', die in der organisierten Gesellschaft immer weniger Daseinsberechtigung haben und auf lange Sicht verschwinden werden" (S. 144) [17]).

Nach „Ansicht" T. de CHARDIN's (1947), seiner „folgenschwersten von allen", kommt es gleichfalls zu einem weiteren „Aufstieg" der Menschheit in Richtung auf ein ähnliches „Kollektivbewußtsein", d. h. zu einer „zweiten" (sc. kollektiven) „Menschwerdung", welche „die ganze Welt erfaßt". Auch hierbei handelt es sich also um eine „organische Deutung der sozialen Tatsachen" im „Gang der Geschichte des Universums", indem nämlich festgestellt wird: „Ist es denn möglich, nicht zu sehen", daß „derselbe Zyklon", jener „kosmische Wirbel der Verinnerlichung", der „zunächst jeden einzelnen von uns — dich und mich — zusammengerollt hat, seine Bahn über unseren Häuptern fortsetzt (diesmal auf der Höhenlinie des Sozialen) — und uns alle aneinanderdrückt, in einer Umarmung, die uns vollkommen machen will, indem sie uns zugleich organisch an alle anderen bindet?" Dieses Autors sowohl kosmologisch-finalistischen wie christlich-eschatologischen „Zukunftserwartungen" gründen sich bzw. zielen darauf ab,

[16]) NST-zirkulärer Finalisierungsprozeß i. u. S.

[17]) TST-zirkulärer Finalisierungsprozeß i. u. S.

daß unser „Bewußtsein zur selben Ausdehnung wie das Universum gelangt" und so „in der Form des Geistigen, in einem Pol höchster Verinnerlichung" (dem „Punkt Omega"), „Gleichgewicht und Bestand erreicht" (S. 300 f und 306) [18]).
Einen ähnlichen physikalischen ‚Psychismus' vertritt auch J. E. CHARON in seiner „Komplexen Relativitätstheorie", indem er dort nachzuweisen sucht, daß am Ende der Welt nur noch die „negentropen geistigen Räume" aller von Anbeginn an vorhandenen und „ewig-stabilen" Elektronen als „der Geist der Materie" unser Universum erfüllen werden. Wenden wir uns jetzt jedoch ab von solchen kategorisch-terminalistischen Hypothesen und betrachten im folgenden die mögliche Bewältigung der zwischenmenschlichen Probleme hier auf Erden unter unserem regulierungstheoretischen Aspekt. Während z. B. der sowjetrussische Evolutionsbiologe A. J. OPARIN (im Anschluß an F. ENGEL's „Naturphilosophie") noch ausschließlich materialistisch-mechanistisch bzw. -dialektisch argumentierte, „lassen sich" für den marxistischen Wissenschaftstheoretiker G. KLAUS „fast alle" der „zentralen Kategorien des dialektischen Materialismus" jetzt schon „innerhalb der Kybernetik interpretieren" (S. 10). Weithin angewandt finden sich diese kybernetischen Kategorien schließlich bereits in der „komplementaristischen Dialektik" des frz. Ökologen J. de ROSNEY (S. 199 ff) sowie im Rahmen der „organismischen Auffassung" des (früher Wiener) Biophysikers L. v. BERTALANFFY (S. 230 ff).
Ein Jahr vor seinem Tode schrieb der deutsche Kulturphilosoph und Sozialanthropologe M. SCHELER (b, 1927), quasi regeltechnisches Denken in anthropokybernetisch ‚offenen' Systemen damit vorwegnehmend, es sei „für jede philosophische Gesinnung die größte Gefahr, die Idee des Menschen zu eng zu fassen, sie unversehens nur aus einer naturhaften oder gar nur historischen Gestalt herzuleiten". Denn „der Mensch ist eine Richtung der Bewegung des Universums selbst, ja seines Grundes", und daher gelte es „Raum" zu lassen für die „Fülle seiner Möglichkeiten und Gestalten", seine „wesensunendliche Bewegung". Beispielsweise hätte jenes „asketische Ideal" seit der Spätantike „das Gleichgewicht der menschlichen Kräfte" derart „ernstlich" gestört, daß „Revolutionen der Natur im Menschen" gegen diesen „übersteuerten ‚Apollinismus' " und „ ‚Rationalismus' " eintreten mußten, welche „Gegenbewegungen" als eine „fast organische Notwendigkeit" zu erklären seien. Freilich würden sich diese Regulationsprozesse zur „Gesundung" (jenem sie auslösenden Gegen-Extrem entsprechend) bisher noch immer in ebenso überschießenden „Reaktionsbewegungen" geäußert haben; und so hätte die Menschheit ihr zeitweiliges „Gleichgewicht" bisher auch stets nur gefunden „wie der betrunkene Bauer seinen Weg zu Gott", nämlich „taumelnd zur Rechten und zur Linken" (S. 96 bzw. 102 f). Abschließend resümiert dieser Autor seine regulierungs-imperativ ‚pluralistische' Kultur-Analyse bzw. -Prognostik in einer geradezu beschwörend-seherischen Weise wie folgt:

„. . . Wenn ich auf das Tor des im Anzug begriffenen Weltzeitalters einen Namen zu schreiben hätte, der die umfassende Tendenz dieses Weltalters wiederzugeben hätte, so schiene

---

[18]) HB-zirkulärer Finalisierungsprozeß i. u. S.

mir nur ein einziger geeignet — er heißt ‚Ausgleich'. Ausgleich in fast allen charakteristischen spezifischen Naturmerkmalen, physischen wie psychischen, die den menschlichen Gruppen als solche zukommen, in die man die ganze Menschheit einteilen kann, und — gleichzeitig — eine mächtige Steigerung der geistigen, individuellen und relativ individuellen, z. B. nationalen Differenzen ... Ausgleich endlich auch zwischen den einseitigen ‚Ideen vom Menschen', als da beispielsweise sind: Die Idee des ‚animal rationale' im klassischen Sinne ..., der ‚homo faber' der Positivisten, der ‚dionysische Mensch' Nietzsches, der Mensch als ‚Krankheit des Lebens' in den neuen panromantischen Lehren, deren ‚Übermensch', der ‚homo sapiens' des Linné, der ‚l'homme machine' Lamettries, der nur ‚Macht'-, nur ‚Libido-, nur ‚Wirtschaftsmensch' von Machiavelli, Freud und Marx, der gefallene gottgeschaffene Adam — (denn) alle diese Vorstellungen sind viel zu eng, als daß sie den ganzen Menschen fassen dürfen ..." (S. 96 f).

Diesem Plädoyer für ein künftiges „Weltalter des Ausgleichs" (SCHELER) können wir aus unserer regeltheoretischen Retrospektive auf die naturale Homo-Evolution wie Prospektive der soziokulturellen Human-Entfaltung nurmehr beistimmen. In neuerer Zeit hat u. a. noch M. MEAD aus ihrer Sicht der empirischen Kulturanthropologie eine dementsprechende Forderung wie folgt erhoben, indem sie schrieb: „Wollen wir unsere Kultur bereichern, müssen wir die ganze Skala menschlicher Möglichkeiten anerkennen und unsere soziale Struktur weniger willkürlich gestalten, so daß sie allen menschlichen Fähigkeiten einen passenden Platz gibt" (S. 128). Nach alledem erscheint auch uns für den Menschen als (natural- wie soziokulturell-evolutionär) „noch nicht festgestelltes Tier" (NIETZSCHE) [18a]) und daher spezifisches ‚Brückenwesen' ein (im kybernetischen Sinne) ‚offenes' Modellsystem von regeltechnischer „Entwicklungsmechanik der Idee der Menschheit" (GERBER, S. 128) auf jeden Fall angemessener als jene spekulativ ‚prophetischen' Total- und Final-Konzeptionen. Dabei dürfte nicht zuletzt auch die Tatsache beachtet werden müssen, daß jede ‚Prophetie' durch einen quasi system-homöostasierenden Selbstregelungs-Effekt zum ‚self-fulfilment' tendiert.

Nach der „genetischen Erkenntnistheorie" von PIAGET „impliciert der Instinkt schon kognitive Regulationen"; die „kognitiven Prozesse" speziell des Menschen „erscheinen" daher nur als die „differenziertesten Organe" solcher „Regulation der Interaktionen" eines Biosystems „mit der Außenwelt". Dabei verläuft die Entwicklung derart intellektueller bis geistiger Vorgänge „als eine Folge von Ungleichgewichtszuständen und Reäquilibrationsprozessen", welche im Fortgang der Entfaltung jener Phänomene „allmählich einem Modus integrierter Konstruktion und reversibler Mobilität weichen". Zu dessen „voller Verwirklichung" werden jene „kognitiven Mechanismen" jedoch erst dann „imstande sein", wenn sie „in Form von ‚Operationen' die Regulation in die Konstruktion selbst integrieren". Erkenntnistheoretisch folgt daraus, daß „das Wahre" als Ergebnis einer geistigen Regulierungs- und Regelungstechnik zur „Organisation des Wirklichen" verstanden und daher auch im Rahmen eines kybernetischen Realitäts-Modells begrifflich zu bestimmen gesucht werden kann (a, S. 27, 371; b, S. 371 ff) [19]).

[18a]) Jenseits von Gut und Böse. (Leipzig: Kröner, 1930); S. 74.

[19]) Vgl. dazu auch KASPAR, R., Die Evolution des Erkennens; (in KALTENBRUNNER, S. 57—77).

So erscheint uns die Evolution des Menschen in Richtung auf dessen ‚wahre' geistige Gestalt im Rahmen seiner menschheitlich-soziokulturellen Organisationsform als ein sich (kybernetisch) selbst-regulativ formierender ‚homologer' [20]) Komplexierungsprozeß jener ersten urmaterialen Regelkreis-Systeme der Natur; (siehe Kap. B I, 1). Kulturgeschichtlich prägte sich diese komplexierungs- und vergeistigungs-tendente Evolutionsdynamik immer schon in verschiedenen kulturkreisspezifischen (G. B. de VICO, 1668—1744) und epochal-typischen Leitbildern von Menschheits-Entfaltung aus, so zum letzteren beispielsweise wie folgt (nach G. BENN, a, S. 122): „Der Phänotyp des zwölften und dreizehnten Jahrhunderts zelebriert die Minne, der des siebzehnten vergeistigt den Prunk, der des achtzehnten säkularisiert die Erkenntnis, der heutige integriert die Ambivalenz, die Verschmelzung eines jeglichen mit den Gegenbegriffen". Nähern wir uns also gegenwärtig doch schon einer Periode solcher Regulierungs-Tendenzen, -Bemühungen, -Versuche in zumindest einigen Bereichen unseres soziokulturellen Daseins?

Erste Anzeichen z. B. einer begründet skeptischen Haltung gegenüber dem bisher weltwirtschaftlich vorherrschend exzessiven Wachstums-Denken sind jedenfalls nicht mehr zu übersehen. Darin äußert sich eine Art von regeltechnischer Gegenkopplung und Bremswirkung bei vielen Menschen, der Rückbesinnung auf alternative Lebensqualitäten sowie damit einer neotenie-analog möglichen Umorientierung in Richtung auf neue ultrastabile Evolutionsprozesse. Auch uns erscheinen solche negationalen Schaltungen zur Optimierung von Entfaltungsverläufen naturaler wie soziokultureller Systeme versus höhere Komplexierungsgrade in periodisch-alternierender Form notwendig. Unsere Abb. 9 zeigt die sich aus abwechselnd aufeinander folgenden exponential- und logarithmus-funktionellen Kurvenphasen mit spezifischen Wende- (bzw. Umschalt-) punkten danach ergebende S- (sinusoidal-spiralförmige) Kurve von optimaler System-Evolution; (siehe dazu auch Abb. 6 in Kap. B I, 3).

Sicher ist, daß die „weitere Evolution des Homo sapiens abhängen wird von seiner Bindung an neue Maßstäbe ... und Werte, die er sich selbst verantwortlich setzt" (HEUMANN, in: SIEWING, S. 133 f) [21]). Andererseits kann aber auch eine „einmal erreichte Spezialisierung in der Evolution nicht mehr zurückgenommen werden" [21a]), so daß „eine hoch-spezialisierte Art entweder unter etwa gleich-

---

20) Hinweis von Prof. SELBACH (9. 06. 1981). — ‚Homologie' als der unmittelbare entwicklungsgeschichtliche Zusammenhang funktionsstrukturell verschiedenartig spezialisierter Natur-Systeme, z. B. Schwimmblase der Fische und Säugetierlunge oder biosomatische Regulations-‚Organe' und moralcharakterologische Regulierungs-‚Instrumente' beim Menschen; (siehe Kap. E 1 und 2).

21) In einem kürzlich erschienenen Bändchen der wissenschaftlichen Taschenbuch-Reihe „Initiative 40" des Herder-Verlags (hrsggb. v. G. K. KALTENBRUNNER) finden sich verschiedene entwicklungs-theoretische Einzelarbeiten zusammengefaßt unter dem übergreifenden Sammelbegriff: „Wir sind Evolution" (1981).

21a) Gesetz der Nichtumkehrbarkeit der Entwicklung (L. DOLLO, 1893), wonach sich „ein Organismus nie völlig zu einem stammesgeschichtlich früheren Stadium zurückentwickelt"; (Fischer-Lex. Biol. 2, S. 126 f).

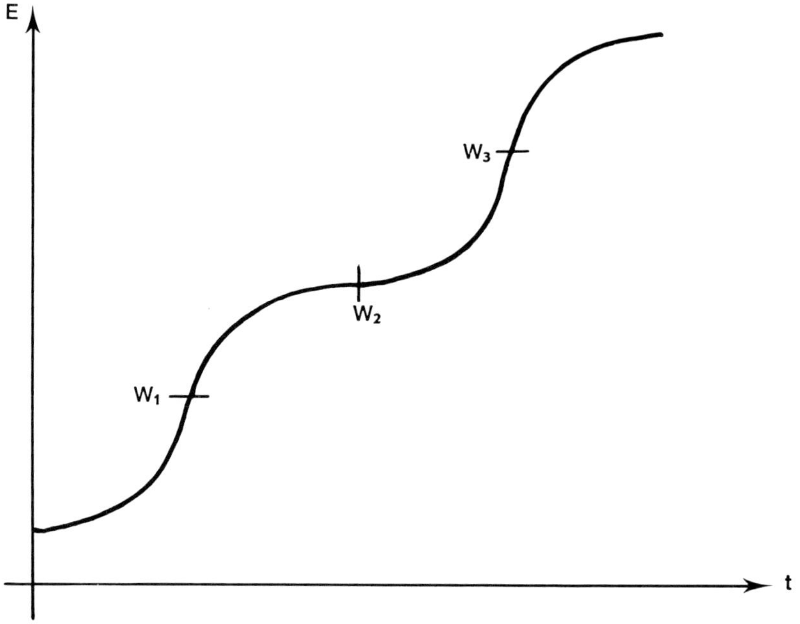

Abb. 9: S-Kurve geistiger und soziokultureller Optimal-Entfaltung

Erläuterungen:

E = Entfaltungsdynamik; W = Wende-(Umschalt-)punkte (exponentielle via logarithmische Phasen, usw.); t = Zeit.

bleibenden Bedingungen überlebt oder aber in einer sich nachteilig verschlechternden Umwelt zum Aussterben verurteilt ist" (HUBER, a, S. 2475). Für den Menschen wird daher von ausschlaggebender Bedeutung sein, ob er, neben der für ihn lebens-notwendigen „Spezialisierung" in „Kultur und Technik", vor allem geistig und soziokulturell auch weiterhin noch ein „ ‚offener Ökotyp' bleibt", welcher „auf ‚Nichtspezialisiertsein spezialisiert ist' "; (OSCHE, nach MAYR, in SIEWING, S. 392).

Epilog: Via Utopia

Folgende drei uns anthropo-futurologisch besonders relevant erscheinenden Problembereiche sollen abschließend kurz noch aus der Perspektive unseres kybernetischen Regulierungs-Modells betrachtet werden:

α) Die human-evolutionäre Bedeutung der schwächsten Glieder unserer Gesellschaft.

β) Die human-evolutionäre Bedeutung der soziokulturell bewußt non-konformistischen Individuen.

γ) Die human-evolutionäre Bedeutung regeltechnischen Argumentierens in der gegenwärtigen Sicherheits- und Rüstungspolitik.

Wir wollen zunächst einen Gedankengang zur allgemeinen Begegnungsdynamik zwischen Biosystemen vorausschicken, dessen Schlußfolgerung wir zumindest regulierungs-metatheoretisch für begründet und daher auch anthropo-futurologisch bedeutsam erachten.
Vor einigen Jahren schrieb der Kybernetiker K. STEINBUCH: „Wo immer Organisationen — seien es physikalische, biologische, soziale, ökonomische oder politische — sich unter wechselnden Bedingungen erhalten, finden sich Regelungen mit der Führungsgröße ‚Erhaltung der Organisation' " (S. 139). In einem Aufsatz A. EINSTEIN's über „Religion und Wissenschaft" ist die biologisch allgemeingültige (hier nur human-spezifisch formulierte) Feststellung zu lesen: „Alles, was von den Menschen getan und erdacht wird, gilt der Befriedigung gefühlter Bedürfnisse sowie der Stillung von Schmerzen", was „man sich immer vor Augen halten" müsse, „wenn man geistige Bewegungen und ihre Entwicklung verstehen will" (S. 15). Diese beiden Bedürfnis-Befriedigungs-Prinzipien gelten auch uns als die elementarsten Sollwert-Radikale der naturalen Seins-Entwicklung bzw. speziell unserer menschlichen Daseins-Entfaltung.
Materiale bis geistige Systeme stehen danach primär in einem egoitär-ungehemmten KONKURRENZKAMPF um ihr Überleben gegeneinander, wie etwa jene scherzhafte Antwort EINSTEIN's auf die Frage nach dem Verbleib der Antimaterie in unserer Welt verdeutlichen mag, daß eben schon an derem Beginn „Elektron und Proton gewonnen hätten" (PRIESTER, S. 818). Spätestens jedoch ab dem biologischen Evolutions-Niveau kam es daneben zu regeltechnischen Selbststeuerungs-Phänomenen i. S. einer symbiotischen, moral-analogen KOOPERATIONSDYNAMIK zwischen Partner-Systemen mit dadurch für beide bilanz-kalkulativ optimaleren Nutzeffekten. Demnach vermögen also auch die Individuen der species homo in ihren naturalen Biotopen wie soziokulturellen Lebensgemeinschaften stets nur mehr oder weniger auf Kosten und durch das OPFERLEIDEN anderer Mitgeschöpfe zu existieren; (aut-aut- bzw. et-et-Regelungstechniken). Als human-evolutionär von essentialer Bedeutung erscheint uns daher die Forderung, daß über jenes Mehr oder Weniger in jedem Einzelfall und in personaler Selbstverantwortung „sub aeternitatis specie" (SPINOZA) [21b]) entschieden werden sollte, wir also einem ‚Meßopfer' gleich „aus dem Zwang einen Akt der Verehrung machen" müssen und damit „unser Tisch sei ein Altar" (GIBRAN, S. 20).
α) Angesichts eines offenbar immer rücksichtsloseren Konkurrenz-Verhaltens werden in unserer Zeit die Alten, Kranken, Gebrechlichen, Behinderten usw., also jene schwächsten Glieder unserer leistungs-, erfolgs- und fortschritts- besessenen Industriegesellschaft, nur allzu bereitwillig als unnütz, überflüssig, belastend usw. an die Randzonen unserer Lebensräume abzuschieben gesucht [22]).

[21b]) Ethik. (Stuttgart: Kröner, 1955); S. 97.
[22]) Das gilt auch — mutatis mutandis — für Kinder, auch für Tiere.

Gerade sie aber könnten bzw. sollten uns zur Vorausbesinnung auf unser gleiches Geschick anstoßen und daher schon deshalb zur Rück-sicht mahnen. In diesem Falle würden sie dann als existentielle Störfaktoren unserer selbstgefälligen Normalitäts- und selbstüberheblichen Perfektions-Suffizienz dienen, als Bremsmomente einer materialistischen Wachstums-Euphorie und libertinistischen Genuß-Sucht wirken können und damit vielleicht sogar neotenie-analoge, sinn-erneuernde Wandlungsprozesse in Gang zu bringen vermögen. Mehr Beachtung, Duldsamkeit und Hilfe gegenüber diesen, im Sinne einer durchschnitts- oder idealtypischen Norm nicht mehr ‚perfekt' funktionierenden Geschöpfen dürften also keineswegs nur aus humanitären, ethischen Gründen, sondern schon auch wegen deren biopsychologischer Bedeutung für alle anderen Individuen und damit das soziokulturelle Verbundsystem insgesamt angezeigt sein.

Cum grano salis gelten unsere Überlegungen auch für alle sozial-moralisch abartig Veranlagten und Entgleisten (z. B. Sexual- oder Sucht-Anomalien) sowie jene über die Gesetze des Staates Gestrauchelten; (totalzirkuläre NST-Dynamik i. S. unseres Modells) [23]). Wir begnügen uns hier mit einem Zitat aus einem Sammelband des Wiener Publizisten K. KRAUS, woraus die grundfigural-dialektischen Wechselwirkungen zwischen Individualität und Gesellschaft in derart sozial-moralisch bzw. gesellschafts-kritisch spezifizierter Weise klar hervorgehen dürften. Dieser Autor hat die „sittlichen" und „kriminellen" Verhaltensweisen des Menschen als „siamesische Zwillinge" bezeichnet und daraufhin, nicht zuletzt auch im Hinblick auf soziokulturell allgemein wünschenswerte Entkriminalisierungs-, Exkulpierungs- und Entpsychiatrisierungs-Effekte, festgestellt bzw. fordern zu müssen gemeint:

„Je kulturvoller der Staat ist, umso mehr werden sich seine Gesetze der Kontrolle sozialer Güter nähern, umso weiter werden sie sich aber von der Kontrolle individuellen Gemütslebens entfernen"; denn in manchem „Sittlichkeitsprozeß" sei zu beobachten: „die zielbewußte Entwicklung einer individuellen zur allgemeinen Unsittlichkeit, von derem düsteren Grund sich die erwiesene Schuld des Angeklagten leuchtend abhebt" (S. 66 bzw. 173) [24]).

β) Im folgenden seien jene (in bezug auf den kommunen ad-hoc-Zustand) bewußt gegen-gesellschaftlichen, alternativ-kulturellen, negationalen Einstellungen von Individuen aus der Sicht unseres Modellsystems zu deuten und (wenigstens teilweise) zu rechtfertigen gesucht. Die Ideengeschichte menschlichen Denkens über Natur und Geist als polaritär-organisierten, sich regulierungs- wie ultrastabilisierungs-tendent komplexierenden Funktionsstrukturen des Seins bzw. unseres Daseins reicht zurück in die Anfänge speziell der abendländischen Hochkultur.

---

[23]) An dieser Stelle sei wenigstens darauf hingewiesen, wie im Falle menschheitlich-inhumaner Staatsaktionen demgegenüber gerade alle sozial-moralisch ‚perfekt' synchronfunktionierenden, also i. S. unseres Modells TST-zirkulär gleich-geschalteten Individuen zu Verbrechern mit (nach HOCHHUTH) einem ‚pathologisch guten Gewissen' werden müssen. Siehe dazu: H. KIPPHARDT, Bruder Eichmann. Hamburg: Row.-Verl., 1983; (mit 21 „Analogie-Beispielen" aus der jüngsten Geschichte bzw. unserer Gegenwart).

[24]) Als ein literarisches Modellbeispiel für diese Dialektik nennen wir F. DÜRRENMATT's „Besuch der alten Dame" (1956).

Beginnend vor allem mit HERAKLIT und EMPEDOKLES, ALKMAION und HIPPOKRATES, PAULUS und AUGUSTINUS, erfuhren diese antik-griechischen bzw. -christlichen Weltbilder eine erste meta-morphotische Renaissance bei NIKOLAUS von KUES bzw. PARACELSUS bzw. Jakob BOEHME und ungefähr 300 Jahre später ihre zweite (vorerst letzte) Blütezeit durch die Philosophen, Theologen, Ärzte, Dichter insbesondere der deutschen Romantik. Im Rahmen dieser Denkgebäude finden wir also durchwegs den Begriff des Gegen- oder Minus-Pols (z. B. des Bösen, der Negation oder Antithese, des Abnormen, Nonkonformen, Oppositionären usw.) als einer essential- wie existentiell-implicit komplementären Natur- bzw. Geist-Kategorie, deren fundamentale Bedeutung speziell für das menschliche Denken G. BENN in seiner brillant-artistischen Weise wie folgt ausformuliert hat:

„Die Verneinung als Denkfunktion ist von höchstem Rang, vom Denken erzeugt und im Denken begründet. In ihr erreicht es seine höchste Entwicklung. Sie umschließt das metaphysische Wesen des Denkens, sie ermöglicht seine allgemeine Bedeutung. Sie dient dem, was Kunst wird, wenn sie vollendet, und Erkenntnis, wenn sie tief ist: der Wirklichkeitsherstellung, der Produktion und Ordnung von Realität. Wohin das Auge schweift: Möglichkeiten, Motive, Anspielungen, Perspektiven — in ihr äußert sich die Konsolidierung, der Zuwachs an Fond. Wohin das Auge reicht: Natur, das heißt Anbietungen und Überläufe — hier ist Kontur, Selbstbegrenzung, Form: In ihr bekundet sich Detailbekämpfung, Antiemotionismus, Eindrucksfeindlichkeit —: Stil, kurz: anthropologischer Charakter" (a, S. 129).

Speziell im Hinblick auf jene bewußt non-konformistisch denkenden wie lebenden Individuen sei hier noch auf die bekannte These des Baseler Biologen und Kulturanthropologen A. PORTMANN über sog. „Hypertelien" in der Natur zurückgegriffen. Er meint damit ökologisch „unadressierte" und daher biotechnisch „funktions"- wie „zwecklos" scheinende „Gebilde", welche also „mehr sind als zur puren Lebenserhaltung notwendig" ist. Durch solche (rein) biologisch unnützen, quasi-luxuriösen „Selbstdarstellungen" seien jedoch neue Seins-Kategorien, z. B. das „Aesthetische", in das „Schauspiel" der Natur eingebracht worden, welches so an Gestalten und Sinnwerten reicher geworden wäre [25]). Vielleicht mögen daher auch einzelne jener ad-hoc-(analog) hyper- (bzw. hypo-)telischen Außenseiter unserer Gesellschaft — gegenwärtig noch als unnütz und überflüssig oder sogar schädlich und gefährlich bezeichnet — später vielleicht einmal rückblickend als soziokulturelle Frühwarn-Systeme bzw. geistige ‚Pioniersiedler' zu würdigen sein [26]).

γ) Als prägnante Wortformel für die heutzutage gemeinhin praktizierte sicherheits- wie rüstungs-politische Gleichgewichts- versus Konfliktlösungs- und Friedenssicherungs-Strategie zwischen den beiden Großmacht-Blocksystemen in Ost und West, wählen wir einen Satz des (früher Ostberliner) Schriftstellers U. JOHNSON:

---

[25]) Von (neo-)darwinistischen Kritikern wird eingewandt, daß es sich hierbei um rudimentäre (d. h. phylogenetisch überflüssig gewordene) Organe, Formen, Phänomene usw. handle; (siehe z. B. LORENZ).

[26]) Biodynamisch analog etwa jenen so kärglich und kümmerlich anmutenden Flechten in den arktischen Regionen.

„Sie werden sagen, daß sie rüsten weil wir rüsten; sagt ihnen daß wir rüsten weil sie rüsten" (S. 315).

Kybernetisch handelt es sich hier um eine (verbale) Zirkel-Formel und damit die Kennzeichnung einer regeltechnischen Aufspannungsdynamik, kritischen Labilisierungs- sowie evt. katastrophalen Entgleisungstendenz; (exponentielle Durchschlags-Regelungen). Stabile Formen von Gleichgewicht auch in komplexen Wirkungsgefügen können hingegen nur durch Dämpfungs-Effekte auf jene Partner-Beziehungen erreicht werden, also mittels prozessualer Mißtrauens-Beseitigung, Nachgiebigkeit, Kooperations-Bemühungen und schließlicher Kompromiß-Entscheidungen; (sinusoidale Homöostasierungs-Regelungen). Aus kybernetischer Sicht jedenfalls müßten gerade die sich wechselseitig provozierenden Einstellungs-Extremisierungen bzw. Amplituden-Aufschaukelungen vermieden werden, wenn nicht eines Tages kurzschluß-regulative Notfallsreaktionen des einen oder des anderen Teilsystems eintreten und zum Kipp-Umschwung jenes bipolaren Gesamtsystems führen sollen; (kippfunktionale Paradox-Regelungen).
Um freilich einen Entspannungsprozeß überhaupt erst einmal in Gang zu bringen, muß wenigstens eine Seite ein erstes unmißverständliches, verbindliches, ins Gewicht fallendes Vorleistungs- und damit Dämpfungs-Signal setzen [26a]). Ein derart sicherlich nicht leicht kalkulierbarer und daher politisch immer wohl auch gewagter Anfangsschritt mag aus verschiedenen Erwägungen und Gründen erfolgen bzw. vertreten werden können: z. B. aus einem „Urvertrauen" in das Menschliche im Menschen (BOLLNOW); dem Wissen um die „regulativen Ideen" unserer (noumenal-transzendentalen) „praktischen Vernunft" (KANT); der Einsicht in das gesetzliche Wirken eines „absoluten Weltgeistes" (HEGEL); dem Glauben an einen „personalen Gott" und dessen „universalen Ordo" (SCHELER); der „Offenheit" für den supramentalen „spiritus sanctus" [27]); der Überzeugung von einer möglichen Verwandlung und Umkehr durch jene neutestamentarische „Agape" [28]). Der weitere Verhandlungsgang würde dann argumentativ flexibel, d. h. in ‚konsequent-inkonsequenter' Weise oder wie ein Pendel hin und her schwingend in Richtung auf eine approximativ-stabile Homöostase zwischen beiden Partnern zu führen sein.
Mit solchen Erwägungen haben wir allerdings die „methodischen Schranken" unserer derzeitigen „dogmatischen Erfahrungswissenschaften" überschritten. Die geistige Auseinandersetzung um die Überlebenstechniken der Menschheit scheint jedoch gegenwärtig ein definitiv-kritisches Entscheidungs-Stadium erreicht zu

---

[26a]) Siehe dazu Vilma STURM, Offener Brief an die Deutsche Bischofskonferenz. (Die Zeit, Nr. 7 v. 11. 2. 1983): „Ist nicht Vorleistung ein immer wieder verkündetes Postulat des Evangeliums?"

[27]) Siehe z. B. das (aramäische) Jesus-Wort (bei der Heilung eines Taubstummen): „Hefata!" („das heißt: Tu dich auf!"); (Mk 7, 34).

[28]) Wir halten also diese metaphysischen bis theologischen Begriffe für psychologisch-interpretierbar und damit für Bezeichnungen bio-futurologisch ‚zweckmäßiger' (d. h. das Überleben der species homo mit-garantierender) Daseins-Techniken.

haben. Wir meinen daher, daß heute jeder Mensch als ‚Mitwisser' und ‚Zeuge' [29]) in seinem ‚Gewissen' [30]) angesprochen bzw. aufgerufen ist, den ihm verfügbar gebliebenen Spielraum introspektiv-erfahrbarer Denkmöglichkeiten zu nutzen, und das heißt für uns hier: „frei" von allen „Einschränkungen" auch „metaphysische Gedanken" seiner „spekulativen Vernunft" als empirische Tatsachen und damit realisierbare Zukunftsperspektiven anzusehen (WHITEHEAD, S. 53)[31]). Es geht also um den Mut zur Verwirklichung ungewöhnlicher, utopistischer Vor-stellungen, mögen sie auch auf den ersten Blick so unerhört erscheinen wie jene Maßnahmen der antiken Griechin „Lysistrata" [32]). Oder wollen wir lieber noch länger darauf warten, was SALLUST vor über zweitausend Jahren wie folgt angesprochen hat?:

„Quod si regum atque imperatorum animi virtus in pace ita ut in bello valeret, aequabilius atque constantius sese res humanae haberent" (p. 4).
(„Wenn aber die geistige Kraft der Könige und Herrscher im Frieden so stark wie im Kriege wäre, würden die menschlichen Verhältnisse mehr im Gleichgewicht und von größerer Beständigkeit sein".)

Ganz ohne Umschweife also, mit St. ANDRES: „W i r s i n d U t o p i a"; andererseits aber ebenso auch: „F i a t v o l u n t a s t u a, D o m i n e"; denn: „D a s w e i t e r e i s t u n ü b e r s c h a u b a r"; (siehe Befund 8).

B e f u n d 8; (aus G. BENN, Der Radardenker).

„... Dämonen, Schuppenechsen, Eiszeiten, Schwankungen der Erdachse, Organumbildungen — eine lange Reihe von Sonderbarkeiten, unbegreiflich für domestizierte Etagen- und Laubenproblematiker; doch wer mit Radarmethoden trainiert, bekommt eine leichte Achsel ... Jahrmillionen dahinter — und nun erst diese kurze Zeit! Die Plastizität des Werdens wendet sich in neue Dimensionen ... — von Ermüdung keine Spur ...
Haben Sie sich schon einmal klar gemacht, daß nahezu alles, was die Menschheit heutigen Tages noch denkt, denken nennt, bereits von Maschinen gedacht werden kann ... Und diese Maschinen übertrumpfen gleich den Menschen, die Ventile sind präziser, die Sicherungen stabiler ... Also das Gedankliche geht in die Roboter ...; was übrig bleibt, sind Rudimente eines vulkanisch Früheren, und wo sie sich zeigen, wirken sie bereits unmenschlich ...
Doch der Mensch ist nicht ein Ende, nicht die Krone der Schöpfung, sondern ein Beginn. Was er leidet, was ihn bedrückt, was ihn verfinstert, sind Kinderkrankheiten, Zahnungsmißhelligkeiten, Entwicklungszuckungen ...; aber er wird wahrscheinlich nicht enden. Wenn es die Eiszeiten, die Gürtelfluten, die Mondeinstürze nicht brachten, auch die Atombombe kann ihn nicht bedrohen ... Die Arten erhalten sich und enden aus anderen Gründen, offenbar nach Gesetzen, die über den Neutronen stehen. Wir werden sein, wir sind: Alte animistische Rudimente und die neue technische Realität. Jeder ist einbegriffen — aber niemand kann mehr sein als etwas allgemeine Gültigkeit mit Zeichen von Situationärem ...
Also wo stehen Sie, an welchem Punkt der Fauna, durch welche Flora stochert noch Ihr Schritt — Sie schlürfen durch den Herbsttraum, die Rosen neigen ihr Glas ... — leer, ein

---

[29]) (lat.) conscius, (gr.) μάρτυρος (Märtyrer).

[30]) (lat.) conscientia, (gr.) συνείδεσις (Wesenseinklang).

[31]) Den Hinweis auf dies höchst-anregende Büchlein von WHITEHEAD verdanken wir Prof. SELBACH; (Brief v. 09. 06. 1981).

[32]) Siehe die Antikriegs-Komödie des ARISTOPHANES (411 v. Chr.) — (gr.)λύω, lösen, auflösen; στρᾰτιά, Kriegsheer, Feldzug, usw.

letztes Rinnsaal noch an der beschlagenen Wand, die Gärten wispern braun und lila, durchgesichtig in flaches Ferngelände ...
... Ernstlich, betrachten Sie die Lage! Sie sitzen hier in Ihrem Stuhl, und draußen ... Ereignisreiche Umwelt! ... Und Sie? Sie kennen die Wendung von der Tagesordnung, die ohne weiteres über etwas hinweggeht! ... und Sie? Sagen wir es ruhig: Nur spurenweise vorhanden! ..." (S. 228 ff, 240 ff, 255 ff).

Literatur:

ANDRES, St., Wir sind Utopia. München: Piper-Verl., 1951.

BEHMANN, F. W., Die Vielfachregelung des Warmblüters zur Aufrechterhaltung der Körpertemperatur. (In: Regelungsvorgänge in lebenden Wesen). München: R. Oldenbourg, 1961.

BENN, G. (a), Roman des Phänotyps. (In: Das Hauptwerk — Dritter Band). Wiesbaden: Limes-Verl., 1980 (1944).

— (b), Der Radardenker. Ebd. (aus dem Nachlaß).

BENZ, E. (Hrsgb.), Der Übermensch. Zürich: Rhein-Verl., 1961.

BERTALANFFY, L. v., Auf den Spuren des Lebens. Frankfurt/M.: Umschau-Verl., 1951.

BERTAUX, P., Mutation der Menschheit. Frankfurt/M.: Fischer-Verl., 1963.

BLOCH, E., Verfremdungen I. Frankfurt/M.: Suhrkamp-Verl., 1962.

BOCK, H. A., Prophet der Rebellion. Nürnb. Nachr. v. 31. 7. 79.

BORGES, J. L., Labyrinthe. München: C. Hanser, 1962.

BÜCHNER, G., Leonce und Lena. (In: Ges. Werke). München: W. Goldmann-Verl., 1956.

CAMPBELL, B. G., Entwicklung zum Menschen. Stuttgart: G. Fischer-Verl., 1972.

CHARDIN, T. de, Der Mensch im Kosmos (3. Aufl.). München: C. H. Beck-Verl., 1959.

CHARON, J. E., Der Geist der Materie. Wien: P. Zsolnay-Verl., 1979.

CHAUVIN, R., Tiere unter Tieren. Frankfurt/M.: Fischer-Verl., 1967.

DITFURTH, H. v., Die Evolution unseres Bewußtseins. Hamburg: Hoffmann u. Campe, 1976.

EINSTEIN, A., Mein Weltbild. (Hrsggb. v. C. SEELIG). Berlin: Ullstein-Verl., 1959.

EISENTRAUT, M., Überwinterung im Tierreich. Stuttgart: Franck'sche Verlagsbuchhandlung, 1955.

ELIAS, N., Die höfische Gesellschaft. In: Forum XVII, 3; 1977.

FRANZ, H., Die Informationsprobleme in der gegenwärtigen Gesellschaft und ihre Zukunft. Univers. **36,** 1981; 509—516.

FRANK, H., Kybernetik und Philosophie (2. Aufl.) Berlin: Duncker u. Humblot, 1969.

GERBER, P., Biologie und Pathologie der organischen Entwicklung. Wien: W. Maudrich-Verl., 1952.

GIBRAN, K., Der Prophet (10. Aufl.). Olden: Walter-Verl., 1979.

GLASER, D. A., Vortr. a. d. 29. Tagung der Nobelpreisträger in Lindau, 1979. (Ber. „Med. Kurier" v. 18. 07. 1979).

GOETHE, J. W. v., Faust II. (In: Ges. Werke, Bd. 1). Insel-Verl., 1949.

HEBERER, G. (a), Psych. Rdsch. XII, 1 (1961).

— (b), Homo — Unsere Ab- und Zukunft. Stuttgart: Dtsch. Verlags-Anst., o. J.

— (c), Allgemeine Abstammungslehre (2. Aufl.). Göttingen: Musterschmidt-Verl., 1980.

HENN, V., Materialien zur Vorgeschichte der Kybernetik. Stud. Gen. **22,** 1969; 164—190.

HOFFMANN, E. T. A., Der Sandmann. (In: Spukgeschichten und Märchen). München: W. Goldmann, o. J.

HUBER, R. (a), Homo sapientior futurus. Selecta **24,** 1980; 2466—2477.

— (b), Die humane Alternative. In: G. K. KALTENBRUNNER (Hrsgb.), Wir sind Evolution. München: Herder-Verl., 1981.

HUXLEY, A., Schöne neue Welt. Frankfurt/M.: Fischer-Verl., 1953 (1932).
HUXLEY, J., Entfaltung des Lebens. Frankfurt/M.: Fischer-Verl., 1954.
IWANOW, W. (u. M. GERSCHENSON), Briefwechsel zwischen zwei Zimmerwinkeln. Wien: Herder-Verl., 1949 (1920).
JAKOBY, H., Alfred Adlers Individualpsychologie und dialektische Charakterkunde. Frankfurt/M.: Fischer-Verl., 1974.
JEAN PAUL (Richter), Dr. Katzenbergers Badereise. Stuttgart: Reclam, 1966.
JENS, H., Mythologisches Lexikon. München: Goldmann-Verl., 1960.
JOHNSON, A., Das dritte Buch über Achim. Frankfurt/M.: Fischer-Verl., 1967.
KASPAR, R., Die Evolution der Erkenntnis. In: G. K. KALTENBRUNNER (Hrsgb.), Wir sind Evolution. München: Herder-Verl., 1981.
KAUFMANN, R., Die Menschenmacher. (Zukunft des Menschen in einer biologisch gesteuerten Welt). Frankfurt/M.: S. Fischer-Verl., 1964.
KELKER, H., in Lexikon Chemie. Frankfurt/M.: Fischer-Verl., 1961.
KLAUS, G., Philosophie in kybernetischer Sicht (3. Aufl.). Berlin (Ost): Dietz-Verl., 1963.
KLEIST, H. v., Über das Marionettentheater. Berlin: Steuben-Verl., 1948 (1810).
KRAUS, K., Sittlichkeit und Kriminalität. München: Kösel-Verl., 1970.
LANC, O., Ergonomie. (Psychologie der technischen Welt). Stuttgart: W. Kohlhammer, 1975.
LEM, St., Der futurologische Kongreß. Frankfurt/M.: Suhrkamp-Verl., 1974.
LINDAUER, M., Regelvorgänge in Insektenstaaten. (In: Regelungsvorgänge in der Biologie). München: R. Oldenbourg, 1956.
LIN YÜTANG, Weisheit des lächelnden Lebens. Hamburg: Rowohlt-Verl., o. J.
LÖBSACK, Th., Der Mensch: Fehlschlag der Natur. München: Bertelsmann, 1974.
LORENZ, K., Darwin hat recht gesehen. Pfullingen: G. Neske-Verl., 1965.
MARCUSE, H., Der eindimensionale Mensch (13. Aufl.). Darmstadt und Neuwied: Luchterhand-Verl., 1979 (1964).
MEAD, M., Geschlecht und Temperament in primitiven Gesellschaften. Hamburg: Rowohlt-Verl., 1959.
MEDAWAR, P. B., Die Zukunft des Menschen. Frankfurt/M.: S. Fischer-Verl., 1962.
MÉRIMÉE, P., Carmen. Insel-Tb. Nr. 361 (1979).
MERZ, W., Psychotherapie auf Krankenschein? Ztschr. f. Arzneimittel- und Gesundheitswesen v. 15. 07. 1979.
MIKOREY, M., Phantom und Doppelgänger. München: Lehmanns-Verl., 1952.
MILLER, H., Stille Tage in Clichy. Hamburg: Rowohlt-Verl., 1968; (frz. 1956).
MONOD, J., Zufall und Notwendigkeit. München: Piper-Verl., 1971.
MULLER, H. J., Die Zukunft des Menschen. (In: Der evolutionäre Humanismus. Hrsggb. v. J. HUXLEY). München: C. H. Beck, 1964.
NIETZSCHE, F., Vom Nutzen und Nachteil der Historie für das Leben. In: Werke, Bd. 1. Stuttgart: Kröner-Verl., 1938.
OFFENBACH, J., Hoffmanns Erzählungen. (Libretto J. BARBIER). Reclam-Verl., o. J.
OPARIN, A. J., Das Leben. Jena: Fischer-Verl., 1963.
PIAGET, J. (a), Biologie und Erkenntnis. Frankfurt/M.: S. Fischer-Verl., 1974; (frz. 1967).
— (b), Einführung in die genetische Erkenntnistheorie. Frankfurt/M.: Suhrkamp-Verl., 1973.
PORTMANN, A. (a), Die Tiergestalt. Freiburg/Brsg.: Herder-Verl., 1965.
— (b), Neue Wege der Biologie. München: Piper-Verl., 1960.
PRIESTER, W., Neue Wege der Kosmologie. Univers. **37,** 8 (1982).
QUINDT, W., Der weiße Wolf. München: Goldmann, 1960.
RAABE, W., Die Chronik der Sperlingsgasse. Frankfurt/M.: Insel-Verl., 1979.
RENSCH, B. (Hrsgb.), Fischer-Lexikon Biologie 2. Frankfurt/M.: 1963.
ROSNEY, J. de, Das Makroskop. Stuttgart: Dtsch. Verl. Anstalt, 1977.
ROSTAND, J., Das Abenteuer des Lebens. Berlin: Ullstein-Verl., 1956.

SACHSSE, H., Über die Richtung der Naturprozesse. In: G. K. KALTENBRUNNER (Hrsgb.), Wir sind Evolution. München: Herder-Verl., 1981.
SALLUSTIUS, Gaius S. (Crispus), De coniuratione Catilinae (Die Verschwörung des Catilina). Stuttgart: Reclam-Verl., 1980.
SCHALTENBRAND, G., Grenzen der Maschinentheorie des Nervensystems. Stud. Gen. **8**, S. 515—526 (1955).
SCHELER, M. (a), Die Stellung des Menschen im Kosmos. München: Nymph. Verlagshandl., 1947 (1927).
— b), Der Mensch im Weltalter des Ausgleichs. (In: Philos. Weltansch.). Bern: A. Francke-Verl., 1954 (1927).
SCHINDEWOLF, O. H., Fragen der Abstammungslehre. Frankfurt/M.: W. Kramer-Verl., 1947.
SCHIPS, M., Mathematik und Biologie. Leipzig und Berlin: B. G. Teubner-Verl., 1922.
SCHRÖDINGER, E., Was ist Leben? München: Lehnen-Verl., 1951.
SCHWIDETZKY, I., Hauptprobleme der Anthropologie. Rombach-Verl., 1971.
SELBACH, H., pers. Mitt. v. 09. 06. und 01. 07. 1981.
SIEWING, R. (Hrsgb.), Evolution. Stuttgart/New York: G. Fischer-Verl., 1978.
SPATZ, H. (a), 1950; (Quelle nicht mehr bekannt).
— (b), Gedanken über die Zukunft des Menschengehirns und die Idee vom Übermenschen; (in BENZ: siehe dort).
SPENGLER, O., Der Untergang des Abendlandes. München: C. H. Beck, 1959 (1917).
STEINBUCH, K., Maßlos informiert. (Die Enteignung unseres Denkens). München-Wien: Herbig-Verl., 1978.
STROTZKA, H., Einführung in die Sozialpsychiatrie. Hamburg: Rowohlt-Verl., 1972.
SZEWCZYK, H., Kriminalität und Persönlichkeit (3. Aufl.). Jena: VEB- G. Fischer-Verl., 1977.
VOGEL, F. (u. A. F. MOTULSKY), Human Genetics. Berlin—Heidelberg—New York: Springer-Verl., 1979.
WACKENRODER, W. A. (u. L. TIECK), Herzensergießungen eines kunstliebenden Klosterbruders. Leipzig: Insel-Verl., o. J.
WAWRZYN, L., Der Automaten-Mensch; (E. T. A. HOFFMANN's Erzählung vom „Sandmann"). Berlin: K. Wagenbach, 1977.
WEGMANN, R., Fieber. In: Diagnostik, **12;** S. 221—224 (1979).
WEIDEL, W., Virus und Molekularbiologie (2. Aufl.). Heidelberg: Springer-Verl., 1964.
WHITEHEAD, A. N., Die Funktion der Vernunft. Stuttgart: Reclam-Verl., 1974; (engl. 1929).

„Wo faß ich dich, unendliche Natur?“
(GOETHE, Faust I).

C. Urmodelle des Regulierungs-Denkens

Folgende Urformen oder Urmodelle [1]) menschlichen Polaritäts- und Rückkopplungs-, Schwingungs-, Regulierungs- und Gleichgewichts-Denkens haben wir früher schon beschrieben (1982):

a) Den Ariadne-Faden nach der griechischen Theseus-Sage; (etwa 1400 v. Chr.).
b) Die zwei biblischen Schlangen nach Genesis 2, 3 bzw. Numeri 21, 1—9; (um 900 v. Chr.).
c) Das yin-yang- oder Wellen-Mandala nach der taoistisch-gnostischen Kosmologie; (seit 1000 v.Chr.).

Ergänzend ist dort bereits hingewiesen worden auf: die mythischen Doppelwesen der Kentauren (halb Mensch, halb Pferd); PLATON's zwei „Seelenrosse“ und deren „Führer“ (epithymía — logistikón); die griechische Sage von „Orpheus in der Unterwelt“ sowie die alttestamentarische Geschichte (Gen. 19, 17—26) von „Lots Frau“ (Mißachtung des Rückblick-Verbots); GRIMM's Märchen „Hänsel und Gretel“ (Verlust der Rückfindungsspur) sowie dessen isländische Variante: „Von einem der auszog das Fürchten zu lernen“ (und es lernte, als er nurmehr nach rückwärts auf seinen Schatten starren mußte).
Im folgenden soll zunächst mit der Waage eins der psycho-metaphorisch wohl hintergründigsten, tiefschichtigsten Urbilder bzw. Urmodelle menschlichen Regulierungs-Erlebens und -Denkens vorgestellt werden [2]).

1. Die Waage

Der älteste Fund von Resten einer (Hebel-) Waage (8,5 cm langer Waagebalken aus Kalkstein) stammt aus einem praehistorischen Grab bei Naquda in Ägypten (etwa 5000 v. Chr.). Mythologisch wird die Erfindung der Waage den Göttern, einer griechischen Legende nach dem Palámedes [3]), einem gelehrten Schüler des weisen Kentauren Cheíron zugeschrieben und von Archäologen in die Zeit um 10000—7000 v. Chr. datiert. Zweifellos ist die Entdeckung dieses lebenspraktisch ebenso nützlichen Handwerkzeugs wie religiös-rituell dienlichen Kultinstruments als eine der bedeutsamsten Leistungen des frühmenschlichen Geistes zu bewerten; denn die Waage muß allgemein als „Teil“ jeder gesellschaftlichen „Ordnung durch Maße“ betrachtet werden, deren insbesondere „alle Hoch-

---

[1]) Deren vorgestaltliche Grundlage sind die Urbilder als katathym-praelogische Erlebens-Kategorien der Persönlichkeit; (vgl. BÜNNING, S. 519 f).

[2]) Zur regulierungspsychologischen Bedeutung der hiermit in Beziehung stehenden Spiegelbild-Metaphorik siehe: Einführung, Kap. 2.

[3]) Παλάμηδης gilt auch als Erfinder des ‚Spielwürfels‘, dessen erstes Paar er Tyché, der Göttin des Zufalls, Schicksals, Losorakels, usw. geweiht haben soll.

kulturen bedürfen". Als „lebendiges Modell" dürften vor allem die „wägende Haltung" der menschlichen Gestalt sowie „der Sinn" des Menschen „für ‚Gleichgewicht' " zu gelten haben (VIEWEG, S. 10 f). Sicher ist daraufhin bald schon auch das physikalische Prinzip der Waage erfaßt und trage- wie wägetechnisch ausgenutzt worden (Ungleicharmigkeit); dessen mathematische Formulierung (Hebelgesetz) scheint jedoch in der altägyptischen Kulturepoche nicht angestrebt worden zu sein; (siehe Kap. C 4).

Metaphorisch gilt die Waage als ein spezifisches „Symbol" für jede Art von „noch ungewisser Entscheidung", über welche „mit ihrer Hilfe befunden wird" (VIEWEG, S. 13) [4]. Als ein Beispiel dafür betrachten wir sie daher jetzt in ihrer kultisch-eschatologischen bzw. prophetisch-apokalyptischen bzw. judikatorisch-soziokulturellen Funktion bei den sog. „Seelenwägungen"; (siehe Abb. 1 a und b). Auf dem ersten Bild (VIEWEG, S. 12) ist es der schakalköpfige Totengott Anubis, welcher vor den Augen jener (damals) höchsten Unterwelt-Gottheit Osiris (rechts) und des zu ‚Richtenden' (links) die ‚Seele' gegen eine ‚Feder' (als Hieroglyphe für ‚Wahrheit') abwägt; (2. Hälfte des 2. Jahrt. v. Chr.) [5]. Auf dem zweiten Bild („Engel", S. 51) geschieht dies aus mittelalterlich-christlicher Sicht in allegorisch-abgewandelter Form durch den ‚Erzengel Michael' unter Mitwirkung des ‚Satans'; („Kärntner-Meister", Gemäldegalerie Berlin) [6].

Drittens sei hier noch ein Beispiel von ‚Seelenwägung' aus dem hebräischen Kulturbereich erwähnt [7]. Wir meinen die an der Wand des babylonischen Königspalastes dem BELSCHAZZAR in jener Nacht vor dem Tag seiner Ermordung (539 v. Chr.) erschienenen (aramäischen) Schriftzeichen Jaweh's: ‚mene mene tekel upharsin', d. h. ‚gezählt, gezählt, gewogen, geteilt'. Das hier in Betracht stehende dritte Wort wird von DANIEL, dem einflußreichsten jüdischen Wahrsager am Hofe, wie folgt gedeutet: „... Gewogen hat er dich, und du warst zu leicht ..." (DANIEL, 5, 25—28).

Schließlich sei daran erinnert, daß noch im (europäischen) 18. Jahrhundert die ‚Seelen' von ‚Hexen' und ‚Hexenmeistern' mit den damals gewerblich-gebräuchlichen Stadtwaagen nach ‚Gut' und ‚Böse' gewogen worden sind; und wer dabei in bezug auf seine „natürlichen Proportionen" als „übernatürlich leicht" befun-

---

[4]) (gr.) ζυγόν, Waage, Waagebalken, Zügel (eines Zweigespanns), Joch, Brücke, usw.; (zur letzteren Bedeutung vgl. Kap. C 3).

[5]) Die den Toten (ab der 12. Dynastie, etwa 2000 v. Chr.) zu ihrer „Anleitung" ins Grab beigegebenen „Totenbücher" enthalten, neben allgemeinen „religiösen Texten" und deren „Illustrierung", auch genaue Angaben über das sie erwartende Gericht, wobei „das Bild des Totengerichts mit der Waage nie fehlt" (WOLF, S. 98 f).

[6]) In der frühen abenländisch-antiken Mythologie ist die Waage (auch) ein Attribut von (gr.) Hephaistos, dem hinkenden Gott der Schmiedekunst und des Feuers im Totenreich.

[7]) Als Sinnbild der Gerechtigkeit erscheint die Waage sowohl im Alten Testament (z. B. Hiob 31, 6; Ezech. 45, 10) als auch 1½ Jahrtausende später im Koran genannt, hier z. B. Sure 55, 6—8: „Den Himmel hat Gott ... ins Gleichgewicht gebracht, als wäre alles mit der Waage abgewogen ..., und die Waage hat er aufgestellt, damit auch ihr in Ansehung der Waage nichts übertretet"; (zit. nach Anm. 1 der Hrsgb. in: NIK. v. KUES, S. 51).

Abb. 1 a: ‚Seelenwägung' auf ägyptischem Totenpapyrus

Abb. 1 b: Der ‚Hl. Michael' als ‚Seelenwäger'

den wurde, war damit auch juristisch als „vom Teufel Besessener" erkannt; („Expertise", S. 31). Hier hatte also bereits ‚Justitia' (mit Schwert, Augenbinde und Waage) als irdisch-repräsentante Personifizierung ‚göttlicher Gerechtigkeit' und daher ‚Wächterin' von Staat, Kirche und Gesellschaft über Recht und Ordnung, Sitte und Tugend in oft zweifelhafter und zumeist folgenschwerer Weise ihre Hand im Spiel der ‚Abwägung' menschlichen Schicksals; (siehe Abb. 1 c). Und wie oft mag es seit je geschehen sein, daß im epochalen Neben- und Nacheinander verschiedener Tugend-Ideale die Waage sich nach der ‚unrechten' Seite neigte, das „Pendel der Gerechtigkeit" also „falsch ausschlug" (BÖLL, S. 94) [8]).
Ein weiteres Beispiel archaischen Polaritäts-Erlebens und Regulierungs-Denkens ist der frühe Gebrauch des Waage-Symbols in der Astro-Mantik. Er reicht wahr-

Abb. 1 c: „Tugendbrunnen", neben St. Lorenz in Nürnberg; (B. WURCLPAUR, 1585—89). (Aufn. Verf.)

---

[8]) Zum „Wandel der Tugenden" vgl. BOLLNOW.

scheinlich an die Schwelle des vierten Jahrtausends v. Chr. zurück in die Epoche jener Völker des vorderasiatischen Zweistromlandes, nach deren Kosmologie „die Sternengötter die Weltenuhr lenkten" (LÖHLEIN, S. 558). Sichere Kunde von der Waage als einem (und dem einzigen technischen!) Zeichen des astrologischen Tierkreises haben wir freilich erst aus der Zeit des ‚neuen Reichs' der Ägypter (1555—1085 v. Chr.), und zwar (u. a.) durch Kenntnis einer Zodiakus-Malerei in einem Mumienschrein; (siehe Abb. 1 d aus: VIEWEG, S. 41). Dort sehen wir (wie zumeist auch bei jenen ‚Seelenwägungen') auf der Waage sitzend einen Pavian, damals speziell dem (auch beim ‚Totengericht' häufig anwesenden) Schreibergott Thot zugehörig. Bedenken wir dazu die seit jenen Zeitläuften bis heut von den Menschen Beachtung fordernde und findende prominente Stellung dieses Sternbild-Symbols, nämlich als Zeichen des herbstlichen Gleichgewichts- und Wendepunkts im Jahresablauf vor dem Eintritt in dessen winterliche ‚Unterwelt'-Hälfte, so dürfte verständlich sein, warum die Waage schon frühzeitig als ein, auf das Wirken der Götter aus dem Urgrund der Welt weisendes und daher noch immer in den seelischen Tiefenschichten auch des ‚aufgeklärten' Gegenwartsmenschen ruhendes Schicksals-Sinnbild erfahren worden ist bzw. erlebt wird:

„Astern — schwälende Tage,
alte Beschwörung, Bann,
die Götter halten die Waage
eine zögernde Stunde an . . ."
(G. BENN, S. 174).

Abb. 1 d: Waage im Zodiakus; (ägyptischer Mumienschrein, 2. Hälfte 2. Jahrt. v. Chr.)

Wir zitieren jetzt einige horoskopisch-spekulative Charakterisierungen der sog. ‚Waage-Geborenen'. Kennzeichnend für sie wären hiernach vor allem: ihre „Tendenz zum Ausgleich und zur Überbrückung von Gegensätzen"; ein „tiefinneres Verlangen nach Harmonie" und „innerer Balance"; die Neigung und Fähigkeit zum „Abwägen der Standpunkte"; ihre Bereitschaft zu „Kompromissen", zum „Nachgeben" und zur „Verständigung" um des „Friedens" willen. Geradezu „sprichwörtlich" seien daher auf der einen Seite ihr „diplomatisches Geschick" sowie ihr ausgeprägter „Gerechtigkeitssinn"; andererseits jedoch ebenso typisch und aber problematisch ihr „Sich-nicht-entscheiden-können" sowie eine oft „zu große Nachgiebigkeit und Rücksichtnahme". Die (mögliche) Folge davon ist, daß sie „nicht selten in die Lage kommen, sich gegen Ausnutzung wehren zu müssen", woraufhin sie dann manchmal „überempfindlich" mit „unerwarteter Heftigkeit" und paradox erscheinender „Unversöhnlichkeit" reagieren; (LÖHLEIN, S. 160 f, WINTER, S. 109 ff).
Der Waage-Mensch erscheint danach astro-mantisch als ein prioritär zu dialogisch- bis dialektisch-regulativem Denken und Verhalten via Homöostasierung praedisponierter Erlebens-Typus; (HB-entspannungstendenter Schwingungs-Charakter i. u. S.) [9]). Solche Disposition kann nun in besonders gelagerten Fällen zu einer (i. S. unseres Modells) unipolaren oder auch bipolar-ambiphilen Mitschwingungs-Bereitschaft via TST- oder/und NST-Zirkeldynamik führen; (Pseudo-Homöostasierung durch moralcharakterologische Gegensteuerungs-Schwäche bzw. Ich-Haltlosigkeit). Erfahrungsgemäß gibt es aber paradoxerweise unter den sog. Waage-Menschen auch solche Persönlichkeiten, welche aus einem Gespür für diese ihre personalen Gefährdungen auf Störfaktoren seitens ihrer Um- oder/ und Infelder in ego-sthenischer Weise und also praedilektiv gegensinnig reagieren; (UST-ÜST-aufspannungstendenter Widerstands-Charakter i. u. S.). Diese letztere Beobachtungstatsache mögen die folgenden empirisch-statistischen Erhebungen vielleicht bestätigen können.
Nach dem Ergebnis einer Untersuchung von KASS (et al., 1975) mit dem Ziel, „aus der vorsprachlichen biorhythmischen Situation" des Menschen eine „mögliche Typologie der Normalpersönlichkeit" zu begründen, „überwogen" unter 200 männlichen Schichtarbeitern „höhere Blutdruckwerte" bei den sog. „Herbstgeborenen"; (zit. nach: WENDT, S. 287 f). Letzterer Autor stellt dazu fest, dieses „physiologische" Resultat bestätige das seiner eigenen (psycho-) „ökologischen" Studien über „Lernjahreszeit und Persönlichkeitsentwicklung", wonach den späteren Erwachsenen gemäß deren frühjahrs- bzw. herbst-monatlicher „Lern- oder Prägungsjahreszeit" in ihrem Kindesalter („Sitzphase", „Primärsozialisation", usw., etwa 1/2 Jahr nach der Geburt) korrelativ-signifikant eine „besondere Art der Informationsverarbeitung zugeordnet" sei. Er unterscheidet daher zwei informations-spezifisch bedingte charakterologische „Endausprägungen": die anfangs des Jahres geborenen „Veränderungs- und Prozeß-orientierten" („Entropietoleranten") und jene gegen Jahresende geborenen „Ordnungs- und System-orien-

[9]) Zur Pendeldynamik bzw. ‚Pendelungs'-Funktion der Waage siehe Kap. C 2.

tierten" („Entropiereaktiven"); (mit Neigung zu hypo- bzw. hypertonen Spannungslagen). Danach würde nun freilich der letztgenannte „Typus II" mit seiner Inklination, „Unordnung" von „Umwelt" in aufspannungstendenter Weise zu „regulieren" [10]), entgegen der tradierten astrologischen Meinung gerade den typischen Waage-Menschen (als einen spezifisch ‚Herbstgeborenen') repräsentieren bzw. charakterisieren.

Für unsere abschließenden Betrachtungen legen wir hier die allgemein vorherrschende astrologische Auffassung vom Waage-Geborenen als einem bevorzugt zu Ausgleich, Harmonie usw. tendierenden Charakter zugrunde. Zweifellos dürfte speziell diese metaphorische Interpretation bzw. symbolische Bedeutung der Waage in den tiefenseelischen Schichten vieler Menschen latent vorhanden sein und damit psychodynamisch entsprechend wirksam werden können; (quasimagischer Imago-Selbstrealisationseffekt). Andererseits aber wird sich mancher Waage-Geborene bewußt mit diesem Urbild in sich selbst auseinandersetzen und sich hierbei für, vielleicht aber auch gegen jene übliche astro-mantische Exegese entscheiden wollen; (pro- bzw. antithetische ‚Reaktionsbildung').

Nehmen wir daher die Astrologie als „lediglich ein System willkürlich angenommener Spielregeln" von „Deutungen und Prognosen" (MATTHÄUS, S. 292), die man als ‚nichts weiter als' eine Form psychologischer Selbst-Analyse betrachten sollte bzw. nützen kann. Ausdrücklich hingewiesen werden muß daher auch auf die große Verantwortung praktizierender Astrologen; denn deren Horoskope, Charakterskizzen, Voraussagen usw. können, wie alle Arten von ‚Prophetien', eine autonome Funktionsdynamik des ‚self-fulfilments' entwickeln [11]).

Zum ähnlichen Problem der „Selbst-Attribuierung" (PAWLIK) sozial-erwarteter Verhaltenszüge mag deshalb hier an G. KELLER's literarische Gestalt des armen, aber ausnehmend vornehm gekleideten Schneidergesellen Wenzel Strapinski erinnert werden, der nach seinem für ihn so überraschend herrschaftlichen Empfang im Goldacher Gasthof „Zur Waage" sich unversehens in einen Grafen umtituliert erfährt und am Ende selbst überzeugt davon ist: „. . ., daß das Sinnbild der Waage, in welcher er wohnte, bedeute, daß dort das ungleiche Schicksal abgewogen und ausgeglichen . . . würde" (S. 21) [12]).

---

[10]) Siehe dazu den (spannungs-relational) doppelsinnigen Sprachgebrauch bzw. Bedeutungsgehalt dieses Verbums; z. B.: eine Rechnung regulieren = begleichen = ausgleichen; einen Flußlauf regulieren = begradigen oder aufstauen; ein Gemeinschaftsleben regulieren = steuern, regularisieren, reglementieren.

[11]) Als Beispiel einer derart glücklicherweise günstigen Auswirkung sei ein miterlebter Fall aus der Klinik erwähnt, wo ein schwer an Osteomyelitis Erkrankter bei der Visite das Wort ‚moribund' als ‚morgn gsund' mißverstand, von welchem Zeitpunkt an seine Krankheit ausheilte.

[12]) Vgl. dazu u. a. noch M. FRISCH's Theaterstück: „Andorra", und A. MILLER's Erzählung: „Im Brennpunkt".

Literatur:

BENN, G., Das Hauptwerk. (Erster Band: Lyrik). Wiesbaden: Limes-Verl., 1980.
BÖLL, H., Die Waage der Baleks. (In: Erzählungen I). München: Dtsch. Tschb.-Verl., 1965.
BOLLNOW, O. F., Wesen und Wandel der Tugenden. Frankfurt/M.: Ullstein-Verl., 1958.
BÜNNING, E., Ganzheit in der Biologie. Stud. Gen. **5,** 8 (1952); 515—520.
FRISCH, M., Andorra. In: Spectaculum V. Frankfurt/M.: Suhrkamp-Verl., 1962.
GLÄS, K., Astrologie — Wissenschaft oder Wahnsystem? In: Ps. heute **9,** 1 (1982); 23—29.
GOETHE, J. W. v., Werke, 1. Band. Insel-Verl., 1949.
JENS, H., Mythologisches Lexikon. München: Goldmann-Verl., 1690.
KELLER, G., Kleider machen Leute. (In: Die Leute von Seldwyla, 2. Teil). München: Goldmann-Verl., o. J.
LÖHLEIN, H. A., Handbuch der Astrologie. München: Goldmann-Verl., 1976.
MATTHÄUS, K., Stichwort Astrologie (Reformations- und Neuzeit); in: Theol. Realenzyklopädie, Band IV, Lieferung 1/2. Berlin—New York: W. de Gruyter, o. J. (Sonderdruck).
MILLER, A., Im Brennpunkt. Hamburg: Row.-Verl., 1955.
NIKOLAUS von KUES, Der Laie über Versuche mit der Waage. (Hrsggb. v. H. MENZEL-ROGNER). Leipzig: F. Meiner-Verl., 1942.
PAWLIK, K. (u. L. BUSSE), Selbst-Attribuierung als differentiell-psychologische Moderator-Variable. In: Ztschr. f. Sozialps. 10 (1979); 54—69.
ROSSITER, E., Die ägyptischen Totenbücher. Sonderausgabe Dtsch. Buchgem., o. J.
SCHERER, F., Symbol und Ritual. Christ in der Gegenwart **34,** 13 (1982).
VIEWEG, R., Aus der Kulturgeschichte der Waage. Schwenningen, 1967.
WENDT, H. W., Lernjahreszeit und Persönlichkeitsentwicklung. Ps. Rdsch. **28,** 4, 1977; 266—293.
WINTER, V. M. v., Die Menschentypen. (Psychologie der Tierkreiszeichen). Berlin-W.: Ullstein-Verl., 1955.
WOLF, W., Die Welt der Ägypter. Stuttgart: J. G. Cotta, 1954.
— Frühe Hochkulturen. München: Dtsch. Tschb.-Verl., 1978.

Das große Buch der Astrologie. Wien: Caesar-Verl., o. J.
Tierkreis-Quellenbändchen: Im Zeichen der Waage. St. Gallen: Leo-Verl., o. J.
Ztschr. „Expertise", Heft 8, 1981; („Waage — Erfindung der Götter?").

„In meiner Brust schwingt ewas hin und her ...,
ein großer Pendel ..."
(K. H. STROBL, l. c. p. 327).

2. Das Pendel

Die Waage scheint also auch heut noch von manchen Menschen in einer bis auf den Grund ihrer Seele reichenden Weise erlebt zu werden: als ein sie persönlich betreffendes Sinnbild des (möglichen) schicksalhaften Ausgleichs von Nachteilen (oder Vorrechten) schon hier auf Erden zufolge des Wirkens einer überirdischen ‚höheren Gerechtigkeit'. Dieser Glaube manifestierte sich z. B. in der griechischen Mythologie dadurch, daß die Waage dort (wie etwa auf Münzen sichtbar) als das wesentliche Attribut von Dike und Tyche, den Göttinnen der „Gerechtigkeit" bzw. des (ungewissen) „Loses" galt (HUIZINGA, S. 130 ff). Ein weiteres Beispiel für derart göttliche Abwägungen findet sich in der „Ilias"

(8. Jahrh. v. Chr.), wo HOMER beim sog. „Losorakel" schildert, wie Zeus emporstreckt „die goldene Waage" seines „göttlichen Rechts", und er danach:

„Legt' in die Schale hinein zwei finstere Todeslose,
Troias reisigem Volk und den erzumschirmten Achaiern,
Faßte die Mitt' und wog; da lastete schnell der Achaier
Schicksalstag, daß die Schale zur nahrungssprossenden Erde
Niedersank, und der Troer zum weiten Himmel emporstieg"
(VIII, 69—74; S. 112 f).

Sicher hat es nun seit frühesten Zeiten schon den Menschen selbst auch dazu gedrängt, Einblick in diese göttlichen Erwägungen zu gewinnen, um sich darauf einstellen und vielleicht Einfluß nehmen zu können. So scheint z. B. auf dem Gemälde „Die Perlenwägerin" des Jan VERMEER van Delft (1632—75) von der Frau mittels ihrer Waage „gar nicht gewogen, sondern ‚gependelt' " zu werden [13]), um derart Antwort auf die mit ihrer bevorstehenden Niederkunft zusammenhängenden Fragen zu erhalten (VIEWEG, S. 64) oder vielleicht auch mögliche Einflüsse ‚böser Geister' magisch abzuwehren [14]). Solches Auspendeln mit der Waage ist weiterhin auch bei alchimistischen Experimenten durchgeführt worden, um auf diese Weise den für die stofflichen Umwandlungs-Praktiken wie psychischen Transsubstantiations-Prozeduren ‚rechten Zeitpunkt' zu erfahren; (καιρόν γνῶθί) [14a]). Schließlich hat man das Pendeln ebenso bei mystischen Meditations-Exerzitien herangezogen, um derart unterstützend leichter jenen universalen Einklang der Schwingungsdynamik im eigenen Wesen mit der des kosmischen Urgrunds herbeiführen zu können.

Solche auto-mantischen, -kairologischen und -suggestiven Pendelungen sind jedoch weit früher schon mit dem dafür geeigneteren Instrument, nämlich dem Fadenpendel, gemacht worden. Sicheres wissen wir darüber freilich erst aus einem Bericht des römischen Schriftstellers MARCELLINUS, wonach „siderische" (d. h. über dem Bild eines astrologischen Tierkreises in Kreisschwingungen versetzte) Pendel bereits im 4. Jahrh. n. Chr. speziell zu horoskopischen Zwecken Verwendung gefunden haben (MLAKER, S. 28, 44; WANSLEBEN, S. 7). Unsere folgenden zwei Befundbeispiele dürften erkennen lassen, wie bis in neuere Zeit noch das Pendel als ein „Urbild zur Deutung des Universums" gilt (VIEWEG, S. 66) bzw. zur Versinnbildlichung schicksalhafter, existentieller Bedrohungen des Menschen herangezogen wird. Zum letzteren zitieren wir aus einer Kurzgeschichte von E. A. POE, in welcher wie ein Alptraum erzählten Parabel von einem,

---

13) Siehe die etymologische Verwandtschaft der Wörter Waage — Woge — Welle (als Schwingungsphänomene bezeichnende Begriffe).

14) Dazu sei hier nur hingewiesen auf die auch als Abwehrzauber dienenden (spiegelsymmetrischen) Palindrome, d. h. quasi pendelnd vor- wie rückwärts gelesen gleichlautende Wörter oder Sätze, z. B. ‚Ave Eva' bzw. ‚Sator Arepo tenet opera rotas', usw.; (siehe GARDNER, S. 50 ff). (πάλιν, zurück, entgegengesetzt, umgekehrt; δρόμος, Lauf, Laufbahn).

14a) Neben Chronos, der mythischen Personifizierung des astronomischen Zeitverlaufs, war Kairos der Gott der (zeitlich) ‚günstigen Gelegenheit' und des ‚rechten Augenblicks', in welcher Eigenschaft er häufig mit einer Waage ausgestattet erscheint.

durch die Inquisition zum Tode verurteilten Mann berichtet wird, der gefesselt in eine tiefe, schmale Brunnengrube geworfen worden ist und dort ein über ihm schwingendes, sich unablässig auf ihn herabsenkendes Sichelpendel erblickt; (siehe Befund 1).

Befund 1; (aus: E. A. POE, Die Grube und das Pendel).

„... Alle Empfindungen schienen durch den jähen Sturz meiner Seele in die Unterwelt zu schwinden, und dann war alles Schweigen und Stille, und das Weltall schien von Nacht erfüllt. Ich hatte die Besinnung verloren und war doch nicht ganz ohne Bewußtsein ... Erinnerungen aus einer abgrundtiefen Welt jenseits unseres täglichen Lebens ..., Zustand scheinbaren Nichtseins ..., in den meine Seele untergetaucht war ... Ich wandte meine Blicke nach oben ... Auf einer der Platten befand sich eine höchst merkwürdige Figur ... Es war das Bildnis der Zeit, wie man sie gemeinhin darzustellen pflegt, nur mit dem Unterschied, daß sie anstatt der Sichel einen (anderen) Gegenstand in der Hand hielt ..., das Bild eines riesigen Pendels ..., wie es bei altertümlichen Uhren üblich war ... Ich sah nun auch ..., daß sein unterer Teil aus einem Halbmond aus blitzendem Stahl bestand ... Tiefer kam es, unaufhaltsam, unbarmherzig tiefer ..., und mit dieser Erkenntnis überkam meinen Geist plötzlich jene kühle, gefaßte Ruhe der Verzweiflung ...; seit vielen Tagen vielleicht begann ich wieder zu denken ..." (S. 350 f, 360, 364).

In der Bayreuther „Ring"-Inszenierung von P. CHÉREAU (1976—80) [15]) hängt in der Mitte des Bühnenbildes zum 2. Aufzug der „Walküre" über einer kompaßartigen Erdscheibe ein Pendel als „Zeichen für die Gesetze und Regeln der Welt". Rechts am Bühnenrand befindet sich ein hoher Standspiegel: die von jenem Pendel durchschwungene reflektive Erlebensdimension der Götter und Menschen allegorisch widerspiegelnd; (siehe Abb. 2 a und 2 b, aus: l. c. p. 172). Dieser „riesige Raum aus schwarzem Marmor" war das „Arbeitszimmer des Physikers Wotan", in welches er sich „heimlich begab, um Auge und Ohr auf eine Welt zu legen, die er sich seinen Wünschen und Leidenschaften entsprechend hatte schmieden wollen" (PEDUZZI, l. c. p. 106). In den ersten beiden Auftritten wird nun die Handlung dieses mythisch-kosmologischen Götter- wie Menschen-Dramas zu einem entscheidenden Höhe- und schließlich Wendepunkt geführt [16]).
An dieser Stelle des Welttheaters gerät Wotan nämlich zwischen Brünnhilde und Fricka, jene polaritär einander entgegenstehenden Symbol-Gestalten von ‚Liebe und Freiheit' bzw. ‚Recht und Ordnung' in ihm selbst. „Dem Wälsung kiese Sieg", gebietet er zunächst der Walküre: das Weltenpendel beginnt zu schwingen (1. Auftritt; siehe Abb. 2 b). Doch als Wahrer aller irdischen Verträge muß er den Vorhaltungen von Fricka gegen den, die eigene Schwester ehebrecherisch umfangenden Siegmund nachgeben und seinen Befehl an Brünnhilde widerrufen: das Weltenpendel bleibt stehen (2. Auftritt; siehe Abb. 2 a). Der sich vorher noch als freier Weltenlenker wähnende Wotan erkennt sich als eigener Gefangener seiner

---

[15]) Bühnenbild: R. PEDUZZI; musikalische Leitung: P. BOULEZ.

[16]) BOULEZ schreibt, auch er habe sich mit diesen zwei Szenen des Musikdramas „weitaus am meisten beschäftigt" (S. 28).

Abb. 2 a: R. WAGNER, Die Walküre; (2. Aufzug, 2. Auftritt)

göttlichen ‚Anmaßung'; und resignierend gesteht er der enttäuschten, wenn auch immer noch hoffenden Walküre seine endgültige Ohnmacht:

„In eigner Fessel
fing ich mich: —
ich Unfreiester aller! . . .
Auf geb ich mein Werk;
nur Eines will ich noch:
das Ende, das Ende! . . ."
(R. WAGNER, S. 93, 101, 107).

Als physikalisch-technisches Werkzeug chronologischer Zeitmessung wird der Pendel seit etwa 300 Jahren benutzt. Nachdem Anfang des 17. Jahrhunderts GALILEI das Pendelgesetz experimentell abgeleitet hatte ($T = 2\pi \cdot \sqrt{\frac{l}{g}}$) [17]), baute HUYGENS bald darauf (1658) die erste Pendel-Uhr, jene später sog. Perpendikel, Pendülen oder Regulatoren [18]). Da der „einfache" Pendel „nicht als sicheres und gleichmäßiges Zeitmaß anzusehen" war, konstruierte er einen „zusammengesetzten" mit zwei Teilgewichten, von denen das obere verschoben und

[17]) T = Schwingungsdauer; l = Pendellänge; g = (Gravitations-)Beschleunigungskonstante $\sim$ 9,81 m/sec².

[18]) Hingewiesen sei auf die im folgenden 18. Jahrh. weithin vorherrschende deistische Weltanschauung, beruhend auf dem Bild des Universums als einer, vom Schöpfergott einst aufgezogenen und danach mechanistisch in unabänderlicher Weise ablaufenden Welt-Uhr.

Abb. 2 b: R. WAGNER, Die Walküre; (2. Aufzug, 1. Auftritt)

damit der „Schwingungsmittelpunkt" verändert werden konnte (HUYGENS, S. 3 f). Ungenauigkeiten des Ganges konnten auf diese Weise ausgeglichen (reguliert), diese Regulatoren also schon derart exakt eingestellt werden, daß sie bis zur Erfindung der Quarzuhren Mitte der dreißiger Jahre unseres Jahrhunderts das beste Instrument einer kontinuierlichen Zeitbestimmung geblieben sind; (siehe Abb. 2 c).

Besondere Bedeutung erlangte im 18. Jahrh. der Kreispendel in seiner Funktion als ‚Fliehkraftregler' (seit etwa 1750) vor allem für Windmühlen und Dampfmaschinen. Diese „whirling regulators" oder „governors" (J. WATT, siehe Abb. 2 d) gelten als die ersten automatischen Regelungs-Einrichtungen im heutigen Sinne; (Rückkopplungs-Prinzip, Sollwert-Einstellung) [19]). Sie wurden insbesondere be-

---

[19]) Hingewiesen sei auf den von LEONARDO da VINCI (1452—1519) etwa 250 Jahre früher schon nach diesem Prinzip gebauten „Bratspießregler", ein windmühlenrad-ähnliches Gestell im Küchenkamin, welches „Gerät" nach einer „Notiz" seines Erfinders „selbstregelnde Eigenschaften" gehabt haben soll; (Quelle uns nicht mehr bekannt).

nutzt, um bei „Maschinen" die „Drehzahl einzustellen oder in Abhängigkeit von dieser andere Größen zu steuern"; (z. B. den Dampfdruck bzw. den Abstand der Getreide-Mahlsteine, die Segelgröße der Mühlenflügel, den Zufluß der Getreidemenge, usw.). Diese Kreispendel-Regulatoren oder Zentrifugal-Regler waren dann um 1800 „bei Maschinenbauern allgemein bekannt"; und von da an „führte die Entwicklung im 19. Jahrhundert zum Entstehen einer wissenschaftlich begründeten Regelungstechnik" (HENN, S. 166 ff).

So wird auch in diesem speziellen Fall der Verarbeitung, Anwendung und Ausnutzung eines Urbildes frühmenschlichen Regulierungs-Erlebens wiederum sichtbar: die sich (spätestens) seit der Renaissance endgültig durchsetzende, überwiegend einseitig nur auf die physiko-technische Beherrschung der Außen-Natur abzielende Denk-Richtung des abendländischen Geistes; während jene andere Möglichkeit des ‚Auspendelns' und damit der psycho-technischen Beeinflussung unseres Innenlebens wie Sozialverhaltens bis heute eine esoterisch-obskure und in hohem Maße suspekte ‚Wahrsagekunst' geblieben ist.

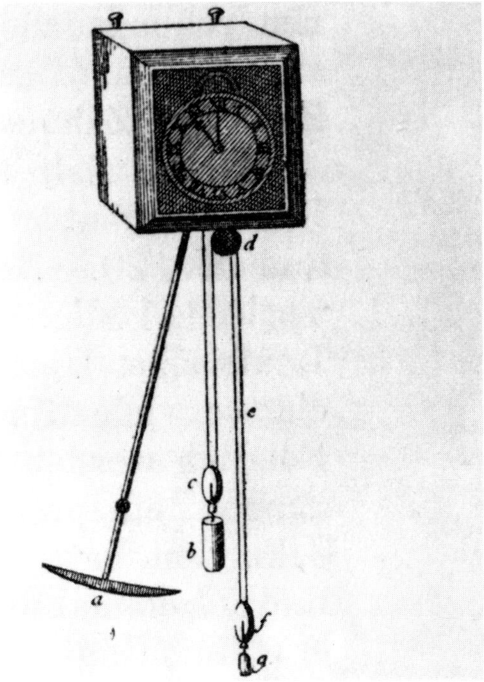

Abb. 2 c: Erste Pendeluhr von Chr. HUYGENS; (aus l. c. p. 9)

Abb. 2 d: Modell einer WATT'schen Dampfmaschine, um 1792; (aus: „Schätze im Deutschen Museum", S. 40). (Der ventilsteuernde Fliehkraft-Regler in der Mitte der Abb.)

Literatur:

CHÉREAU, P. (u. a.), Der „Ring". (Bayreuth 1976—1980). Berlin—Hamburg: Kristall-Verl., 1980.
GARDNER, U., Unsere gespiegelte Welt. Berlin—Wien: Ullstein-Verl., 1982.
HOMER, Ilias. München: Goldmann-Verl., 1980.
HENN, V., Materialien zur Vorgeschichte der Kybernetik. Stud. Gen. Vol. **22,** Fasc. 2 (1969); 164—190.
HUIZINGA, J., Homo ludens (3. Aufl.). Basel: Pantheon-Verl., o. J.
HUYGENS, Chr., Die Pendeluhr — Horologium oscillatorium. Hrsggb. v. A. HECKSCHER und A. v. OETINGEN. (Ostwald's Klassiker der exakten Wissenschaften, Nr. 192). Leipzig: W. Engelmann-Verl., 1913 (1674).
MLAKER, R., Geistiges Pendeln. Villach: M. Stadler-Verl., 1951.
POE, E. A., Die Grube und das Pendel. (In: Erzählungen). München: Winkler-Verl., 1959 (1840).
STROBL, K. H., Der Kopf. (In: Phantastisches Oesterreich). Wien: P. Zsolnay-Verl., 1976.
VIEWEG, R., Aus der Kulturgeschichte der Waage. Schwenningen, 1967.
WAGNER, R., Der Ring des Nibelungen. Leipzig: Fikenscher-Verl., o. J.
WANSLEBEN, E., Einführung in die Lehre vom Siderischen Pendel. Crefeld: G. Hohns-Verl., 1924.

WASSERZIEHER, E., Ableitendes Wörterbuch der Deutschen Sprache: Bonn: Dümmler's Verl., 1974.
Schätze im Deutschen Museum (2. Aufl.). Düsseldorf: VDI-Verl., 1978.
Weitere Lit. siehe C 1.

„Die Brücke — eine freundliche Willkommensgeste" (SACK, S. 9).

3. Brücken

Eine islamische Legende erzählt die Entstehungsgeschichte der ersten Brücke auf Erden wie folgt:

Befund 2a; (aus: I. ANDRIĆ, Die Brücke über die Drina).

„Als Allah der Allmächtige . . . diese Welt geschaffen hatte, da war die Erde eben und glatt . . . Das ärgerte den Teufel . . ., und er zerkratzte mit seinen Nägeln das Gesicht von Gottes Erde . . . So sind die tiefen Flüsse und Abgründe entstanden . . . Allah tat es leid . . ., und er schickte seine Engel aus . . . Als diese sahen, wie die Menschen . . . vergeblich einander von einem Ufer zum anderen anschauten und sich zuriefen, da breiteten sie an diesen Stellen ihre Flügel aus, und die Leute begannen über diese Flügel hinwegzugehen. So lernten die Menschen von den Engeln Gottes, wie man Brücken baut; . . . (und) daher gilt es . . . als die größte Sünde, Hand an eine Brücke zu legen . . ." (S. 208 f).

Kulturgeschichtlich ist es ein langer Weg von den ersten frühmenschlichen Primitivbrücken (aus Baumstämmen, Steinblöcken, Schlinggewächsen) über die ältesten nachweisbaren Steinbalkenbrücken (z. B. im Pyramidenfeld von Gizeh, um 2500 v. Chr.) bis hin zu den kühnen und ingeniösen Brückenkonstruktionen unserer Zeit; (siehe Abb. 3 a, am Schluß des Kapitels). Angrenzende Lebensräume wurden auf diese Weise mit den bisherigen Daseinsbereichen der Menschen verbunden und so materielle Austausch- wie geistige Begegnungsprozesse zwischen den neuen Partnern zu wechselseitigem Nutzen aller in Gang gebracht. Beide Kommunikationsformen stellen daher, eng verflochten miteinander, existenznotwendige Verhaltens-Techniken des Menschen zu seiner elementaren Daseinsbewältigung, sozialen Interessenregulierung und personalen Wesensentfaltung dar; (siehe Abb. 3 b). In seinem kulturhistorisch ebenso eindrucksvollen wie metaphorisch beispielhaften Romanepos von der „Brücke über die Drina" bei Wischegrad beschreibt Ivo ANDRIĆ einleitend deren schicksalhafte Bedeutung für die Bewohner jener geteilten Stadt.

Befund 2b:

„. . . Diese große steinerne Brücke ist . . . die unentbehrliche Spange auf dem Wege, der Bosnien mit Serbien und . . . den übrigen Teilen des Türkischen Reiches bis nach Stambul verbindet . . Zugleich verbindet sie auch die Stadt mit ihrer Vorstadt. Wenn man sagt ‚verbindet', dann ist das schlechterdings dasselbe, als sagte man, die Sonne geht morgens auf, damit wir Menschen am Tage sehen und die notwendigen Arbeiten verrichten können, und sie geht abends unter, damit wir schlafen und von des Tages Mühen ausruhen können. Die Stadt lebt von der Brücke und aus ihr wie aus ihrer unzerstörbaren Wurzel ... Auf der Brücke und ihrer Kapija, um sie und in Verbindung mit ihr verläuft und spielt sich, wie wir sehen werden, das Leben der Menschen aus der Stadt ab; (und) in allen Erzählungen über persönliche, häusliche und gemeinsame Erlebnisse kann man immer wieder die Worte ‚auf der Brücke' hören ..." (S. 6 f).

So wurde diese Brücke zwischen den Welten des Morgen- und Abendlands zu einem zentralen Ort der Begegnung auch zwischen den Menschen jener beiden Stadtteile von Wischegrad, Welji Lug und Nesuke. Deren Bewohner trafen sich in ihrer Freizeit auf der ‚Kapija' [20]), feierten hier ihre Feste, tauschten Nachrichten aus und teilten einander ihre alltäglichen Erlebnisse und Erfahrungen mit [21]), regelten und entschieden dort ihre persönlichen wie gemeinschaftlichen Anliegen, Probleme, Konflikte. ‚Über die Brücke' hin und von der Gegenseite her wurden erste Kontakte abgesprochen, dauerhafte Beziehungen geknüpft, unergiebige Verbindungen abgebrochen. Oft auch wanderten während der Arbeit am Tage oder in der nächtlichen Stille die Gedanken zwiespältiger, noch unentschlossener Menschen zwischen den Ufern auf und ab, schwangen wie ein Pendel hinüber und zurück und so fort, einen Ausgleich der ihnen unüberbrückbar scheinenden gegensätzlichen Bedürfnisse, Wünsche, Meinungen usw. oder andere Lösungen, Beantwortungen, Entscheidungen ihrer Lebensfragen ‚auf der Brücke' suchend.

Befund 2c:

„Wegen dieses väterlichen Ja, das sie ebenso bindet wie ihr Nein, muß Fata mit Mustajbegs Sohn vor den Kadi treten ... Aber ebenso weiß sie, ebenso gut und sicher, daß ihr Fuß Nesuke nicht betreten kann ... Hier, an diesem toten Punkt, zwischen ihrem Nein und dem väterlichen Ja, zwischen dem Welji Lug und Nesuke, hier an der ausweglosesten Stelle muß sie einen Ausweg suchen ... Dieses Stückchen Weges durchflog ihr Gedanke unaufhörlich von einem Ende zum anderen, wie ein Weberschiffchen durch das Gewebe fliegt. Vom Gericht durch die halbe Stadt, dann über den Markt bis zum Ende der Brücke; aber von dort kehrte er jedesmal wie vor einem Abgrund um, über die Brücke, den Markt, durch die halbe Stadt, zum Gericht. Und immer wieder; vor — zurück, vor — zurück! Hier webte sich ihr Schicksal ..." (S. 105).
(Nach vollzogener Trauung stürzt sie sich beim Hochzeitsritt ‚über die Brücke' auf der „Mitte" jenes „ausweglosen Weges", den sie „in Gedanken so viele Male zurückgelegt hatte", hinab „in den brausenden Fluß").

Seit je sind Brücken dem Menschen in besonderem Maße von bösen Geistern und dunklen Mächten bedroht erschienen (siehe Abb. 3 c), deren Einwirkungen man daher in vielfältiger Weise zu bannen bzw. abzuwehren gesucht hat; (magische Zeremonien, Errichtung von Götterstatuen, Heiligenfiguren, Altären, Kapel-

---

[20]) Der zu einem breiten Platz ausrundende Mittelteil der Brücke mit steinernen Sitzbänken und einem Torbogen.

[21]) „Mitteilung" — ein spezifisches Brückenwort i. u. S.; denn „etwas einander mitteilen" heißt, „etwas miteinander teilen, was dadurch nicht weniger wird, ja vielleicht mehr wird" (GADAMER, S. 43).

len usw. [22]). Vom römischen Pontifex mit seinen priesterlichen Vollmachten bis zu den mittelalterlichen ‚Brücknern' sollten diese Gefährdungen („Tand, Tand ist das Gebilde von Menschenhand!") [23]) zusätzlich noch durch personelle Überwachung jener Bauwerke abgewendet werden. Schließlich wurden größere Brükken darüberhinaus zu „heiligen Freistätten" erklärt, in welchen ‚Exterritorien" jedem Verfolgten zeitweilig „Asyl" gewährt werden mußte. Wer diese „Brückenfreiheit" und den so garantierten „Brückenfrieden" durch „Streit oder Raufhändel" dennoch „störte", wurde von „Brückengerichten" mit härtesten Strafen belegt (HEINRICH, S. 70 f).

Trotz aller dieser Sicherungsmaßnahmen gegen Hexen und teuflische Dämonen, Naturgewalten oder verbrecherische Anschläge, blieb und bleibt es jedoch für den Menschen immer ein „Wagnis", eine Brücke zu betreten; denn „sie bricht unter Gerechten und Ungerechten" (HOFF, S. 13). So wie etwa damals am schottischen „Firth of Tay" (FONTANE) oder in jenem peruanischen Urwald bei „San Luis Rey", wovon Th. WILDER in seiner Erzählung berichtet. Dort heißt es daher auch resümierend, es seien unter den Menschen des Landes Sätze wie die folgenden zu Redewendungen und geradezu „sprichwörtlich" geworden: „Vielleicht sehe ich dich Dienstag . . ., wenn die Brücke nicht reißt"; oder: „Mein Vetter lebt auf der Brücke von San Luis Rey", und das heißt: „unter dem Schwert des Damokles" (S. 175). Auch in Wischegrad waren von Anfang an viele der Meinung, daß „der Teufel den auf die Kapija führt, den er holen will" (S. 148); und so mögen bis heutzutage nicht nur überängstliche Charaktere, wie etwa A. DAUDET's zwiespältige Romangestalt jenes „Tartarin von Tarascon" an der dort „ach, so breiten Rhone", solchem tiefenseelisch begründeten Gefühl mit den Worten Ausdruck geben: „der Teufel soll einer Brücke trauen" (S. 34).

Eine Brücke bauen oder sie überschreiten wollen, verlangt daher einen wenigstens ebenso tief-innerlich verwurzelten Glauben an die Kraft der göttlichen Schutzmächte. Dieses Vertrauen in das Gute aber brauchen wir auch, wenn wir seelische Abgründe oder geistige Kluften zwischen uns und den Mitmenschen überwinden möchten. Derartige Überbrückungen setzen daher einmal HST-WST-sinusoidale Sowohl-als-auch-Schaltungen (Und-Verknüpfungen) voraus; (siehe Befund 3) [24]). Andererseits aber sollte man jenes (i.u.S.) regeltechnische Verbund-System jederzeit auch wieder ganz oder wenigstens zeitweise abschalten können (siehe Abb. 3 d), was wir freilich ebenso unserem jeweiligen Partner zugestehen

---

[22]) Als zwei Beispiele für Brückenheilige seien genannt: der römische Gott Janus als „guardian of city gates and boundaries and all transitions . . . and passages" (HOLLAND, p. 7), und der christliche Nepomuk (erstmals auf der Karlsbrücke in Prag, 12. Jahr.).

[23]) FONTANE, l. c. p. 319 ff.

[24]) C. G. JUNG hat solche (i. u. S. komplementären) Kommunikations-Einstellungen (mit einem der Astronomie entlehnten Begriff) als „Syzygie" bezeichneten (S. 86 ff); (gr. σῦν, zusammen; ζῦγόν, Zügel, Waagbalken). — Die Kopula ‚Und' läßt, nach G. NÁDOR, eine „intime Beziehung" oder manchmal sogar „unio mystica" zwischen „zwei aus verschiedenen Quellen stammenden Begriffen entstehen" (S. 698).

müssen; (totalzirkuläre Negations- bzw. komplementaritäre Entweder-Oder-Einstellungen).

Befund 3; (aus: E. PENZOLDT, Die Powenzbande).

„. . .Seine Brüder verlachten Heinrich, als er mit dem ihm eigenen Zartgefühl neben eine einsame Tanne eine andere pflanzte mit der ausdrücklichen Absicht, damit jene nicht so allein sei . . . Die Null lehnte er überhaupt ab. ‚Null ist keine Zahl', sagte er, ‚und selbst bei der Eins bin ich noch skeptisch. Zwei, das lasse ich mir eingehn, allenfalls' . . . ‚Und', dieses kleine verachtete Wörtlein, das zwischen den großen Worten geht wie ein Kind zwischen Erwachsenen, sie an den Händen haltend, liebte er besonders . . . Im Und sah er einen Begriff, die Affinität schlechthin. Das Und war es, was das Ich mit dem Du . . . verband, ein soziales Wort, ein Wort des Friedens . . . Eines Tages sahen die lustwandelnden Mösseler im Pulverwäldchen einen Stein aufgerichtet, darauf in goldenen Lettern UND stand, und sie verwunderten sich sehr . . ." (S. 135 f).

In vielen Mytho- und Theologemen gilt die Brücke als ein Sinnbild auch für jene Rückbindung der Menschen an ihre Gottheiten, symbolisiert sie also den Übertritt der Seele vom Diesseits nach einem Jenseits [25]). So erschien sie den Germanen in der Form des sich wie ein breites Band nach Walhall aufwölbenden Regenbogens, beschützt von ihrem licht-strahlenden Wächtergott Heimdall (siehe Abb. 3 e) [26]); dagegen „dünn wie ein Haar und scharf wie ein Schermesser" ist für den Mohammedaner die Brücke, welche ihn „zum Paradies führt oder von der die Frevler in die Hölle stürzen" (HOFF, S. 13). Dem Christen hingegen wird schon hier auf Erden „das Sakrament des Abendmahls eine Brücke, eine Furt, ein Tor, ein Schiff und Tragbahre, in welcher und durch welche wir von dieser Welt fahren ins ewige Leben" LUTHER, I. c. p. 42). Schließlich sei als ein Beispiel aus der Mystik noch der Zen-Buddhismus genannt, dessen Mönche alle „Gegensätze" wie überbrückend in sich selbst „aufzuheben" versuchen, um so ihre „Erleuchtung" („Satori") zu erreichen (SUZUKI, S. 83).

Uns Heutigen erscheint der Mensch noch in zweifacher anderer Weise als ein Brückenwesen: einmal phylogenetisch analog den ‚Brückentieren' im Sinne der Evolutionstheorie [27]); und zum anderen hinsichtlich futuristisch novitärer, individueller Entfaltungs- wie ebenso kosmopolitischer Sozial-Utopien. Denn wir erleben uns gegenwärtig mehr den je „wie ein Seil über einem Abgrund"; jedoch „was groß ist am Menschen, das ist, daß er eine Brücke ist" bzw. sein kann (NIETZSCHE, S. 362) [28]). Aus derart regulierungs-theoretischen Erwägungen heraus gilt

---

[25]) LERNET-HOLENIA hat dieses ins Metaphysische weisende Brückenmotiv literarisch mittels einer faszinierend-dramatischen Erzähltechnik zwischen Realistik und Todestraum-Phantastik dargestellt; (siehe Lit. Verz.).

[26]) Siehe auch 1. Mose 9, 1—17: „. . . Meinen Bogen habe ich in die Wolken gesetzt . . . Das sei das Zeichen des Bundes, den ich aufgerichtet habe zwischen mir und allem Fleisch auf Erden".

[27]) Beispiele recenter und fossiler „Brückenformen" im „Strom der Stammesgeschichte" siehe: Biologie-Atlas II, S. 471; (etwa Lanzettfischchen bzw. Archaeopteryx).

[28]) Wenn auch — hoffentlich — nicht zu jenem ‚Übermenschen' i. S. des späteren NIETZSCHE.

es daher überall und immer wieder erneut Brücken zu errichten: in uns selbst, etwa zwischen Traum und Wachen, von uns zu unseren Mitgeschöpfen sowie schließlich den sinn-vermittelnden Transzendenzen diesseits und/oder auch jenseits unserer sinnen-begrenzten Wahrnehmungs-Welt. In solcher Weise „Brücke sein" wollen, vermag nach Th. WILDER (S. 195) allein „die Liebe — das einzig Bleibende, der einzige Sinn"; denn „alle diese Regungen von Liebe kehren zurück zu der einen, die sie entstehen ließ"; (siehe Abb. 3 f). Dabei dürfen wir jedoch nicht unbeachtet lassen, daß auch alle geistigen Überbrückungen stets schwingungsfähig bleiben, regulierungstechnisch temporär umgeleitet oder evt. sogar abgebrochen werden müssen, wenn wir nicht das Opfer einer mutwilligen bzw. bösartigen Zerstörungstat werden wollen; (siehe Befund 4).

Befund 4; (aus: F. KAFKA, Die Brücke).

„Ich war steif und kalt, ich war eine Brücke, über einem Abgrund lag ich. Diesseits waren die Fußspitzen, jenseits die Hände eingebohrt, in bröckelndem Lehm hatte ich mich festgebissen. Die Schöße meines Rockes wehten zu meinen Seiten. In der Tiefe lärmte der eisige

Abb. 3 a: Die „alte Teufelsbrücke" über die Reuß. Aus: HEINRICH, Abb. 283; nach LAUBEN, B. F. A., Tableaux topographiques. Paris: 1777/88.

Abb. 3 b: Die „alte Rathaus-Brücke" in Bamberg: „Seit dem Mittelalter steht das Alte Rathaus auf einer künstlichen Insel im linken Regnitzarm, gewissermaßen neutral zwischen geistlicher und bürgerlicher Stadt"; (Merian-Heft 2, XXII, S. 100)

Abb. 3 c: ERRO, Nachbild (1979) zu E. MUNCH: „Der Schrei" (1893)

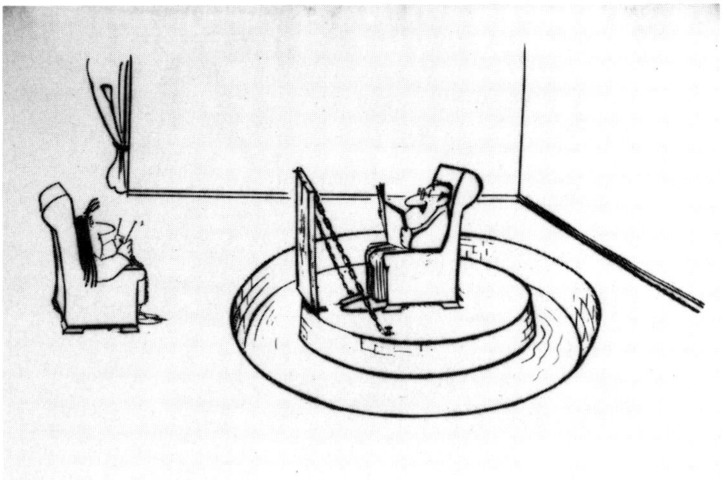

Abb. 3 d: W. HANEL, „Individualisten-Idylle“ (1960)

Abb. 3 e: „Rheingold“, 4. Bild. Inszenierung W. WAGNER; Bayreuth 1973

Forellenbach. Kein Tourist verirrte sich zu dieser unwegsamen Höhe, die Brücke war in den Karten noch nicht eingezeichnet. — So lag ich und wartete; ich mußte warten. Ohne einzustürzen kann keine einmal errichtete Brücke aufhören, Brücke zu sein.

Einmal gegen Abend war es — war es der erste, war es der tausendste, ich weiß nicht, — meine Gedanken gingen immer in einem Wirrwarr und immer in der Runde. Gegen Abend im Sommer, dunkler rauschte der Bach, da hörte ich einen Mannesschritt! Zu mir, zu mir. — Strecke dich, Brücke, setze dich in Stand, geländerloser Balken, halte den dir Anvertrauten.

Abb. 3 f: MICHELANGELO (Buonarotti), „Erschaffung des Adam"; (Fresken zur Schöpfungsgeschichte, 1508—1512)

Die Unsicherheit seines Schrittes gleiche unmerklich aus; schwankt er aber, dann gib dich zu erkennen, und wie ein Berggott schleudere ihn ins Land.
Er kam; mit der Eisenspitze seines Stockes beklopfte er mich, dann hob er mit ihr meine Rockschöße und ordnete sie auf mir. In mein buschiges Haar fuhr er mit der Spitze und ließ sie, wahrscheinlich wild umherblickend, lange drin liegen. Dann aber — gerade träumte ich ihm nach über Berg und Tal — sprang er mit beiden Füßen mir mitten auf den Leib. Ich erschauerte in wildem Schmerz, gänzlich unwissend. Wer war es? Ein Kind? Ein Traum? Ein Wegelagerer? Ein Selbstmörder? Ein Versucher? Ein Vernichter? Und ich drehte mich um, ihn zu sehen. — Brücke dreht sich um! Ich war noch nicht umgedreht, da stürzte ich schon, ich stürzte, und schon war ich zerrissen und aufgespießt von den zugespitzten Kieseln, die mich immer so friedlich aus dem rasenden Wasser angestarrt hatten" (S. 84).

Literatur:

ANDRIĆ, I., Die Brücke über die Drina. Frankfurt—Berlin—Wien: Ullstein-Verl., 1981.

BURKAMP, G., in: Nürnb. Nachr. v. 02. 07. 1979; (Nachbild von ERRO zu E. MUNCH, Der Schrei).

DAUDET, A., Tartarin von Tarascon. Gießen: Einhorn-Verl., 1948.

FONTANE, Th., Die Brücke am Tay. In: Dtsch. Balladen. Gütersloh: Bertelsmann-Verl., 1952.

HANEL, W., Individualisten-Idylle. Frankfurt/M.: Verl. Bärmeier und Nikel, 1960.

HEINRICH, B., Am Anfang war der Balken. (Zur Kulturgeschichte der Steinbrücke). Buchreihe Dtsch. Museum München (1979).

HOFF, Cl., Brücken. In: Sonderheft Nr. 44; Luitpold-Werke München (1975).

HOLLAND, L. A., Janus and the bridge. Am Academy in Rome, 1961.

GADAMER, H.-G., Die Kultur und das Wort — in der Sicht der Philosophie. Universitas **37,** 1 (1982); 39—48.

JUNG, C. G., Welt der Psyche. (Eine Auswahl). Zürich: Rascher-Verl., 1954.

KAFKA, F., Die Brücke. In: Novellen, Skizzen, Aphorismen a. d. Nachlaß. (Hrsggb. v. M. BROD). Frankfurt/M.: Fischer-Verl., 1980.

LERNET-HOLENIA, A., Der Baron Bagge. (In: Phantastisches Oesterreich). Wien: P. Zsolnay-Verl., 1976; S. 199—250.
LUTHER, M., Ein Sermon vom Sakrament des Abendmahls. (In: Deutsche Geisteswelt; Hrsggb. v. H. NOACK). Darmstadt: Bertelsmann-Verl., 1953.
NÁDOR, G., Leges et regulae. Bemerkungen zu Spinozas Gesetzesbegriff. Stud. Gen. **19,** 11 (1966); S. 696—698.
NIETZSCHE, F., Also sprach Zarathustra. (In: Werke, 1. Band). Stuttgart: A. Kröner-Verl., 1941.
PENZOLDT, E., Die Powenzbande. Berlin: Fischer-Verl., 1973.
RAPPL, E., Wagners ‚Ring' als Spiegelkarussell des Zeitgeistes. In: „Refugium"; (Heft 3, Ztschr. Pharm. Fabr. Dr. Rentschler). Laupheim/Württ.: 1974.
SACK, M., Lebensraum Straße. (Hrsgb.: Dtsch. Nat. Komitee f. Denkmalschutz). Stuttgart: W. Kohlhammer-Druckerei, 1982.
SUZUKI, D. T., Die große Befreiung. (Einführung in den Zen-Buddhismus). Frankfurt/M.: Fischer-Verl., 1978 (1958).
WILDER, Th., Die Brücke von San Luis Rey. Frankfurt/M.: Fischer-Verl., 1954.
Atlas zur Biologie (Band II). München: Dtsch. Tschb. Verl., 1968.
Hanfstaengel-Drucke. München, 1961.
Merian-Heft „Bamberg" (2, XXII).
Die Bibel (nach der Übersetzung Martin LUTHERS). Mit Apokryphen. Dtsch. Bibelstiftung Stuttgart, 1975.

4. Gleichungen

Mathematische Gleichungen [29]) stellen ein weiteres Urmodell menschlichen Dualitäts-, Vergleichs- und Gleichgewichtungs-Denkens dar. Erste Vorstufen einer Gleichungslehre sind bereits aus dem Ende des 3. Jahrtausends v. Chr. von den Babyloniern und Ägyptern bekannt. Unser Wort Algebra [30]) soll daher auch etymologisch auf den assyrischen Ausdruck ‚gabru' zurückgehen, d. h. ‚zwei Dinge einander gegenüberstellen oder vergleichen'. Das spezielle mathematische Gleichheitszeichen ist allerdings erst ab der Mitte des 16. Jahrh. n. Chr. in Europa benützt worden, während vorher hier die verbalen Begriffe ‚aequatur' oder ‚aequalis est' gebräuchlich waren.
Nach Keilschrifttexten aus der Zeit um 2000 v. Chr. sind den Babyloniern z. B. schon Zinseszins-Berechnungen geläufig gewesen, also (auf ihre besondere Art) Lösungen von Exponentialgleichungen in unserem heutigen Sinne gelungen. Dies geschah dort mittels eines bestimmten Schematismus von Rechenschritten, und zwar durch eine Folge von derart algorithmisch den gesuchten Endwert probierend-eingrenzenden Rechenvorgängen. Als wichtigster mathematischer Text Alt-Ägyptens gilt das „Rechenbuch des Ahmes" („Papyrus Rhindt", Mitte 2. Jahrt. v. Chr.), eine „Sammlung von Musterbeispielen" gleichungs-ähnlichen Rechnens, wie sie vor allem zur Ausbildung und Schulung der königlichen Schreiber gedient

---

[29]) $f(x) = 0$, wobei $f(x)$ ein Rechenausdruck aus bekannten Größen und der Unbekannten x ist.

[30]) Nach heutigem Verständnis die Lehre von den Beziehungen zwischen mathematischen Größen und den Regeln, denen sie unterliegen.

haben. Wahrscheinlich geht jedoch diese Quelle ebenfalls auf noch „ältere Vorbilder“ (um 2000 v. Chr.) zurück (TAMM, a, S. 65 ff, 79; b, S. 51).

Die hierin zusammengestellten Anweisungen beziehen sich insbesondere auf die überwiegend lebens-praktisch bedeutsamen ‚pesu‘-Rechnungen sowie jene, schon ein beachtliches mathematisches Abstraktionsvermögen und theoretisches Problemlösungs-Interesse verratenden ‚hau‘-Rechnungen. ‚Pesu‘ bezeichnete z. B. die Anzahl der aus 1 Scheffel einer Getreidesorte herstellbaren Brote, so daß die für eine erforderliche Zahl von Broten anzuliefernde Menge Getreide mittels jenes „Backwertes“ im voraus berechnet werden konnte. ‚Hau‘ (ursprünglich die Hieroglyphe ‚acha‘) bedeutet ‚Haufen‘ oder ‚Menge‘ und stellt die unbekannte Größe in gleichungs-ähnlichen Rechenverläufen dar, wie sie zur Auflösung von „Rechenrätseln“, „Denksportaufgaben“ usw. (TAMM) sowie schließlich schon zwecks der „Erkenntnis alles Seienden“ (v. d. WAERDEN) durchgeführt worden sind. Wir zitieren dazu ein einfaches Rechenbeispiel; (Methode des falschen Ansatzes“): (Frage) Wie groß ist die Menge, die zusammen mit ihrem Viertel 15 ergibt? — (Lösung) Angenommene Menge 4; ein Viertel davon 1; ergo hau = 15 dividiert durch 5, mal 4 = 12 (v. d. WAERDEN, S. 25, 45).

Sicher stehen diese Probierformen des Gleichungsrechnens bei den Ägyptern auch im Zusammenhang mit ihrer vorherigen Erfindung der Waage; (siehe Kap. (C 1). Obwohl von ihnen die physikalischen Beziehungen zwischen Waage-Armen und -Gewichten bald erkannt und genutzt worden sind, haben sie jene jedoch noch nicht in eine mathematische Funktion und damit Gleichgewichts-Formel fassen können. Dies gelang erst wesentlich später ARCHIMEDES (von Syrakus, 287—212 v. Chr.), der das physikalische Hebelgesetz [31]) mittels Waagen experimentell in einer Untersuchung „Über Gleichgewichte ebener Figuren“ aus seinen theoretisch konzipierten „Axiomen“ [32]) in „streng logischer“ Weise abzuleiten vermochte (v. d. WAERDEN, S. 377). Um solches Gleichungsdenken als ‚archetypisches‘ (C. G. JUNG) Modellphänomen unseres menschlichen Gleichgewichts-Erlebens und Gleichgewichtungs-Verhaltens auszuweisen, skizzieren wir folgend die in allen frühen (östlichen) Hochkulturen der Menschheit vorhanden gewesenen und dort „unabhängig“ voneinander „auftretenden“ Ansätze zur Berechnung des rechtwinkligen Dreiecks (LIETZMANN, S. 7).

Nach einem Papyrus aus der Zeit um 2300 v. Chr. gilt als sicher, daß die Ägypter damals bereits die Gleichung $3^2 + 4^2 = 5^2$ (als Spezialfall des später sog.

---

[31]) Es besteht Gleichgewicht, wenn die Produkte Kraft mal Kraftarm und Last mal Lastarm gleich groß sind; oder allgemeiner als Drehmomentsatz formuliert: Ein drehbarer Körper ist dann im Gleichgewicht, wenn die Summe aller an ihm angreifenden Drehmomente gleich Null ist ($\Sigma D = 0$).

[32]) Axiom 1: „Gleiche Gewichte in gleichen Abständen sind im Gleichgewicht. Gleiche Gewichte in ungleichen Abständen sind dagegen im Ungleichgewicht; denn das Gewicht im größeren Abstand hat Übergewicht“; (zit. nach FUCHS, S. 202).

pythagoreischen Lehrsatzes) [33]) gekannt haben [34]). Dieses Wissen wurde anfangs zur Lösung vornehmlich theoretisch interessierender Konstruktionsaufgaben benützt und dann (von den sog. ‚Seilspannern') bei Landvermessungen auch praktisch verwertet. Dieselben Kenntnisse sind für den chinesischen (philosophisches Werk um 1200 v. Chr.), indischen (theologische Schriften aus dem 8. Jahrh. v. Chr.) und babylonischen Kulturkreis (zur Zeit HAMMURABIS, 1728—1686) überliefert, wobei im letztgenannten Bereich auch schon „Näherungsberechnungen der Rechtecksdiagonale" durchgeführt worden sein sollen ($d = \sqrt{x^2 + y^2}$) (LIETZMANN, S. 7 ff). Erst den Griechen aber ist der Begriff $\sqrt{2}$ für die Hypotenuse (bei Kathetenlängen der Größe 1) bekannt gewesen; (EUDOXOS aus Knidos, 4. Jahrh. v. Chr.). Wesen und Bedeutung solcher irrationalen Zahlen, also unendlicher Dezimalbrüche bzw. inkommensurabler Streckenmaße (wie hier $d \sim 1{,}4142 \ldots$), sind von ihnen jedoch noch nicht in ihrer ganzen Tragweite erfaßt worden; denn das „Maßlose" und daher die „Unform" derart infinitesimaler Größen ist ihrem auf statische Abgeschlossenheit, symmetrische Ordnung und apollinische Harmonie gerichteten „Weltgefühl im tiefsten Inneren fremd", ja „unheimlich" gewesen (SPENGLER, S. 46) [35]).

Der weitere Weg jenes arith- wie geometrischen Gleichungsdenkens führt durch Vermittlung von PYTHAGORAS (etwa 582—497 v. Chr.), der Ägypten und das Zweistromland bereist hat, nach Griechenland, wo als erster PLATON (427—347 v. Chr.) in seinem Dialog „Menon" davon berichtet (82 b, ff). SOKRATES erfragt dort den (auch hier speziell das gleichschenklig-orthogonale Dreieck betreffenden) Beweis aus einem „ungelehrten Sklaven" heraus, um so die Lehre von der „Wiedererinnerung" der allen Menschen eingeborenen „Ideen" zu bestätigen; denn für PLATON liegt der „Ursprung" jeder „Erkenntnis" und also auch der jenes Gleichungssatzes als ein Apriori-Noumenales (Kant) „im Lebenden selbst" (S. 22—26). Einen allgemeingültigen Beweis liefert um 300 v. Chr. dann EUKLID im 1. Buch seiner „Elemente", welches Wissen schließlich durch die Araber (ab dem 7. Jahrh. p. Chr.) nach dem westlichen Abendland gelangt, wo es bis zum Ende des Mittelalters als „magister matheseos" die „Grenze des durchschnittlichen Maßes mathematischer Kenntnisse" darstellt. Die bei uns diesem ersten, exakt bewiesenen Gleichungssatz der Menschheit zugemessene Bedeutung mag u. a.

---

[33]) Mit den Worten EUKLIDS: In den rechtwinkligen Dreiecken ist das Quadrat über der, den rechten Winkel unterspannenden Seite gleich den Quadraten über den, den rechten Winkel einschließenden Seiten; ($x^2 + y^2 = z^2$).

[34]) Sog. pythagoreische Zahlen, d. h. eine der unendlich vielen möglichen Lösungen der Gleichung $x^2 + y^2 = z^2$ mit positiven ganzen Zahlen.

[35]) Dazu muß allerdings (als eine Ausnahme) auf den (aus unserer heutigen Sicht) wohl tiefsten metaphysischen Gedanken der vorsokratischen Naturphilosophie (neben HERAKLIT's Logos-Begriff) hingewiesen werden. Wir meinen die Konzeption des ἄπειρον durch ANAXIMANDROS (aus Milet, 611—546 v. Chr.), welches Wort das ‚Unbegrenzte' bedeutet und hier das ‚Wesen' (οὐσία) und den ‚Uranfang' (ἀρχή) aller Dinge meint, woraus „auf Grund der ewigen Bewegung" die „Ausscheidung der Gegensätze" erfolgt (CAPELLE, S. 81 ff).

daraus ersichtlich sein, daß man um 1900 „Mars- oder sonstigen Planetenbewohnern" dessen geometrische „Figur" als „Lichtzeichen" zwecks einer „Kontaktaufnahme übermitteln" wollte (LIETZMANN, S. 7, 12). Indessen hatte jedoch die europäische Wissenschaft längst eine Vielzahl von solchen „Formeln", die unsere „Welt veränderten", entdeckt und so die Fruchtbarkeit menschlichen Denkens ‚in Gleichungen' erwiesen (SCHREIBER, S. 11) [35a]).

Parallel diesem Prozeß entwickelte sich mit Beginn der Neuzeit ein gleichungsanaloges Denken auch im Bereich des Ökonomischen sowie, über dessen Verzahnung mit religiösen Erneuerungen, ebenso in Ethik und Moral. So führt Anfang des 16. Jahrhunderts das Augsburger Handelshaus FUGGER die kaufmännische Buchhaltung ein, durch welche Weise des numerischen ‚Bilanzierens' und kalkulativen ‚Balancierens' jene zunehmend rasantere Entwicklung der kapitalistischen Wirtschaftsform Europas mit eingeleitet wird [36]). Von diesem Zeitpunkt an wird „nur noch Geld notiert. Nicht mehr Wagenladungen oder Schiffsladungen, Kanonen, Tuche, Mehl, Wolle, Kupfer. Nur noch Geld. Waren, Tiere, Menschen, alles wird Kapital, das sich vermehren muß ... Man wird nicht mehr von Kleinigkeiten abgelenkt; Sentimentalitäten, Rücksichten auf irgendwelche Dinge oder Personen. Man sieht nur noch Geld" [37]). Jenem ersten modernen „Großunternehmer" erscheint daher auch „die Buchhaltung" als „größte Erfindung der Menschheit", seinem „Hauptbuchhalter Schwarz" gar als „die Seele des Kapitals" (FORTE, S. 25).

Diese Form von ökonomischer „Rechenkunst" wird nun z. B. von dem Jenaer Mathematiker und Philosophen E. WEIGEL etwa 1½ Jahrhunderte später definiert als „des Menschen Eigenart und förmlich Wesen", indem sie „hauptsächlich ziele" auf den „Quell der Tugend". Als derart „Tugendübende Rechenkunst", arithmetische „Aretologistik" und „Moralweisheit" („Vorreden" zu a, 1674, bzw. b, 1678) findet sie sich schließlich von den englischen Puritanern des 18. Jahrhunderts angewandt in deren ‚self-control' und ihren ‚conduct-books', also einer Art von ‚innerer Buchhaltung' über ‚Tugenden und Laster' der Lebensführung. Zu den ersteren zählen dabei vor allem „Fleiß und Mäßigkeit" sowie „Pünktlichkeit und Gerechtigkeit" insbesondere „bei allen Geschäften"; denn „es trägt nichts so sehr dazu bei" wie diese und ähnliche „Tugenden", um „einen jungen Mann in der Welt vorwärts zu bringen"; (aus B. FRANKLIN's „Selbstbiographie"). In seiner berühmten Abhandlung: „Die protestantische Ethik und der Geist des Kapitalismus", hat Max WEBER (1920) den unmittelbaren Zusammenhang zwischen dem der calvinistischen Praedestinationslehre [38]) entsprechenden religiösen Glau-

---

35a) Von Napier und Newton über Maxwell, Boltzmann, de Broglie bis Einstein.

36) Bilanz (lat. compensatio), Rechenabschluß (Saldo) in Einnahme- (Credet-) und Ausgabe- (Debet-) Zahlenkolonnen; etymologisch von lat. bi-lanx (zwei Waagschalen habend), it. bilantia, frz. balance (das Gleichgewicht haltend).

37) Hingewiesen sei auf den damit verbundenen Entfremdungs-Effekt in Bezug auf das Konkret-Lebendige.

38) Notwendigkeit der Selbstbestätigung des Auserwähltseins eines Menschen durch Lebens-

ben eines Menschen, seinem wirtschaftlich-monetären Erfolgsdenken sowie jenem moralcharakterologischen Buchhaltungs-Kalkül nachgewiesen; („innerweltliche Askese“).

„Es ist nicht nur ‚Geschäftsklugheit‘, was da gelehrt wird — ...: Es ist ein Ethos, welches sich äußert ...; nicht einfach Lebenstechnik, sondern eine eigentümliche Ethik wird gepredigt, deren Verletzung nicht nur als Torheit, sondern als eine Art von Pflichtverletzung behandelt wird. (Alle) moralischen Vorhaltungen (sind) utilitarisch gewendet: die Ehrlichkeit ist nützlich, weil sie Kredit bringt, die Pünktlichkeit, der Fleiß, die Mäßigkeit ebenso, und deshalb sind sie Tugenden ...“ (S. 42 f).

Literatur:

BOHNKE, H. (u. a., Hrsgb.), Lexikon Mathematik 1. Frankfurt/M.: Fischer-Verl., 1964.

CAPELLE, W. (Hrsgb.), Die Vorsokratiker. Stuttgart: A. Kröner-Verl., 1968.

FORTE, D., Martin Luther und Thomas Münzer (oder die Einführung der Buchhaltung). Berlin: K. Wagenbach-Verl., 1971.

FUCHS, W. R., Eine Weltgeschichte der Physik. Stuttgart: Dtsch. Verl. Anst., 1975.

KLEINFELD, G., Ungleichungen (2. Aufl.). Leipzig: Teubner-Verl., 1973.

LIETZMANN, W., Der Pythagoreische Lehrsatz (9. Aufl.). Leipzig: B. G. Teubner-Verl., 1968.

PLATON, Menon. (In: Sämtl. Werke 2). Hamburg: Rowohlt-Verl., 1975.

SCHREIBER, P., Die Mathematik und ihre Geschichte im Spiegel der Philatelie. Leipzig: B. G. Teubner-Verl., 1980.

SPENGLER, O., Der Untergang des Abendlandes. München: C. H. Beck-Verl., 1959.

STRUIP, J. D., Abriß der Geschichte der Mathematik (2. Aufl.). Berlin, 1963.

TAMM, E., Eingekleidete Gleichungen und Rechenrätsel aus vier Jahrtausenden. Jahresber. Neues Gymn. Nürnberg: (a) 1961/62; (b) 1962/63.

WAERDEN, B. L. v. d., Erwachende Wissenschaft. Basel—Stuttgart: Birkhäuser-Verl., 1956.

WEBER, M., Die protestantische Ethik (und der Geist des Kapitalismus). München und Hamburg: Siebenstern-Verl. 1965 (1920).

WEIGEL, E., Arithmetische Beschreibung der Moral-Weisheit. Nürnberg, 1674.

— Aretologistika. Die Tugend-übende Rechenkunst. (In: Wienerischer Tugend-Spiegel). Nürnberg, 1687.

5. Doppelwesen

α) JANUS [39]), eine der wichtigsten italischen Gottheiten, war nach OVID lateinischen Ursprungs; „nam tibi par nullum Graecia numen habet“ (Fasti I, 90). Erste Bilder dieses Gottes mit seinen zwei nach entgegengesetzten Richtungen blickenden Gesichtern („solus de superis qui tua terga vides“; l. c. 66) finden sich auf römischen Kupfer- und Bronze-Münzen aus dem 4. bis 3. Jahrhundert v. Chr.; (siehe Abb. 4 a, aus GROSSER, S. 22) [40]). Sicher reicht jedoch die Vorstellung von einer solchen Gottheit mit Doppelantlitz als einer weiteren Urgebärde menschlichen Gegensatz- und Ausgleichs-Denkens zurück bis in archaische Zeiten der

---

Erfolg, d. h.: reicher-werden = erfolgreich gewesen = von Gott auserwählt worden sein; („certitudo salutis“).

[39]) lat. iānus, bedeckter Durchgang, Torhalle, Passage; ianua, Haustür, Eingang, Türschwelle.

[40]) Sein Bild erscheint auf dem höchsten Münzwert, dem As, dasjenige Jupiters erst auf dem folgenden halben As (Semis).

mythischen Deutung des kosmischen Geschehens auch in nicht-europäischen Hochkulturen der Menschheit [41]). Für OVID (43 v. Chr.- ~ 17 n. Chr.), den frühesten Berichterstatter über ihn, gilt er als ‚eines der ersten Dinge' im ‚Anfang der Welt' bzw. als (späterer) ‚Wächter' und ‚Pförtner' des Universums (l. c. 63—288). Seine Gemahlin Cárdea, Göttin der Haustür-Angeln [42]), wurde daher auch noch als die, den ‚Angelpunkt der Weltachse' symbolisch personifizierende Göttergestalt verehrt [43]).

Abb. 4 a: Römischer As mit Januskopf *)

Der frühgeschichtlichen Überlieferung nach war Janus der erste jener mythischen Könige Roms vor dessen historisch verbürgter Gründung (753 v. Chr.), residierend auf dem Mons Janiculus, einem der sieben Hügel am Westufer (rechts) des Tibers. Religionsphilosophisch wird er als Gott der ‚Jahreswende', des ‚Ein- und Ausgangs' und jedes ‚Beginnens und (glücklichen) Endes' bezeichnet; denn er

---

[41]) Dazu sei hingewiesen auf die in Gräbern der Etrusker gefundenen „vases janiformes" (REFAIT, p. 100) bzw. jene Doppel- und Triasgesichter aus Indien, z. B. die „Trimurti von Elefanta" (HOCKE, Abb. 197); siehe auch S. 71 im Bildband „Die Etrusker."

[42]) Janus, Gott der Haustür-Schwelle.

[43]) lat. cardo, Türangel, Angelpunkt, Pol, Weltachse.

*) Hingewiesen sei auf den unterschiedlichen Ausdruck der beiden Gesichtsprofile; (Nasolabialfalte, Mundpartie).

blickte gleichzeitig vorwärts und rückwärts, schaute in die Zukunft wie in die Vergangenheit, betrachtete stets das Innere und Äußere, sah zugleich Gutes und Böses; (siehe Abb. 4 b). So ist Janus ein göttliches Sinnbild der kosmischen „Dualität" wie menschlichen „Zwiespältigkeit" als einem „im Weltsinn veranlagten Gesetz" (BÖRTZLER, S. 103), schließlich ein Symbol bipolarer Bewegungen und dialektischer Wendungen in Richtung auf den Ausgleich von Gegensätzen. Wir können ihn daher auch als einen Türen- oder Brückengott i. u. S. bezeichnen [44]), wie ihn topographisch HOLLAND insbesondere auf römischen Brücken (z. B. der antiken ‚pons Fabricius) nachgewiesen hat; („at such points the ancient power we know as Janus stood guard over his people") (p. 7).

Abb. 4 b: Janus als Friedensgott mit der Kriegsgöttin Bellona. (Schloßpark Schönbrunn, Wien; C. G. BEYER, um 1773. Aufnahme Verf.) [45])

Es ist hier ohne besondere Bedeutung, inwieweit bei der Konzeption dieses Götterbildes patho-morphotische Phänomene und teratologische Kenntnisse eine Rolle gespielt haben mögen [46]). Wesentlich sind für uns vielmehr dessen mythologi-

---

[44]) Siehe Kap. C 3. — Zur Metaphorik der Tür (speziell in deutschen Märchen) vgl. L. DITZEN, in LAUTER, l. c. p. 167 ff.

[45]) „Jane fac aeternos pacem . . ."; (OVIDIUS, Fasti I, 287).

[46]) Angemerkt sei dazu, daß „cette monstruosité" (wenn auch „relativement rare") „est connue chez l'homme et chez les animaux", und daß es zahlreiche Spielarten gibt von „janus imparfaits", bei denen „les deux sujets composants ne peus opposés exactement

sche bis (antik) aufklärungs-philosophische Auslegungen als „die Weltseele", ein „Symbol" des „Akts der Weltschöpfung" oder „Überwindung des Chaos durch den Kosmos" sowie vor allem als „Sinnbild" für das „Prinzip der Dualität" (und deren Regulierung) „im Universum" (BÖRTZLER, S. 107 f). So erscheint dieser doppelköpfige, zweigesichtige Gott als eins der für unser Persönlichkeits-Modell wesentlichsten Urbilder menschlichen Polaritäts-, Ausgleichs- und Harmonisierungs-Denkens. Im folgenden sollen noch einige weitere Musterbeispiele derart metaphorischer, geistiger Urphänomene beschrieben werden [47]).

Zu solchen Doppelwesen gehören auch alle jene Mythos-, Sagen- und Legendengestalten, Märchenfiguren wie Fabelgeschöpfe mit Tierleib und menschlichem Antlitz (oder umgekehrt) [48]), von denen wir hier zunächst KEKROPS als eine für unser Regulierungs-Modell ebenfalls besonders illustrative Erscheinung betrachten wollen; (siehe Abb. 4 c). Von ihm mit seinem Menschenantlitz und Schlangenkörper ist nämlich durch Inschriften aus dem 2. Jahrt. v. Chr. bekannt, daß er als erster der mythischen Könige Athens ein ausgesprochen ‚maßvoller Reformer'

Abb. 4 c: Kekrops, ein Doppelgeschöpf der griechischen Mythologie

---

face à face, mais angulairement", bis hin zu Formen, „représentent le Janus quadrifons" (REFAIT, p. 102, 107).

[47]) Nur anmerkend erwähnt werden können hier die kultisch-magische Verwendung doppelgesichtiger Masken vor allem bei afrikanischen Urvölkern (‚Stülpmasken') sowie deren Nachbildung in Porträts durch LIONARDO, PICASSO, DALI u. a.; (siehe HOCKE, S. 159 f und Abb. 193—196).

[48]) Beispielsweise die griechischen Mythosfiguren der Kentauren, Sphinxe, Sirenen und Sylphen, Tritonen und Nymphen, des Pan und Minotaurus, bzw. die ägyptischen Gottheiten Anubis, Thot, Horus, usw.

gewesen sein soll, dem entscheidende Impulse zur Begründung und Entwicklung der antiken griechischen Zivilisation zu verdanken sind; (Abschaffung blutiger Menschenopfer, Einführung von Bestattungsbräuchen, Durchsetzung der Einehe, Erfindung der Schrift). Dies mag ihm gelungen sein auf Grund des gleich-gewichtigen Zusammenspiels von gott-ähnlich hochschweifender Phantasie mit dem, Erdverbundenheit, Triebstärke, Realitätssinn usw. ausdrückenden Schlangenkörper seines Doppelleibes. Kekrops dürfte daher gleichfalls als ein Prototyp unserer in analoger Weise zwie-fältig und zwie-spältig strukturierten sowie daraufhin regulierungs-potentiell via geistige, soziokulturelle Wertschöpfungen tendierenden Wesensart angesehen werden können.

Eine weitere besondere Gruppe solcher Doppelgestalten stellen jene personifizierten seelischen Phantome dar, wie sie seit frühesten Zeiten schon vielen Menschen als eine Art von Vermittlern zwischen seiner diesseitigen Erfahrungswelt und den jenseitigen, über- wie unterweltlichen Erlebenswirklichkeiten in sich selbst erschienen sind bzw. heute noch repräsent sein dürften. Als Beispiel wollen wir genauer hier nur die biblischen ENGEL (gr. ἄγγελος) in dieser ihrer tradierten Boten-Rolle und Mittler-Funktion betrachten. Psychologisch haben wir auch sie als Traumgeschöpfe unserer Tiefenseele, als Phantasiegebilde und Denkkonstrukte des menschlichen Geistes zu bezeichnen; denn „nirgends wird Welt sein, als innen" (RILKE, S. 30). Sie dienen, psychodynamisch-regulierend in uns selbst, der Abwehr unserer Befürchtungen wie der Erfüllung unserer Hoffnungen „sub specie aeternitatis'; (siehe Abb. 4 d).

RILKE erschienen damals alle Engel der biblischen Überlieferung als „schrecklich", d. h. „fast tödliche Vögel der Seele"; und elegisch beklagt er die Vergängnis der „Tage Tobiae", wo noch „der strahlendsten einer stand an der einfachen Haustür, zur Reise ein wenig verkleidet und schon nicht mehr furchtbar" (S. 7, 12; siehe auch das alttestam.-apokryphe „Buch Tobias" 5, 5—7 und 12, 15). Dieser „Raphael" demonstriert also jene andere Aufgabe der Engel, nämlich die des Beschützens, Geleitens, Überbringens ‚froher Botschaften' sowie deren Rolle als „Psychagogen" beim „Zwiegespräch der Anima des Menschen mit der Personifikation der göttlichen Liebe" (HOFMEIER, S. 717). In ihrer Gesamtheit widerspiegeln daher die Engel (einschließlich der abgefallenen als definitive Gegenspieler) wiederum jene dualen, bipolaren „Prinzipien der Welt" (PAULUS), aus welchem magisch-mystischem „corpus angelicum" (BONAVENTURA) auch unseres menschlichen Wesens schließlich „die Dinge, die persönlichen Schicksale, die geschichtlichen Ereignisse heraustreten" (HOFF, S. 15). So blicken die Menschen wohl seit Urzeiten schon in ihren Träumen beim Ringen um ihr seelisches Gleichgewicht vor allem auf jene, in der Hierarchie der Engel am höchsten rangierenden Seraphim und Cherubim: die am Tiefsten aus ihnen heraus wirkenden Urmomente eines „Funkens" des „Herzens Gottes", am Tiefsten in ihnen selbst ruhenden Urbilder von dessen „Geistwesen der Harmonie"; („Engel", S. 5).

Aus regulierungspsychologischer Sicht können wir dabei zwei personale Kommunikationstypen bzw. regeltechnische Vermaschungsformen von Engels-Erschei-

Abb. 4 d: „Jakobs Traum von der Himmelsleiter" und sein „Kampf mit dem Engel". (Buchmalerei in einem Psalterium, Anfang 13. Jahrh.; aus HOFF, S. 1)[49]

nungen unterscheiden: die (selteneren) neutralen Nachrichten-Überbringer (Katalysator-Typus i. u. S.) sowie die engagierten, ‚proprio motu' beruhigend und ausgleichend oder erregend und aufspannend einwirkenden Begegnungs-Partner (Kondensator- bzw. Generator-Typus i. u. S.). Die folgenden zwei literarischen Beispiele aus DÜRRENMATT's „Ein Engel kommt nach Babylon" bzw. R. WAGNER's „Walküre" mögen zur Veranschaulichung dienen:

(Der Engel, über sich und seine Befugnisse informierend): „Ich bin kein Anthropologe. Ich bin Physiker . . . Wir müssen gehorchen".
(Brünnhilde, im heftigsten Sturm des Mitgefühls): „Beschlossen ist's; das Schlachtlos wend' ich. Dir, Siegmund, schaff' ich Segen und Sieg"[50]).

Engel und Teufel, Heilige und Hexen; eine Vielzahl von Halbgöttern, Titanen, Heroen und Gottkönigen; jene Kophtas, Sibyllen, Hierophanten, Propheten, Augu-

---

[49]) Vgl. 1. Mose 28, 10—22 bzw. 32—33.
[50]) l. c. p. 28 ff bzw. 118.

ren, Magier, Weisen, Sterndeuter usw.: sie alle stellen den Versuch des Menschen vor Augen, die Kluft zwischen ihm und einer transzendenten Erlebensrealität durch charismatische Persönlichkeiten bzw. phantasmatische Geister zu überbrücken. Regulierungspsychologisch liegt dem allen ein Bewußtwerden unserer Absonderung von Gott zugrunde, welcher Störfaktor des menschlichen Selbstwerterlebens ein Gefühl der Angst sowie das Bedürfnis nach Rückbindung (religio) und damit der Wiederherstellung (restitutio) unseres verlorenen personalen Gleichgewichts entstehen läßt. Es handelt sich also hierbei um ein Regelkreisgeschehen; und charakteristisch ist daher auch für jene intrapsychischen Verkünder-Gestalten wie Vermittler-Geschöpfe als quasi regeltechnische Servo-Regulatoren deren bipolare, binäre Funktionsstruktur. Diese Ambiguität, Amphibolik und -theatralik [51]) unserer menschlichen Existenz wollen wir im folgenden weiter noch am Beispiel zweier Typen derart ebenso psycho-regulativer Weissagungs-Technik in griechischen Orakelstätten aufzeigen.

β) Der Ort, wo sich zur damaligen Zeit die bedeutendsten Einrichtungen dieser Art befanden, nämlich DELPHI, soll von Zeus gefunden worden sein, indem er zwei Adler nach entgegengesetzten Richtungen um die Erde fliegen ließ und die Stelle, an der sie sich trafen, als den ‚Nabel der Welt' bezeichnete (ὄμφαλος) [52]). Jenes Heiligtum war dem Phoibos Apollon geweiht, (u. a.) Gott des Lichts und der Ordnung, (mantischen) Heilkunst und (philosophischen) Weisheit. Die meisten der von seinen pythischen Priesterinnen dort in ekstatischen Trancezuständen empfangenen und verkündeten Prophetien erschienen vielsagend oder zweideutig formuliert und erforderten daher von den Klienten eine eigene Sinngebung (z. B. Ödipus) bzw. selbständige Entscheidung (z. B. Krösus). Denn „der Herr, dessen das Orakel zu Delphi ist, spricht nicht aus und verbirgt nicht, sondern gibt ein Zeichen (be-deutet)" [53]) (HERAKLIT, S. 31). Schließlich umgab diesen Ort, landschaftlich hoch an den Hängen des Parnaß gelegen, auch noch eine „Atmosphäre des Übernatürlichen", so daß sich der Ratsuchende hier wie befangen von einem Ambiente des Überwirklichen erfahren und wie durch eine künstliche Nabelschnur an die Überwelt der Götter rückgebunden erleben mochte (ROUX, S. 187).

Eindrucksvollstes Beispiel der regulierungspsychologisch gegen-typischen Form von Weissagung ist das NEKROMANTEION bei Ephyra in Epirus, unweit von der Mündung des Acheron in das Ionische Meer. Hier stiegen die Menschen tief unter die Erdoberfläche hinab in das Schattenreich der Toten, wo neben Hades dessen Gattin Persephone als Herrscherin der Unterwelt residierte, umgeben (u. a.) von Hekate, jener mächtigen chtonischen Gottheit der ‚Kreuzwege'. In dieser unheimlichen Finsternis alles Vergangenen und Versunkenen mußten die Klienten

---

[51]) lat. ambiguus, nach zwei Seiten neigend, zweideutig, doppelsinnig, schwankend; griech. ἀμφί, beiderseits, zwiefach, ringsum.

[52]) Die ältesten dort gefundenen Kultgegenstände stammen aus der Zeit um 1600 v. Chr. (VANDENBERG, S. 82).

[53]) σημαίνει.

dann 29 Tage bleiben, nicht wissend, was ihnen jeweils bevorstand; von vermummten Priestern durch dunkle und lautlose, labyrinthische Gänge gestoßen, mittels halluzinogener Speisen, Getränke und Drogen, durch kultische Opferungen, rituelle Bäder und Waschungen sowie andere mystische, magische Praktiken der Wächter in einen Schwebezustand zwischen Wachen und Schlafen mit Träumen sowie illusionären Sinnestäuschungen versetzt (VANDENBERG, S. 13 ff). Schließlich konnten sie dann mit den ihnen schemenhaft erscheinenden ‚Seelen' der Verstorbenen Zwiesprache halten, d. h. sich im Grunde mit den Fragen, Zweifeln, ungelösten Problemen in ihrer eigenen psychischen ‚Unterwelt' auseinandersetzen.

Wir erwähnen dazu HOMER's (auch topographisch) detaillierte Schilderung des „aus Not" um sein „Schicksal" erfolgten „Abstiegs" jenes „Irrfahrers" Odysseus (XI, S. 177 ff). Weiter mag als ein analoges Ereignis Faust's Aufenthalt bei den „Müttern" genannt sein, wozu ihn Mephisto wie folgt begründend nötigt: „Dein Wesen strebe nieder . . . Nach ihrer Wohnung magst ins Tiefste schürfen. Du selbst bist schuld, daß ihrer wir bedürfen" (GOETHE, S. 428 ff). Schließlich sollen kurz noch drei antike Schlaf- und Traum-Orakel beschrieben werden, wo deren Klientel ebenso selbst-visionäre Einblicke in ihre unter- bis unbewußten Konflikte sowie damit eine auto-kathartische Heilung ermöglicht wurden.

An der Orakelstätte des Trophonios (im böotischen Lebadeia) ließen Priester den Ratsuchenden durch einen engen Schlund in eine tiefe, abgeschlossene Höhle hinab, aus der man ihn später „benommen vom Schrecken und ohne Bewußtsein" wieder hervorholte und auf den „Thron der Erinnerung" setzte [53a]. Hier wie ebenso nach ähnlichen Prozeduren im Adyton des Asklepieions (nahe Epidauros) sowie dem der Seher-Gottheit Amphiaraos (im thebanischen Oropos) „produzierte" der Patient dann „seine eigenen Weissagungen". Die anschließenden Interpretationen wie Analysen wurden freilich auch dort unter Mithilfe der priesterlichen Traumdeuter, Kurärzte, Psychotherapeuten und Heilpraktiker durchgeführt (VANDENBERG, S. 279 ff). Abschließend sei ausdrücklich noch hervorgehoben, daß diese letztere, quasi psycho-analytische „Art der Orakelkunst" sehr wahrscheinlich „älter" ist als jene „apollinische Inspirationsmantik" (ROHDE, S. 70), überdies auch noch weit früher als in Griechenland bereits in den altägyptischen Serapis- und Osiris-Inkubationskulten praktiziert worden sein dürfte [54]).

γ) MERCURIUS (gr. Hermés), in der antiken Mythologie vor allem Götterbote und -herold bzw. römischer Gott des Handels und Verkehrs [55]), galt spätestens seit hellenistischen Zeiten in esoterischen Zirkeln gnostischer Geheimlehren als eine Symbolfigur magisch, astrologisch oder alchimistisch initiierter Wandlungs-,

---

53a) ἐπὶ .θρόνον μνημοσύνης'.

54) Siehe dazu auch BACHOFEN's dies bestätigende Auffassung: „Mütterlich tellurisch auf ihrer untersten melampodischen Stufe, wird die Mantik auf der höchsten ganz väterlich-apollinisch . . ." (S. 146).

55) Auf die Verwendung von Merkur-Statuetten als Laufgewichten an römischen Hebelwaagen sei hingewiesen; (vgl. Kap. C 1).

Wiedergeburts- und Selbstwerdungsprozesse. Unsere Abb. 4 e zeigt ihn mit seinem achsialsymmetrisch von zwei Schlangen umringelten „Zauberstab" (OVID, S. 52) in einer Bronzeplastik des GIOVANNI da BOLOGNA (1524—1608). Auf Abb. 4 f hält ein spätmittelalterlicher Alchemist jenen Merkur-Stab über eine ‚Die Natur' symbolisierende Frauengestalt, sie allegorisch zu ‚entschleiern' suchend [56]). Die Abb. 4 g und h schließlich sollen die zentrale, dominierende Stellung des Mercurius (☿) wie der ihm zugehörigen ‚materia' (Hg) [57]), in der abendländischen Alchemie bzw. jenen alchymisch-pansophischen Mysterienkulten veranschaulichen; („Lehrerinformation Alchemie", RIJCKENBORGH, S. 9).

Seit dem frühen Mittelalter galt Mercurius als „Wasser des Lebens und tödliches Gift in einem", bewirkte also „je nach den Umständen" in der Natur „Zeugung"

Abb. 4 e: Merkur (des GIOVANNI da BOLOGNA)

Abb. 4 f: Alchemist mit Merkurstab; (aus „Lehrerinf. Alch.")

---

[56]) Links im Bild ‚Satan', darunter der ‚Löwe' als ‚chymisches Symboltier' für die ‚Liebe Gottes' (RIJCKENBORGH, S. 311 ff).

[57]) Quecksilber; gr. ὑδράργυρος, lat. argentum vivum, frz. argent-vive, engl. mercury.

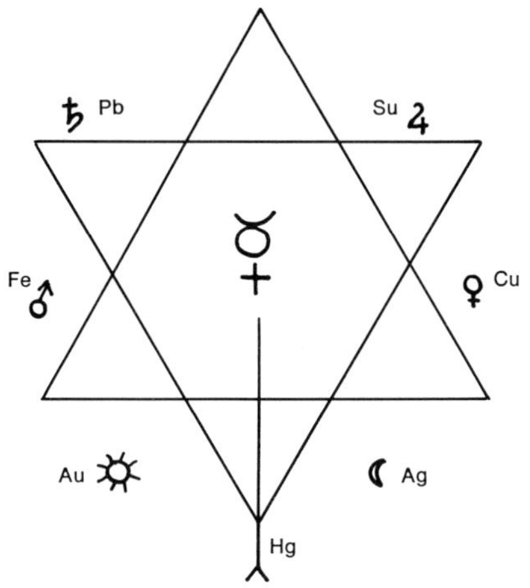

Hg =	hydrargyrum (Quecksilber)	Merkur	☿
Fe =	ferrum (Eisen)	Mars	♂
Cu =	cuprum (Kupfer)	Venus	♀
Pb =	plumbum (Blei)	Saturn	♄
Su =	sulfur (Schwefel)	Jupiter	♃
Au =	aurum (Gold)	Sonne	☉
Ag =	argentum (Silber)	Mond	☾

Abb. 4 g: Die zentrale Stellung Merkurs in der Alchemie; (aus „Lehrerinf. Alch.")

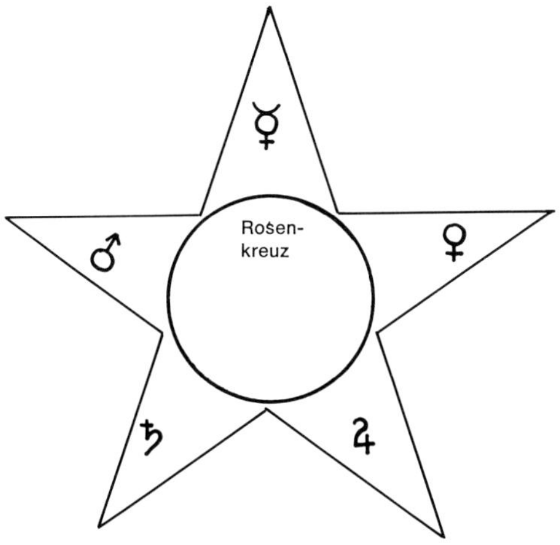

Abb. 4 h: Die dominierende Stellung Merkurs bei den Rosenkreuzern; (aus RIJCKENBORGH, S. 10)

oder „Auflösung“ [58]). Der Gott und die ihn repräsentierende materielle Substanz wurden daher als „Band aller Elemente“ bzw. „Geist, der alle Dinge ... belebt“, angesehen, weil in ihnen bzw. durch sie „die Natur im Weltall wirkt“ (BURCKHARDT, S. 165). In der Sprache des alchemistischen Denkmodells können wir sie daher als die „Quintessenz“ aller stofflichen „Umgestaltungen“ bzw. geistigen „Transmutationen“ bezeichnen, d. h. als jenes „Prinzip“ der „ewigen Gestaltung“ im „Innersten der Natur“ („Lapis Philosophorum“). Denn „Unvollendetes in der Natur zu vollenden“ und „dabei auch zur Selbsterlösung zu kommen“, dies dürfte als „Zentralproblem“ der mittelalterlichen Alchemie angesehen werden müssen („Inf. Alch.“) [59]). So steht auch an einer Wand des iatro-chemischen Laboratoriums im Münchener „Deutschen Museum“ der folgende Ausspruch des PARACELSUS (1530): „Die Natur gibt nichts an Tag, das auf sein Statt vollendet sei, sondern der Mensch muß es vollenden. Diese Vollendung heißt Alchemia“.

In seiner Abhandlung über den „Geist Mercurius“ resümiert C. G. JUNG wie folgt: „Das Psychologem ‚Mercurius‘ muß essentiell aus einer antinomen Doppelnatur bestehen“ (S. 235). Dies bestätigt sich an der altägyptischen Magier-Gottheit des Hermes Trismegistos, dem ebenso gute Nachrichten wie Todesbotschaften überbringenden Gott Hermés der griechischen Mythologie, der astrologischen Vorstellung von Mercurius als „Herrscher“ über das seiner „Doppelnatur“ entsprechende „Sternbild der Zwillinge“ [60]) bis hin zu den zahlreichen Hermaphroditos-Kulten im (europäischen) 16.—18. Jahrhundert [61]). So war dieser ruhelose, zwiegesichtige, ebenso wankelmütige wie auf den rechten Ausgleich bedachte Sohn Jupiters [62]) seit je „ein Sinnbild des in der Welt wirkenden ... Dualismus“ bzw. das „Emblem“ einer „discordia concors“; (siehe HOCKE, S. 202 und Abb. 249—252 sowie unsere Abb. 4 i). Das am Schluß folgende Zitat stammt aus dem chinesischen Entwicklungs-Roman: „Der Traum der roten Kammer“ (18. Jh. n. Chr.), in welchem die „irdische Wiedergeburt“ und „Wandlung“ eines Menschen auf seine „ursprüngliche Bestimmung“ (d. h. hier taoistische „Selbstvollendung“) hin vermittels eines ihm zu „Eigen“ gewordenen „Geistersteins“ geschildert wird:

---

[58]) Ebenso waren die heilenden wie tödlichen Wirkungen des Quecksilbers den (spätmittelalterlichen) Jatro-Alchemisten hinreichend bekannt; (z. B. Quecksilber, „mit Fett verrieben“, als „graue Salbe“ gegen „Lues“, bzw. dessen hochgiftiges „Sublimat“ $HgCl_2$) (Lexikon Chemie, S. 195).

[59]) „Den halt ich im Tingiern für Meister und bewährt, der Gott zulieb sein Herz ins feinste Gold verkehrt“ (ANGELUS SILESIUS, S. 89).

[60]) Merkur gilt in der Astrologie auch als Patron aller auf einen ‚Vergleich‘ oder den Ausgleich von Gegenpositionen hin tätigen „Vermittler-Berufe“ (LÖHLEIN, S. 47, 141).

[61]) Siehe dazu GRACIÀN's psychologischen Begriff „Hermaphroditische Charaktere“ und deren Bezeichnung als „Diphtonge“ (S. 158). Weitere Hinweise auf solche und andere „Zweigeschlechter-Wesen“ finden sich bei HOCKE, S. 201 ff.

[62]) Siehe dazu auch die auf römischen Grenzwegen und -plätzen aufgestellten Hermes-Säulen.

Abb. 4 i: Androgyne Herme; (aus HOCKE, Abb. 192)

„ ‚Der Stein ist Euer Leben! Ohne ihn seid Ihr verloren! ...
Er ist so gut wie Euer Leben!' ...
‚Keine Sorge!' (antwortete Pao Yü).
‚Ich habe meine Seele wieder.
Nun brauche ich den Stein nicht mehr' " (S. 652 ff).

Literatur:

ANGELUS SILESIUS, Cherubinischer Wandersmann. (Einleitung v. W.-E. PEUCKERT). Wiesbaden: Dieterich'sche Verlagsbuchhandlung, 1949.

BACHOFEN, J. J., Mutterrecht und Urreligion. Stuttgart: A. Kröner-Verl., 1941.

BÖRTZLER, F., Janus und seine Deuter. In: Abhandl. u. Vortr. d. Bremer Wiss. Ges. **4,** Heft 3/4 (1930).

BURCKHARDT, T., Betrachtungen zur Alchemie. (In: Wissende, Verschwiegene, Eingeweihte). München: Herder-Verl., 1981; 162—170.

DÜRRENMATT, F., Ein Engel kommt nach Babylon (2. Aufl.). Arche-Verl., 1957.

GRACIÀN, B., Criticón oder über die allgemeinen Laster des Menschen. Hamburg: Rowohlt-Verl., 1957.
GROSSER, W., Münzen des Altertums. München: Heyne-Verl., 1978.
HOCKE, G. R., Die Welt als Labyrinth. Hamburg: Rowohlt-Verl., 1957.
HOFF, Cl., Engel. München: Luitpold-Werke; Sonderheft Nr. 45.
HOFMEIER, H. K., Der Engel Raphael (in einer ‚Seelenapotheke' des Jahres 1686). Mat. Med. Nordmark XIV, 12 (1967); 713—719.
HOLLAND, L. A., Janus and the bridge. American Academy in Rome, 1961.
HOMER, Odyssee. Wiesbaden: Dieterich'sche Verlagsbuchhandl., 1948.
HUTH, O., Janus. (Ein Beitrag zur altröm. Religionsgesch.). Diss. Bonn, 1932 (865 S.).
JUNG, C. G., Der Geist Mercurius. (In: Ges. Werke, 13. Bd.). Olten: Walter-Verl., 1978.
LAUTER, W., Tür und Tor — zwischen drinnen und draußen (3. Aufl.). Dortmund: Harenberg-Verl., 1982.
OVID, Metamorphosen. München: Goldmann-Verl., 1981.
OVIDIUS (Naso), Fasti I. Heidelberg: Winter-Verl., 1957.
PLOSS, E. (u. a.), Alchimia. (Ideologie und Technologie). München: H. Moos-Verl., o. J.
REFAIT, R.-M., Contribution à l'Étude des Janicephales. (Le Dieu Janus dans la légende, la numismatique, la littérature et les arts). Lyon, 1935.
RIJCKENBORGH, J. v. (Hrsg.), Die alchimische Hochzeit von Christian Rosenkreuz. München: Goldmann-Verl. ,1981.
RILKE, R. M., Duineser Elegien — Sonette an Orpheus. Manesse-Verl., 1951.
ROHDE, E., Psyche. (Seelenkult und Unsterblichkeitsglaube der Griechen). Leipzig: A. Kröner-Verl., o. J.
ROUX, G., Delphi. München: Hirmer-Verl., 1971.
SCHMITT, R. (u. M. SCHMITT), Schloß Schönbrunn. Wien, 1977.
TS'AO CHAN, Der Traum der roten Kammer; (a. d. Chin. übertragen v. F. KUHN). Büchergilde Gutenberg: 1980.
VANDENBERG, Ph., Das Geheimnis der Orakel. Gütersloh: Bertelsmann-Verl., 1979.
„Engel". (Betrachtungen in Bildern und Texten). Ramerding: Berghaus-Verl., 1980.
„Lehrerinformation Alchemie" des Dtsch. Museums in München (1981).
Lexikon Chemie. Frankfurt/M.: Fischer-Verl., 1961.
Bildband „Die Etrusker". (Text v. A. Massa). Genf: Ed. Minerva, 1980.

D. ZUR KULTURGESCHICHTE DES REGULIERUNGS-DENKENS

1. Antike Kreislauftheorie der Staatsverfassungen

α) Im Dialog „Phaidon" formuliert SOKRATES, seinen Beweisversuch der Unsterblichkeit unserer Seele damit einleitend, erneut den methodischen Grundsatz von PLATON's epistemologisch-dialektischem Denken wie folgt: „Dies also ... haben wir sicher genug, daß alle Dinge so entstehen, das Entgegengesetzte aus dem Entgegengesetzten ..., ein zweifaches Werden von dem einem zu dem anderen und von diesem wieder zu jenem zurück" (15. Kap., S. 23). Solches gilt daher auch für die „U m s c h w ü n g e" der von ihm in seiner idealistischen Staats-Utopie „Politeia" unterschiedenen fünf Verfassungsformen: Tyrannis, Aristokratie, Timokratie, Oligarchie, Demokratie [1]). Als den entscheidenden Grund für jene (i.u.S. selbstregulativen) „Umwandlungen" bezeichnet er die (i.u.S. gegeninduktiv) notwendigerweise aufkommende „Z w i e t r a c h t" zufolge einer (i.u.S. exponentialfunktionell) zunehmenden „U n e r s ä t t l i c h k e i t" der in der jeweils vorherigen Staatsverfassung als „größtes Gut" geltenden „Ideen"; (8. Buch, 1.—13. Kap., S. 246 ff). Unser nächster Literaturbefund veranschaulicht das speziell für jene „Umwendungen" von der Oligarchie via Demokratie via Tyrannis aus dem diesbezüglich insgesamt wichtigsten 14. Kap. des 8. Buches; (vgl. Abb. 1, am Schluß unseres Kapitels) [1a]).

B e f u n d 1; (aus: PLATON, Der Staat).

„Nun wäre uns mithin noch übrig (sprach Glaukos), die trefflichste Verfassung und den trefflichsten Mann durchzugehen, die Tyrannei und den Tyrannen [2]). — Offenbar, sagte Sokrates. — Wohlan denn, lieber Freund, welches ist wohl die Art, wie die Tyrannei entsteht? Denn daß sie sich aus der Demokratie abändert, ist wohl fast offenbar! — Offenbar. — Entsteht nun etwa auf dieselbe Weise, wie aus der Oligarchie die Demokratie, auch aus der Demokratie die Tyrannei? — Wieso? — Was die Oligarchie sich als das größte Gut vorsteckte und wodurch sie auch zustandegekommen war, das war doch der große Reichtum. Nicht wahr? — Ja. — Die Unersättlichkeit im Reichtum aber und die Vernachlässigung alles übrigen um des Geldmachens willen gereichte ihr zum Untergang. — Richtig! sagte er. — Und

---

[1]) τύραννος, Alleinherrscher; ἀριστεύς, der Beste, Edelste; τίμημα, Einkommen, Vermögen; ὀλίγος, gering, unbedeutend; δῆμος, Gemeinde, Volk.

[1a]) Siehe auch POLYBIOS (~ 200- ~ 120 v. Chr.) zum ähnlichen „Kreislauf der Verfassungen" im römischen Staat, mit einer „Kurve des Wachstums, Niedergangs und des Wechsels" nach „Übermut" und „Zügellosigkeit" der jeweils „Herrschenden" (S. 117 bzw. 112).

[2]) Für PLATON gilt diesbezüglich, „daß in dem vollkommen eingerichteten Staat ... Könige diejenigen sein müssen, die sich in der Philosophie und im Krieg als die besten gezeigt haben" (S. 246).

die Demokratie, löst nicht auch diese sich auf durch die Unersättlichkeit in dem, was sie sich als ihr Gut vorsetzt? — was meinst du aber, daß sie sich vorsetzt? — Die Freiheit, antwortete ich. Denn von dieser wirst du immer in einer demokratischen Stadt hören, daß sie das Vortrefflichste sei, und daß deshalb auch nur in einer solchen leben dürfe, wer von Natur frei sei. — Das Wort wird freilich gar oft gesagt. — Ist es nun etwa nicht, was ich eben sagen wollte, die Unersättlichkeit hierin mit Vernachlässigung alles übrigen, was auch diese Verfassung umgestaltet und sie dazu bringt, der Tyrannei zu bedürfen?" (S. 261 f).

ARISTOTELES nennt im 7. Kap. des 3. Buches seiner „Politik" die folgenden drei „Staatsverfassungen" und deren „Parekbasen" [3]): Königtum bzw. Tyrannis, Aristokratie bzw. Oligarchie, Demokratie bzw. Ochlokratie (a, S. 91) [4]). Im 11. Kap. des 4. Buches stellt auch er sich dann die Frage nach der „besten Verfassung", welche für ihn als realistisch philosophierenden Politologen diejenige ist, „die für die meisten Staaten anwendbar" erscheint und ein „Leben" gewährleistet, wie es „den meisten" Menschen „erreichbar ist". Gemäß dem in seiner „Ethik" aufgestellten „Grundsatz", wonach das „glückliche Leben ein Leben gemäß unbehinderter Tugend und die Tugend eine Mitte ist", folgert er daraufhin, daß ein „Staat aus solchen Mittelexistenzen" und einem „mittleren Leben" möglichst vieler Menschen „der beste" sein müsse. Diese Bedingungen würden sicher nicht in der Tyrannis erfüllt sein, welche Staatsform es daher auf jeden Fall zu verhindern gälte.
Ebenso „liegt" für ihn „amtage", daß am ehesten noch in der Demokratie solch „mittlere" Herrschaftsform bzw. Existenzbedingungen möglich sein dürften. Auf jeden Fall müßten aber auch hier das „Übermaß" und alles „Extreme" vermieden werden, weil nur so „am wenigsten Zwist und Aufstände unter den Bürgern entstehen" würden. Träten jedoch solche Zustände ein, dann könnte sich über die Ochlokratie schließlich jene Tyrannis etablieren; denn diese „entsteht aus der zügellosesten Demokratie", hingegen „weit weniger" aus „der Herrschaft des Mittelstandes und der sozial beinahe gleichgestellten Klassen" (a, S. 145 ff). Das gesellschaftliche Zusammenleben der Menschen in einem Staat derart regulierungs-politisch stets auf ein Mittleres hin zu organisieren, mag daher als eine Art von Kybernetik bezeichnet werden können. Denn entsprechend hat (mutatis mutandis) auch PLATON die „Kunst" des Regierens seines philosophisch gebildeten „königlichen Herrschers" mit der eines „edlen Steuermanns" (κῦβερνήτης) verglichen (Politikos, S. 56 f) [5]).

β) Zuvor schon hatte ähnlicherweise der Lyriker PINDAR (~518—446 v. Chr.) in seinen naturphilosophischen Gedichten die ‚Weltregierung' der Götter als ‚Kybernesis', später PLATON seinen göttlichen Weltenschöpfer, -ordner, -lenker als

---

3) Entartungen; gr. παρεκβᾰσίζω, daneben-hinaus-gehen.

4) Die Bezeichnungen für das dritte Paar „schwanken" bei A., die hier genannten werden jedoch am häufigsten gebraucht (SCHÄTZEL, S. 28, Anm. 1); (ὄχλος, gemeines Volk, Pöbel).

5) gr. κῦβερνάω, lat. gubernare, frz. gouverner, engl. to govern: steuern, lenken, leiten, herrschen, regieren.

,Kyberneten' beschrieben. Und etwa vier Jahrh. danach nannte PAULUS (10—66 p. Chr.) diejenigen Männer, welche auf Grund ihrer besonderen „Gnadengabe" (χάρισμα) befähigt erschienen, die ersten christlichen „Gemeinden" zu „leiten", ebenfalls „κυβερνήτης". Sie wie die anderen Gemeindechristen waren für diesen bedeutendsten Apostel der Frühkirche „Glieder" des „Leibes Christi" (1. Kor. 12, 27—31) [6], so daß wir heute rückblickend auch CHRISTUS selbst als ,Kyberneten' der menschheitlichen Christengemeinde bezeichnen können; (vgl. dazu RAPP, S. 76 f). Vielleicht sollten daher künftig alle sich so oder ähnlich als „Gottes Mitarbeiter" (1. Kor. 3,9) verstehenden Christen derart anthropo-kybernetisch unter ihren Glaubensbrüdern wirken wie auch Andersgläubigen gegenüber in Erscheinung treten.

In neuerer Zeit hat erstmals A.-M. AMPÈRE den Begriff „Cybernétique" angewandt „pour l'art de gouverner en géneral" (1834). Auch er weist schon ausdrücklich hin auf dessen philosophisch ebenso umfassende Verwendung „chez les Grecs même", bei welchem Seefahrervolk er ursprünglich nur bedeutet hatte „l'art de gouverner un vaisseau" (1856, p. 141). Schließlich mag noch J. C. MAXWELL mit seiner allerdings speziell mathematisch-technischen Abhandlung über die ersten maschinellen „Regulatoren" erwähnt sein (1868); denn im Rahmen unserer bisherigen Überlegungen erscheint von besonderer Bedeutung dessen Bezeichnung aller Regler-Maschinen als „governors" (vgl. Anm. 5) [7].

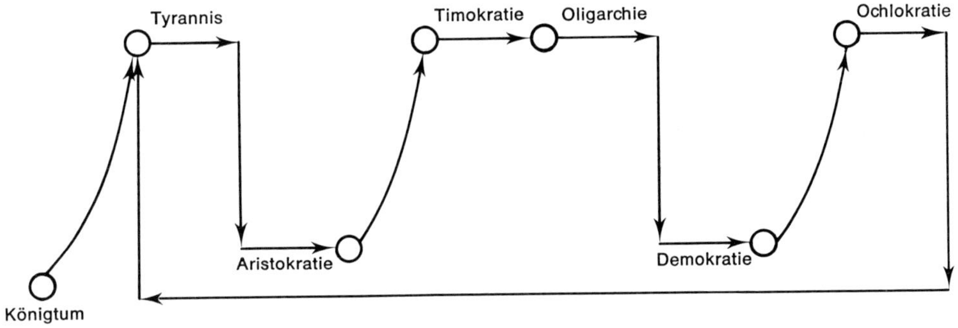

Abb. 1: Kreislauf der Staatsverfassungen *)

---

[6]) Paulinisch-kerygmatisches Verständnis der ,Auferstehung Christi'; (κήρυγμα, Bekanntmachung, Gebot, Predigt).

[7]) „A governor is a part of machine, by means of which the velocity of the machine is kept nearly uniform, notwith-standing variations in the driving-power or the resistance" (MAXWELL, p. 270).

*) In Anlehnung an PLATON und ARISTOTELES zusammenfassend und vereinfacht dargestellt.

Literatur:

AMPÈRE, A.-M., Essai sur la philosophie des sciences. (Première partie — Deuxième édition). Paris: Mallet-Bachelier, 1856 (1834).
ARISTOTELES (a), Politik (Werke 3; 3. Aufl.). Hamburg: F. Meiner-Verl., 1958.
— (b), Nikomachische Ethik. (Hrsggb. v. F. DIRLMEIER). Frankfurt/M.: Fischer-Verl., 1957.
MAXWELL, J. C., On governors. Proc. Roy. Soc. **16** (1868); p. 270—283.
PLATON (a), Phaidon — Politeia. Hamburg: Rowohlt-Verl., 1978.
— (b), Politikos. (In: Werke 5). Hamburg: Rowohlt-Verl., 1963.
POLYBIOS, Historien (Auswahl). In: Lesebuch der Antike, Band 2; (Hrsggb. v. L. Voit). Gütersloh: Bertelsmann-Verl., o. J.
RAPP, H. R., Mensch, Gott und Zahl. Hamburg: Furche-Verl., 1967.
SCHÄTZEL, W., Der Staat. Wiesbaden: Dieterich'sche Verlagsbuchhandl., o. J.
Die Bibel (nach der Übers. Martin LUTHER's). Mit Apokryphen. Stuttgart: Dtsch. Bibelstiftung, 1975.
The Greek New Testament. London: United Bible Societies, 1966.

„Besser ein weiser Tor als ein
törichter Weiser“
(SHAKESPEARE, Was ihr wollt; S. 13).

2. Regulative Rechtsbräuche im Mittelalter

a) Für „ummauerte Plätze“ galt im Mittelalter (und darüberhinaus) die „Rechtsanschauung“ des Weichbild- oder B u r g f r i e d e n s (mhd. burc- bzw. wichvride, ahd. mundáte) [8]), wo innerhalb eines Bannbereichs alle Streitigkeiten, Fehden usw. verpönt waren bzw. durch erhöhten rechtlichen Schutz ausgeschlossen werden sollten (SCHMEISSNER, S. 1) [9]). Dazu wurden an möglichst weithin sichtbaren Grenzstellen z. B. Marksteine, Holzsäulen, Steinkreuze oder Tafeln mit entsprechender Aufschrift sowie (häufig) dem Bild eines Beils und einer abgeschlagenen Hand errichtet; (siehe Abb. 2). Denn es genügten oft schon bloße Schmähungen oder geringfügige Tätlichkeiten an diesen Orten, um den Störenfried in solcher Weise hart und für immer derart augenfällig zu bestrafen.
Historisch wurzelt diese ‚pax urbana‘ im antiken Tempel- und frühchristlichen Peters-Frieden, wonach innerhalb der betreffenden Kultstätte jedem Verfolgten Schutz gewährt bzw. Unverletzlichkeit garantiert wurde [10]). Sinn und Zweck jener ‚pax civitas‘ war es vor allem, die „Wehrhaftigkeit“ eines befestigten Ortes gegenüber äußeren Feinden zu erhalten bzw. zu erhöhen. So wurden daher auch, je größer dessen Bedrohung erschien, desto unnachsichtiger alle Rechtsmittel

[8]) „Muntat“ bezeichnet allgemein jede Art von „Sonderfrieden“ bzw. „den damit ausgestatteten Bezirk“, z. B. Rathäuser, Märkte, Spitäler, Schießplätze, Vergnügungsstätten, Brücken, usw. (FUNK, b, S. 145).

[9]) Wie auch dieser Autor festgestellt hat (1976), „scheint“ eine „zusammenfassende Schrift“ über den Burgfrieden bisher „zu fehlen“ (S. 56, Anm.).

[10]) Hingewiesen sei auf das Gastrecht seit frühmenschlichen Zeiten sowie analoge territoriale Biophänomene.

Abb. 2: Die „Kaysserliche Freyheit" (1766) in Weißenburg/Mfr.; (Aufnahme Verf.)

angewandt, um den „Frieden" als wichtigstes „Element" des „inneren Lebens" der Stadt oder Burg zu sichern. Regulierungspsychologisch haben wir jenen Rechtsbrauch bzw. die bei dessen Mißachtung verhängten Strafen demnach als eine obrigkeitliche Technik zur Reglementierung und Disziplinierung aller Bürger (via ÜST-TST i. S. unseres Modells) zu interpretieren.
Eine der verbreitetsten Einrichtungen dieser Art war der Pranger, vom ‚Hohen Rath' einer Stadt an markanten und belebten öffentlichen Plätzen ‚für bös Leut' erbaut. Unsere Abb. 3 a zeigt einen Wandpranger in Dettelbach/Ufr. (1674), am Treppenaufgang zur orts-zentralen Pfarrkirche errichtet, mit Stehkonsole, Halsbügel und eingemeißelter Schellenkappe. Nach FUNK (a, S. 85 f) ist eine solche Ausführung als „gemeines Halseisen" zu bezeichnen, welche Form des Strafvollzugs für kleinere Delikte und also durch städtische „Niedergerichte" zum Zwecke der „bürgerlichen Züchtigung" verhängt werden konnte. Derart ein täglich allen vor Augen kommendes Rechtsmal, war der Pranger besonders geeignet, als ein auch langfristig wirkendes Mahn-, Warn- und Abschreckungs-Instru-

Abb. 3 a: Pranger in Dettelbach/Unterfranken; (Aufnahme Verf.)

ment zu dienen und so jenen (FST-) Gleichrichter-Effekt bei den Bürgern wie (exponentiellen) Verstärker-Effekt auf den Gesellschafts-Verband zu gewährleisten.

Aktuelle Anprangerungen eines Delinquenten wurden amtlicherseits oft mit einer Art „Volksfest" oder „Volksbelustigung" verbunden, um die „Kundbarmachung" jenes Ereignisses zu erhöhen und damit den hier wie auf einer Bühne [11]) „Ausgestellten" vor möglichst vielen Leuten der „Lächerlichkeit", ihrem Hohn und Spott preiszugeben. Dies sollte und konnte, weil moralisch wie juridisch praelegitimiert, „ohne jegliche Skrupel" und durch „keinerlei Grenzen" beschränkt geschehen (BADER, S. 141). Und hierbei ergötzte sich dann gewiß nicht nur der Straßenpöbel, von dem schon der Psalmist wie folgt zu berichten weiß:

„. . . Eine Rotte von Bösen umkreist mich . . .
Sie gaffen und weiden sich an mir . . ."; (a. d. Ps. 22).

---

[11]) Siehe dazu auch die sog. Bühnenpranger, vor allem an Rathäusern oder anderen öffentlichen Gebäuden; (Abb. 3 b).

*Abb. 3 b: Honoré DAUMIER, Ecce homo (1849—52) *)*

Regulierungspsychologisch haben wir jenen Vorgängen eine behördlicherseits beförderte (EST-)Ventil- wie ebenso erwünschte (FST-)Selbstbestätigungs-Funktion bei den meisten der ad hoc Unbescholtenen zuzumessen; (Pseudo-Homöostasierung i.u.S.). Solche Regulationsprozesse führten daher zur weiteren Stabilisierung der moralcharakterologischen Verfassung bei diesen Einzelpersonen sowie damit auch der Funktionsdynamik des soziokulturellen Verbund-Systems. Eine besondere Rolle dabei spielte schließlich die Tatsache, daß jene öffentlich derart Bloßgestellten ausdrücklich auch noch als ‚N a r r e n' abgestempelt wurden [12]).

β) Diese Bezeichnung war im Grunde freilich gar nicht so abwegig; denn viele von ihnen hatten eben törichterweise nur allzu offenherzig gesellschaftliche Mißstände, behördliche Übergriffe, Willkürakte usw. anzuprangern gewagt. Ein solches (Fehl-) Verhalten aber wird bis heute allein den dazu ausersehenen, systemdienlichen und daher obrigkeitlich-tolerierten soziokulturellen (bzw. feudal-gesellschaftlichen) ‚H o f n a r r e n'-Figuren nicht nur erlaubt, sondern eben sogar ausdrücklich anempfohlen. Als den wichtigsten Grund für deren ‚Narrenfreiheit' ha-

*) Siehe Joh. Ev. 19, 4—15.

[12]) Siehe die Narrenhaube auf Abb. 3 a sowie die speziellen Narrenkäfige, Narrenhäuschen u. ä.

ben wir nämlich festzuhalten, daß die „Herrscher" sonst „niemanden haben, der ihnen die Wahrheit sagt" (ERASMUS, S. 61). Zufolge dieses „Vorrechts des Toren ..., ungehindert die Wahrheit aussprechen zu dürfen", erfuhren also die Fürsten, Burgherren, Stadtoberen usw. jene ihnen zur rechten Machtausübung so nützlichen Informationen über die wirkliche Stimmung im Volk bzw. wahre Gesinnung ihrer Gefolgsleute, Höflinge, Hofschranzen; (negative Rückkopplungs-Funktion) [13]).

Hinzu kam, daß die oft auch ‚coram publico' als „Witze" oder „Späße" oder auch offene „Beleidigungen" ausgesprochenen Anschuldigungen, Enthüllungen usw. von den meisten Anwesenden „mit Vergnügen" und „Gelächter" quittiert werden konnten. Nicht nur die mehr oder weniger versteckt Angegriffenen, sondern auch die nicht unmittelbar Betroffenen waren jedenfalls gewarnt; viele mochten sich in ihrer loyalen Haltung erneut bestätigt fühlen; die Mehrzahl aber war gut unterhalten worden, hatte sich amüsieren dürfen und auf Kosten anderer wieder einmal einregulieren können; (FST-Gleichschaltungs- bzw. EST-Entlastungs-Funktion) [14]). So spielte der Hofnarr seit der Antike bis ins 18. Jahrhundert die machtpolitisch hochbedeutsamen Rollen eines ‚secret intelligence service' und des ‚Entertainers' in einer Person. Speziell ab dem späten Mittelalter „fester Bestandteil" jener „Adelsgesellschaft", mag eine solche soziokulturelle „Institutionalisierung des Narrentums" (DEUFERT, S. 124) wohl auch heute noch manchenorts (mutatis mutandis) ähnlichen staatsmännisch-regulativen Regierungsaufgaben dienen [15]).

Zusammenfassend ist demnach festzustellen: „It ist the master who needs the jester ..., in either the psychological or the moral analysis" (TIETZE-CONRAT, p. 67). Hingewiesen sei dazu auf die schon in der Antike erwogene „reciprocity of king and fool ..., the unique equality of interchangeability between king and jester", so daß „court-fools (often) became worthy of portrayal at the same time as their masters" (l.c.p. 9, 13, 45). Unsere folgende Abbildung 4 (l.c., picture 71) zeigt die dem Kanzler eines Königs derart gleichwertige Stellung eines solchen „wise man, who plays the fool" (l.c.p. 51). Sie beide verkörpern somit hier als „symbols" die moralcharakterologischen FST- bzw. EST-Funktionsstrukturen der königlichen Herrscher-Persönlichkeit i. S. unseres bipolar-binären, regeltechnischen Regulierungs-Modells [16]).

---

[13]) Allgemein ist festzustellen, daß der ‚Narr' in seinem Verhalten immer „das Gegenbild der Welt präsentiert, in die er gestellt ist", und er somit als deren „Korrektiv" wirksam zu werden vermag (RÄNSCH-TRILL, S. 80).

[14]) Auf die Selbstgefährdung jedes ‚Narren' in dieser seiner gesellschaftlichen Funktion soll hier nur hingewiesen werden; (siehe z. B. die Roman- und Opern-Figur des „Rigoletto", nach V. HUGO bzw. G. VERDI).

[15]) Eine umfassende, allgemeingültige Darstellung der wesentlichen Krisen-, Regulierungs- und Stabilisierungs-Kriterien hinsichtlich isolierter und von außen her bedrohter Gruppensysteme findet sich bei SELBACH, S. 114—123.

[16]) 1. (lat.) mos, pl. mores, Gewohnheit, Brauch, Vorschrift, Gesetz bzw. Gesittung, Sittlich-

Abb. 4: „King between Fool and Chancellor". Relief from the ‚Little Golden Roof', Innsbruck; Erasmus GRASSER, 1480. (Tiroler Landesmuseum).

γ) Im Binnenraum eines jeden sich auch von außen bedroht fühlenden Gesellschafts-Systems durch Ruhe und Ordnung demonstrativ eine stabile, effektivere Funktionsstruktur zu konstituieren, war zu allen Zeiten ein probates Mittel politisch-strategischen Gleichgewichts- bzw. (freilich stets bestrittenen) Hegemonie-Denkens. Dazu sei erstens erinnert an das in der athenischen Polis unter Kleisthenes (um 500 v. Chr.) eingeführte ‚Scherbengericht' (ὀστρᾰκισμός), ein Verfahren, durch das Männer, die nach Meinung von „mindestens 6000 Bürgern" eine „Gefährdung, Bedrohung oder Beunruhigung des Staatskurses" darstellten, für 10 Jahre (ohne Verlust der Ehre und ihres Besitzes) verbannt wurden (FERNAU, S. 118 f). Zweitens erwähnen wir die imperalistischen Bestrebungen Englands seit etwa der Mitte des 18. Jahrhunderts, indem dieses sich unter Berufung auf jene Wortformel einer ‚balance of power' als „der beredte Beschützer des Gleichgewichts auf dem Festland ausgab, „im Stillen" jedoch damit nur die Voraussetzungen zur Anbahnung „des eigenen Übergewichts in der Welt" hatte schaffen wollen (DEHIO, S. 18). Schließlich sei noch auf die gegenwärtige Weltlage hingewiesen, in welcher zwei ‚ideologisch ähnlich ‚in sich gefestigte', [16a]) polar-kon-

keit; (FST i. u. S.). 2. (lat.) morus, albern, närrisch, (subst.) Narr, Närrin, (griech.) μωραίω, töricht sein, μωρία, Torheit; (EST i. u. S.).

16a) Auf die in Ost und West sehr unterschiedlichen manipulativen Techniken, Druckmittel, Beeinflussungen zur ‚Gleichrichtung' non-konformistisch argumentierender Individuen (versus TST-Synchronisation) soll hier nicht eingegangen werden.

träre Gesellschafts- und Wirtschafts-Systeme mir ihren militärischen Potentialen einander gegenüberstehen; (siehe Kap. B: Epilog).
Mit der Begründung, den Weltfrieden nur durch ‚Abschreckung‘ des Gegners auf Grund eines ‚Gleichgewichts der Kräfte‘ erhalten zu können, kommt es in jenen beiden Machtblöcken zu exponentialfunktionell zunehmend ‚tödlicheren‘ Waffenkonstruktionen und technologisch perfekteren Rüstungsproduktionen. Der eigentliche Grund hierfür ist jedoch der beidseitige Totalitäts-Anspruch gemäß ihren soziokulturellen und ökonomischen Ideal-Vorstellungen sowie die damit fehlende ideologische Konzessions-, Kompromiß- und Kooperations-Bereitschaft. Es werden vielmehr, dies zu bemänteln versuchend, immer unversöhnlichere, weil dazu auch noch irrational-motivierte Feindbildkonstrukte und Scheinargumentationen ins Feld geführt. Als Folge davon beobachten wir daher heute eine ‚Aufschaukelung‘ der begegnungs-prozessualen Schwingungskurven zu einer (i. S. unseres Regelkreis-Modells) instabilen ÜST-UST-Gleichgewichtsdynamik mit der drohenden Gefahr unkontrolliert-entlastungsreaktiver Kipp-Regulationen.
Vor kurzem hat M. D. WALLACE (nach SONNTAG, S. 113) „99 Konfrontationen“ in der Zeit von 1816 bis 1965 „festgestellt“ und diese korrelations-statistisch dahingehend untersucht, ob nach einem bzw. keinem „Wettrüsten“ sich daraus „Krieg“ oder „kein Krieg“ entwickelt haben. Aus der am Schluß aufgeführten Tabelle ist ersichtlich, daß ein „schablonenhaftes Festhalten an überkommenen Reflexen der Gleichheit“ offenbar die größte „Gefahr“ in sich birgt, die „Hinnahme einer gewissen Überlegenheit des Gegners“ jedoch „ein merklich geringeres Risiko“ darstellt, kriegerische Auseinandersetzungen „herbeizuführen“. Diesem Ergebnis ist auch aus unserer regeltheoretischen Sicht eine gewisse Allgemeingültigkeit zuzumessen; wenigstens aber sollte es in der gegenwärtigen Situation des atomaren ‚Overkills‘ eines ernstlichen Bedenkens für wert befunden werden. Sehr wahrscheinlich würden jedenfalls durch alternierende relevante Abrüstungs-‚Vorgaben‘ beider Seiten eine Dämpfung der extrem antipolar ausgelenkten Begegnungskurve in Richtung auf HST-WST-sinusoidale Schwingungsformen und damit eine regeltechnisch stabilere Verfassung des Gesamtsystems bzw. symbiotische Koexistenz dieser Partnersysteme erreicht werden können; (vgl hierzu KRÜGER und ZINK).

Tabelle 1; (siehe Text)

	Wettrüsten	kein Wettrüsten
Krieg	23	3
kein Krieg	5	68

Literatur:

BADER-WEISS, G. (und K. S. BADER), Der Pranger. Freiburg/Brsg.: J. Waibel'sche Verlagsbuchhandl., 1935.
BODENSOHN, A., Die Provokation des Narren (3 Bände). Frankfurt/M.: Dipa-Verl., 1972 bzw. 1973 bzw. 1975.

DEHIO, L., Gleichgewicht oder Hegemonie. Krefeld: Scherer-Verl., 1948.
DEUFERT, W., Narr, Moral und Gesellschaft. Frankfurt/M.: K. u. P. Lang-Verl., 1975.
ERASMUS von ROTTERDAM, Das Lob der Torheit. (Mit den Randzeichnungen von Hans HOLBEIN d. J.). Frankfurt/M.: Insel-Verl., 1979.
FERNAU, J., Rosen für Apoll. (Die Geschichte der Griechen). Berlin: Herbig-Verl., 1961.
FUNK, W. (a), Deutsche Rechtsdenkmäler mit besonderer Berücksichtigung Frankens. Erlangen: Palm und Enke, 1938.
— (b) Alte deutsche Rechtsmale. Bremen—Berlin: Angelsachsen-Verl., 1939.
HORNA, R., Der Pranger (in der Tschechoslowakei). Graz: Leykam-Verl., 1965.
KRÜGER, J. (Hrsgb.), Mut zur Angst. (Schriftsteller für den Frieden). Neuwied: Luchterhand-Verl., 1982.
RAUSCH-TRILL, B., Rolle und Gestalt des Clowns. Univers. **38,** 1 (1983); 79—84.
SCHMEISSNER, R., Der Burgfrieden der ehemals freien Reichsstadt Regensburg. Regensburg, 1976.
SELBACH, H., Über die psychische Dynamik versprengter Gruppen. (In: Psychiatrie und Gesellschaft). Bern und Stuttgart: H. Huber-Verl., 1958.
SHAKESPEARE, W., Was ihr wollt. (Übers. v. A. W. SCHLEGEL). Stuttgart: Reclam-Verl., 1975.
SONNTAG, Ph., Schrecken um die Abschreckung. (Psychologie des atomaren Gleichgewichts). Bild der Wiss., 10 (1981); 112—116.
TIETZE-CONRAT, E., Dwarfs and jesters in art. New York: Phaidon Publishers Inc., 1957.
ZINK, J., Wie übt man Frieden? (Über den Umgang mit dem Bösen). Stuttgart: Kreuz-Verl., 1982.
Bibelkalender 1980. (Hrsggb. v. V. KATZMANN). Stuttgart: Verl. Kath. Bibelwerk, 1980.

„Die Schönheit ... hat allgemeine Regeln,
die sich ... anwenden lassen auf Handlungen,
auf Gedanken sowohl als auf Formen".
(G. E. LESSING, Laokoon; S. 3).

3. Das Schöne und Gute als Regulierungs-Effekt

Unsere folgende Abb. 5 zeigt die in archaischer Einfachheit symmetrisch geformte Rundplastik einer „Tänzerin" aus der frühgeschichtlichen Negade I-Epoche Ägyptens (zwischen 4000 und 3500 v. Chr.), ihre Arme wie die Balken einer im Gleichgewicht ruhenden Waage emporhaltend (WILDUNG, S. 110) [16b]). Näherungsweise eignen dieser Figur die gleichen Maßverhältnisse, wie sie über 3000 Jahre später dann in der τέχνη der griechischen Klassik gegolten haben; (Proportionsregel des ‚Goldenen Schnitts') [17]). Betrachten wir als eine der bedeutendsten Skulpturen jener Epoche die Apollon-Statue im vatikanischen Belvedere (HAGENMAIER, S. 76), so „drückt" bei ihr der linke „bogenhaltende Arm" die „dynamische Komponente des apollinischen Wesens aus", welcher im „Ölbaumzweig der Rechten deren Ausgleich", nämlich „die Segnungen der ordnenden Kraft" jenes Gottes „symbolisch zugesellt" erscheinen; (siehe Abb. 6).

[16b]) Vgl. dazu Kap. C 1.
[17]) Der kleinere Teil einer geteiten Strecke verhält sich zu derem größeren Teil wie dieser zur ganzen Strecke; also $x : m = m : (x + m)$, oder $x^2 + m \cdot x = m^2$.

Abb. 5: „Tänzerin“; (Ägypten, 4000—3500 v. Chr.)

Was hier aus dem „Wissen um Maß und Grenzen“ des Menschen bzw. der künstlerischen Gestaltung eines „schönen Wesens“ bewußt derart h a r m o n i s c h gebildet wurde (KENNER, S. 3, 38), dürfte vom Schöpfer jener ägyptischen Tonfigur damals aus einer instinktiven Vorahnung dieser geistigen Haltung in ähnlicher Weise proportioniert geformt worden sein.

Aus Abb. 6 ist ersichtlich, in welcher Weise diese Bronzeplastik nach jener Verhältnisgleichung als der klassischen Maßproportion für Schönheit aufgebaut erscheint. $1^1/_2$ Jahrtausend später schreibt DÜRER in seiner „Proportionslehre“ (1528), daß „ohn rechte Proportion kan ye kein Bild vollkommen sin“; und also „durch die Geometrie magstu deins wercks vil beweyssen“ (HAGENMAIER, S. 9 bzw. 73). Diese Art von proportions-gerechter „Schönheitlichkeit“ zeigt sich bei DÜRER stilistisch erstmals betont in dessen wie eine Christus-Ikone gemaltem „Selbstbildnis“ aus dem Jahre 1500 (Abb. 7, nach HAGENMAIER, S. 80), jenem „Wendepunkt“ seines Lebens und Schaffens hin zu einer „neuen Menschenanschauung“ (OETTINGER, S. 1816—1821). Im Überblick reicht die Reihe der Theoretiker jener ‚regula aurea‘ als einem Maßstab für das Harmonische und also im

klassischen Sinne Schöne von PYTHAGORAS [18]) über PLATON [19]) sowie zahlreiche Philosophen, Mathematiker und Künstler der Renaissance [20]) bis zu LE CORBUSIER in unserer Zeit, bezüglich dessen „Modulor" (1948) EINSTEIN gesagt haben soll, es sei „ein Maßsystem, das das Schlechte schwierig und das Gute leicht macht"; (zit. nach HAGENMAIER, S. 29) [21]).
Einen Maßstab an etwas anlegen, heißt das betreffende Phänomen abmessend eingrenzen wollen [22]). So können z. B. mittels des cgs-Maßsystems der klassi-

Abb. 6: „Apoll von Belvedere" (Rom, Vatikan).

---

[18]) Für die PYTHAGOREER galt das Pentagramm (mit seinen Goldenen Schnitt-Verhältnissen) auch als magisch-mystisches „Symbol der Gesundheit"; (v. d. WAERDEN, S. 165, und SACHER, 1982, S. 168).

[19]) Siehe dessen „schönsten" und „besten" seiner „geometrischen Idealkörper", das Pentagondodekaeder (mit ebensolchen Streckenteilungen), als mathematische Symbolfigur „für das Weltenganze"; (Timaios, S. 174 ff, und SACHER, 1982, S. 204).

[20]) Vor allem Luca PACIOLI griff in seiner Schrift: „De Divina Proportione" (1498, mit Holzschnitten von LEONARDO da VINCI), speziell auch jene Vorstellung von PLATON über das Pentagondodekaeder als dem „Symbolkörper" für das „gesamte Universum" wieder auf (TORNEY, S. 116).

[21]) Zum „Modulor" vgl. HAGENMAIER, S. 46 ff.

[22]) Maßstab, (gr.) τὸ μέτρον; (lat.) mensura, regula.

Abb. 7: „Selbstbildnis" DÜRER's (1500)

schen Physik die räumliche Ausdehnung (cm), gewichtsmäßige Beschaffenheit (g) sowie zeitliche Erstreckung (sec) einer Naturerscheinung bestimmt werden. In entsprechender Weise wird auch der Künstler die Maß-Regel jener geometrischen Verhältnisgleichung bei seinem Schaffen beachten und derart die schönste, weil aesthetisch-ausgewogenste Form eines Gemäldes, Bauwerks oder plastischen Gebildes herstellen. Nach griechischer Auffassung aber verlangt das vom Schöpfer dieses Kunstgegenstands des weiteren, jenes mathematische Maß ebenso an und in sich selbst anzulegen, also auf regulierungs-technischem Wege insbesondere die Mäßigung seiner seelischen Kräfte und Bedürfnisse bis geistigen Bestrebungen und Handlungen zu bewerkstelligen [23]). Wir zitieren als Beleg hierfür aus PLATON's Dialog „Phaidros" dessen Beschreibung der vernunftgemäßen „Bändigung" jener zwei „Seelenrosse" des Menschen durch ihren „Führer", um sich derart durch σωφροσύνη[24]) dem „Wesen" von „Schönheit" nähern zu können.

[23]) Zur Etymologie von Maß (mhd. mâze) via Mäßigung vgl. KLUGE, S. 465.
[24]) Besonnenheit, Selbstbeherrschung, Enthaltsamkeit, Mäßigung.

Zunächst versinnbildlicht SOKRATES dort jenes „Wesen der Seele“, indem er sagt, „es gleiche der zusammengewachsenen Kraft eines befiederten Gespannes und seines Führers“. Letzterem obliegt es demgemäß, die beiden „Seelenrosse“, von denen das eine „gut und edel“, das andere aber von „entgegengesetzter Abstammung und Beschaffenheit“ ist, mit Bedacht zu „zügeln“, welche „Lenkung“ aus den eben genannten Gründen „notwendig bei uns schwierig und mühsam“ sei (S. 27). Danach wendet er dieses Gleichnis auf den besonderen Fall an, in dem jener „Führer“ eines „Lieblings glänzende Gestalt erblickt“, woraufhin seine „Erinnerung“ dann „hingetragen“ wird „zum Wesen der Schönheit“; und „wiederum sieht er sie mit der Besonnenheit auf heiligem Boden stehen“. Derart das ‚Urbild‘ [25]) des Schönen „erblickend“ und dabei „durchdrungen von Ehrfurcht, kann (er) sogleich nicht anders, als so gewaltig die Zügel rückwärts ziehen, daß beide Rosse sich auf die Hüften setzen“, und zwar „das eine gutwillig, weil es nie widerstrebt, das wilde aber höchst ungern“ (S. 34 f) [26]).
Etwa 2000 Jahre später stellt LESSING in seiner kunstkritischen Betrachtung speziell der Laokoon-Gruppe (1. Jahrh. v. Chr.) erneut die Frage, „warum der Künstler in dem Ausdruck Maß halten ... müsse“. Er beantwortet sie dahingehend, daß nur so „das Häßliche der Natur in ein Schönes der Kunst verwandelt werden“ könne. Maler und Bildhauer insbesondere sollten daher die „Grenzen“ kennen, welche „die Grazien der Kunst setzen“, d. h. sie müßten „den Ausdruck“ ihrer Gestalten „dem ersten Gesetz der Kunst, dem Gesetz der Schönheit unterwerfen“. Nach WINCKELMANN habe vor allem Griechenland solche „Künstler und Weltweisen in einer Person“ hervorgebracht, bei denen jene „Weisheit reichte der Kunst die Hand“ (S. 6 ff, 19, 22).
Maß-halten ist somit das ‚tertium comparationis‘ zwischen ‚Schönheit‘ des künstlerischen Materialgebildes und ‚Güte‘ der sittlichen Geistesbildung als analog-korrespondenten Regulierungsphänomenen; (siehe Kapitel-Vorspruch). Im Rückblick (u. a.) auf das klassisch-griechische Arete-Ideal der Kalokagathie [27]), hat nun anfangs des 18. Jahrhunderts der Gefühlspsychologe sowie pantheistische Natur-, Kunst- und Moral-Philosoph (A. A. COOPER, Third Earl of) SHAFTESBURY (1671—1713) diese Anschauung von der vollkommenen Übereinstimmung (ἁρμονία) jenes ‚Schönen und Guten‘ im ‚wohlgeratenen‘ Menschen mit seiner humanen Bildungstheorie einer zugleich „poetical and moral Truth“ nachgezeichnet. So kommen für ihn „Schönheit der Gefühle“ und „Erhabenheit des Charakters“ beide aus der „Natur“ als ihrer gemeinsamen Quelle, erscheinen ihm daher auch „die Künste und Tugenden miteinander befreundet“ (“are mutually friends”); und also „vereinigen sich“ schließlich ebenso „in gewisser Weise die Kenntnis des Virtuosus oder Kunstkenners und die der Tugend oder Virtus selbst“ („become one and the same“) [27a]). SCHAFTESBURY geht es danach immer um sowohl „the Beauty of Sentiments“ als auch „the Sublime of Characters“ und insbe-

[25]) εἶδος, ἰδέα, ἀρχητῦπος, οὐσία.

[26]) Siehe (gr.) ζῦγόν, Zügel, Zweigespann, Waage, Brücke.

[27]) ἀρετή, Vollkommenheit, Tugend, Glück; κᾰλός, schön, anmutig; ἀγαθός, gut, edel.
Die (altröm.) virtus entspricht etwa der (gr.) arete.

sondere um den rechten „Maßstab“ („measure“) hierbei, „(to) assign with Justice and true Proportion the Boundarys of either Part“ („um gerecht und im wahren Verhältnis beider Grenzen zu bestimmen“) (S. 266 ff) [28]).

Zur selben Zeit etwa war in Frankreich Mde. de LA FAYETTE's moralistischer Sittenroman: „La Princesse de Clèves“ (1678) erschienen, dessen Hauptfigur ein ganz anderes Ideal menschlicher Wohlgebildetheit repräsentierte [29]). Von Kind an zu aristokratisch-puritanischer Tugendhaftigkeit erzogen, hat die erst 16jährige Mdm. de Chartres auf Drängen ihrer Mutter den wesentlich älteren, aber hochgeachteten Edelmann Mr. de Clèves heiraten müssen. Doch schon an ihrem Hochzeitstag verlieben sich der Herzog von Nemours und sie leidenschaftlich ineinander. Mit größter Heftigkeit bricht jener für sie verhängnisvolle Gewissenskonflikt zwischen Pflicht („devoir“) und Neigung („inclination“) in ihr auf: „Soll ich Monsieur de Clèves, soll ich mir selbst untreu werden?“ (Veux-je manquer à Mr. de Clèves? Veux-je me manquer à moi-même?“). Ihrer Tugend wegen wie um der Ruhe ihres Herzens willen, entscheidet sie sich schließlich gegen ihre „Gefühle“ („sentiments“); und auch nach dem Ableben des an seiner verletzten Ehre zu Tode erkrankten Gatten bleibt sie entschlossen, „weiter nach den strengen Regeln zu leben“, welche die „Pflicht“ ihr „auferlegt“ („et je suivrai les règles austères que mon devoir m'impose“):

Aber „sie erkannte auch, daß es ein unausführbares Vorhaben war, dem liebenswertesten aller Männer, den sie liebte und von dem sie geliebt wurde, zu widerstehen, wenn er gegenwärtig sei“. Daher „verbrachte (sie) einen Teil des Jahres in dem Kloster, den andern in ihrem Hause, doch in einer Zurückgezogenheit und frommen Werken ergeben, wie sie die strengsten Orden nicht vorschreiben; und ihr Leben, das nur kurz währte, war ein Beispiel unnachahmlicher Tugend“ („des exemples de vertu inimitable“); (S. 129, 202 bzw. frz. S. 111, 177).

200 Jahre später folgt dieser exzentrisch-exzessiven FST-(TST-) Lösung jenes Zwiespalts zwischen (individuell-sinnlichen) Neigungen und (gesellschafts-moralischer) Pflicht mit IBSEN's „Nora“ (1879) die erste literarisch-paradigmatische Darstellung einer emanzipatorisch-gegenpolaren EST-(NST-) Konfliktbewältigung [30]). Zeitlich etwa in der Mitte zwischen diesen beiden dramatischen Dichtungen zweier Frauenschicksale liegen die für uns bedeutsamsten philosophischen Erörterungen jenes Regulierungs-Dilemmas, nämlich KANT's „Kritik der praktischen Vernunft“ (1787) sowie SCHILLER's „Ästhetische Schriften“ (1784—1795). Zur Veranschaulichung der hier metaphysisch-deduktiv begründeten TST-zirku-

---

[28]) „Wie können wir den großen Weltgeist verwerfen? ... O herrliche Natur! über alles schön und gut!“ (SHAFTESBURY, Die Moralisten; zit. nach DILTHEY, b, S. 401 bzw. 403).

[29]) Siehe dazu die Reihe der darauf folgenden Briefromane von RICHARDSON's „Pamela“ (1740) und „Clarissa“ (1748) über ROUSSEAU's „Nouvelle Héloise“ (1761) bis zu GOETHE's „Werther“ (1774).

[30]) Als vorläufiger Endpunkt einer Entwicklungskurve von Aufklärungs- und Emanzipationsdynamik seit den bürgerlichen Trauerspielen des 18. Jahrhunderts bis zu den großen psychologischen Romanen der zweiten Hälfte des 19. Jahrhunderts (z. B. Flaubert's „Madame Bovary“, 1857; Tolstoi's „Anna Karenina“, 1877; Fontane's „Effi Briest“, 1895.)

lären End- bzw. HST-WST-sinusoidalen Gleichgewichts-Lösung jener existentiellen Gegensatzdynamik zitieren wir den a.a.O. erstmals definitorisch resümierenden Gedankengang KANT's über die „Pflicht“ (Befund 2) bzw. einige Sentenzen aus SCHILLER's diesbezüglich wichtigstem Werk: „Über die ästhetische Erziehung des Menschen“, 1795 (Befund 3). Dazu sei ausdrücklich festgestellt, daß wir eine derart regulierungs-psychologistische Interpretation noumenal-transzendentaler Begriffe (i. S. KANT's) entgegen der akademisch tradierten Lehrmeinung vornehmen, jedoch im Rahmen unseres Modells für vertretbar halten.

Befund 2; (aus: I. KANT, Kritik der praktischen Vernunft).

„Pflicht! du erhabener großer Name, der du nichts Beliebtes, was Einschmeichelung bei sich führt, in dir fassest, sondern Unterwerfung verlangst, doch auch nicht drohest, was natürliche Abneigung im Gemüt erregte und schreckte, um den Willen zu bewegen, sondern bloß ein Gesetz aufstellst, welches von selbst im Gemüt Eingang findet und doch sich selbst wider Willen Verehrung (wenngleich nicht immer Befolgung) erwirbt, vor dem alle Neigungen verstummen, wenn sie gleich insgeheim ihm entgegenwirken: welches ist der deiner würdige Ursprung, und wo findet man die Wurzel deiner edlen Abkunft, welche alle Verwandtschaft mit Neigungen stolz ausschlägt, und von welcher Wurzel abzustammen die unnachläßliche Bedingung desjenigen Werts ist, den sich Menschen allein selbst geben können?
Es kann nichts minderes sein, als was den Menschen über sich selbst (als einen Teil der Sinnenwelt) erhebt, was ihn an eine Ordnung der Dinge knüpft, die nur der Verstand denken kann, und die zugleich die ganze Sinnenwelt, mit ihr das empirisch bestimmbare Dasein des Menschen in der Zeit und das Ganze aller Zwecke (welches allein solchen unbedingten praktischen Gesetzen als das moralische angemessen ist) unter sich hat. Es ist nichts anderes als die Persönlichkeit, d. i. die Freiheit und Unabhängigkeit von dem Mechanismus der ganzen Natur, doch zugleich als ein Vermögen eines Wesens betrachtet, welches eigentümlichen, nämlich von seiner eigenen Vernunft gegebenen reinen praktischen Gesetzen, die Person also als zur Sinnenwelt gehörig ihrer eigenen Persönlichkeit unterworfen ist, sofern sie zugleich zur intelligibelen Welt gehört“ (S. 101) [31]).

Befund 3; (aus: F. SCHILLER, Über die ästhetische Erziehung des Menschen).

„Der Gegenstand des sinnlichen Triebes ... heißt Leben ..., der Gegenstand des Formtriebes ... heißt Gestalt ... Der Gegenstand des Spieltriebes ... wird also lebende Gestalt heißen können; ein Begriff, der allen ästhetischen Beschaffenheiten der Erscheinungen und mit einem Worte dem, was man in weitester Bedeutung Schönheit nennt, zur Bezeichnung dient ... (S. 104).
Aus der Wechselwirkung zweier entgegengesetzter Triebe und aus der Verbindung zweier entgegengesetzter Prinzipien haben wir das Schöne hervorgehen sehen, dessen höchstes Ideal also in dem möglichst vollkommensten Bunde und Gleichgewicht der Realität und der Form wird zu suchen sein. Dieses Gleichgewicht bleibt aber immer nur Idee, die von der Wirklichkeit nie ganz erreicht werden kann. In der Wirklichkeit wird immer ein Übergewicht des einen Elements über das andere übrigbleiben, und das Höchste, was die Erfahrung leistet, wird in einer Schwankung zwischen beiden Prinzipien bestehen, wo bald die Realität, bald die Form überwiegend ist. Die Schönheit in der Idee ist also ewig nur

---

[31]) „Freiheit“ und „Schönheit“ sind für KANT „Ideen“ und damit keine „konstitutiven“, sondern „regulative Prinzipien“ unserer „praktischen Vernunft“ bzw. der „Urteilskraft“. Im Gegensatz zu SCHILLER (siehe Befund 3) ist dabei „Schönheit“ für KANT nur ein „Symbol des Sittlich-Guten“; (vgl. dazu b, insbesondere S. 211 ff).

eine unteilbare einzige, weil es nur ein einziges Gleichgewicht geben kann; die Schönheit in der Erfahrung hingegen wird ewig eine doppelte sein, weil bei einer Schwankung das Gleichgewicht auf eine doppelte Art, nämlich diesseits und jenseits, kann übertreten werden ...
Die Schönheit verknüpft die zwei entgegengesetzten Zustände des Empfindens und des Denkens ... Unser Geschäft ist also, diese Verbindung vollkommen zu machen, sie so rein und vollständig durchzuführen, daß beide Zustände in einem Dritten gänzlich verschwinden (aufgehoben werden) ... In diesem ästhetischen Zustand ist der Mensch Null ..., (so) daß es ihm nunmehr von Natur wegen möglich gemacht ist, aus sich selbst zu machen, was er will — daß ihm die Freiheit zu sein, was er sein soll, vollkommen zurückgegeben ist" (S. 108, 112, 121) [32]).

Danach „befindet" sich also „das Gemüt bei Anschauung des Schönen in einer glücklichen Mitte zwischen dem Gesetz und Bedürfnis"; und „eben darum" ist es, „weil es sich zwischen beiden teilt, dem Zwange sowohl des einen als des andern entzogen" (S. 105). Zwei Jahre vorher hatte SCHILLER (in: „Anmut und Würde", 1793) dasselbe bereits ähnlich beschrieben: nämlich daß wir die „Schönheit zwischen der Würde, als dem Ausdruck des herrschenden Geistes, und der Wollust, als dem Ausdruck des herrschenden Triebes, in der Mitte finden", wonach ebenso auch „die Freiheit zwischen dem gesetzlichen Druck und der Anarchie mitten inne liegt". Während „Würde" für SCHILLER den „Ausdruck einer erhabenen Seele" darstellt, ist „Anmut" der „Ausdruck einer schönen Seele", d. h. der Mensch in jenem Zustand von personaler Harmonie bzw. eines bio-geistigen Fließgleichgewichts gemäß unserer regeltheoretischen Modellkonzeption [33]). Diese „Charakterschönheit" und „reifste Frucht" der „Humanität" können wir Menschen jedoch „bei aller Anstrengung nie ganz erreichen", denn sie ist „bloß eine Idee" (a, S. 51) [34]).
Aber nicht nur in diesem, speziell gegen KANT's ethischen Rigorismus gerichteten SCHILLER'schen Sinne, sondern überhaupt ist von Schönheit eines Kunstwerks nach Auffassung der klassischen Aesthetik immer dann zu sprechen, wenn zwischen irgendwelchen Gegensätzen deren Ausgleich gelungen erscheint. So schreibt z. B. der Komponist und Musiktheoretiker J. N. DAVID am Schluß seiner „Studien über die thematisch-melodischen Zusammenhänge" in MOZART's „Jupiter-Symphonie" (Nr. 41, KV 551), man müsse sich vor allem „um das Innere, um die Struktur des Werkes kümmern", um erfassen zu können, was dessen „äußere Schönheit bewirkt und dauerhaft macht" (S. 34). Ein „Maßstab" dafür wäre hier insbesondere die Frage nach dem kompositorisch gelungenen „Inein-

[32]) Siehe dazu den Begriff des ‚Äquilibrismus' in der scholastischen Lehre vom Einfluß des ‚Gleichgewichts der Motive' auf die ‚freie Willensentscheidung'.

[33]) Als literarisch-künstlerische Darstellung einer solchen „schönen Seele" sei hier die Gestalt der Nathalie aus GOETHE's „Wilhelm Meister" genannt. — Etymologisch siehe dazu χάρις, Schönheit, Anmut, Gnadengabe, sowie ἁρμόττω (intr.), übereinstimmen, angemessen sein, sich ziemen.

[34]) Zur dialektischen „Bewegung" dieser „Idee des Ästhetischen" mit ihren „Widersprüchen" im Menschen, um sich derart „in eine höhere Sphäre emporzuschwingen", siehe KIERKEGAARD's „Tagebuch des Verführers"; (aus: „Entweder-Oder") (l. c. p. 166).

ander" von „Sonatensatz und Fugentechnik" im großen „Finale", also der mehr oder weniger „harmonischen" Aufhebung des „Widerspruchs" zwischen „homophoner Gesinnung" und „polyphonem Geist". Hinsichtlich des Schlußsatzes dieser Sinfonie meint der Autor „annehmen (zu) dürfen", daß MOZART damals (1788) „auf jener inneren und äußeren Höhe war, durch die es wohl möglich ist, daß solche sich ausschließenden Dingen, wie ‚Fuge in Sonate' oder gar ‚Sonate in Fuge' . . ., unangestrebt gelingen können" (S. 26).

Eine regulierungs-aesthetisch konträre Auffassung vertreten nun demgegenüber die Künstler der Romantik und jener späteren neo-romantischen Kunstrichtungen im ersten bzw. letzten Drittel des 19. Jahrhunderts. Nicht die Homöostasierung, sondern eine extreme (vor allem) thematische Polarisierung von psychischen Widerspruchs-Phänomenen bestimmen also deren künstlerische Konzepte und Produktionen; (siehe Kap. 4, Abb. 11 a und b). In letzter Konsequenz und speziell formaler Hinsicht jedoch geschieht die Abwendung von jener klassischen Aesthetik des wohl-proportioniert und ausgeglichen gebildeten Schönen erst in den Anfangsjahren des 20. Jahrhunderts. Zwar hatte schon F. BACON (1561—1626) einen kunst-theoretisch hierfür programmatischen Satz ausgesprochen: „Keine Schönheit ist vollkommen, wenn sie nicht irgendeine Unregelmäßigkeit in den Proportionen aufweist"; (zit. nach PRAZ, S. 378) [35]). Der endgültige Durchbruch erfolgt aber erst 300 Jahre später mit PICASSO's, in prae-kubistischer Manier gemalten „Demoiselles d'Avignon"; (siehe Abb. 8 a).

In diesem Bild einer Bordellszenerie „bricht" erstmals ein Maler prinzipiell mit der bisherigen, von „klassisch-griechischen Normen diktierten Darstellung des Menschen", welches Gemälde daher auch als epochales „Fanal" für den „neue Maßstäbe setzenden Stil der kommenden Jahre" gilt. Bereits an dieser säkularen Manifestation jenes innovativen Kunstwillens zeigt sich, wie durch solche bildnerischen „Deformationen" bestimmter Kunstobjekte deren „innere Wahrheit" in thematisch angemessenerer Form mittels einer stilistisch-sinnvollen Zeichentechnik zum Ausdruck gebracht werden kann (BAUMANN, S. 45 f). Noch deutlicher aber wird das erkennbar etwa im Bildnis jener „Weinenden Frau" aus der Zeit des spanischen Bürgerkrieges, deren maßloser Schmerz bei Anwendung klassisch-aesthetischer Gestaltungsprinzipien niemals in einer derart „ausdrucksgeladenen" (MULLER, S. 287) und damit für den Betrachter bestürzend-eindringlichen Weise darzustellen gewesen wäre; (siehe Abb. 8 b) [36]).

Dieser Stilbruch mag damals ähnlich gewirkt haben wie in der Musikwelt jener „Schock", den die Pariser Uraufführung des „Sacre du Printemps" von I. STRAWINSKY wenige Jahre später (1913) „dem Publikum versetzte" [36a]). Die Gründe

[35]) Hingewiesen sei auf die figuralen Deformierungen im Manierismus (ab 1520, etwa bei TINTORETTO und EL GRECO); in der Literatur findet sich BACON's These aufgegriffen vor allem von POE und BAUDELAIRE.

[36]) G. BRAQUE freilich, seit 1908/09 ähnlich wie PICASSO ebenfalls kubistisch malend, zielt dagegen in seinen Bildern auch mit dieser neuen Gestaltungsform letztlich „immer" auf „Harmonie statt Dissonanz" (BESSENICH, S. 940); (siehe z. B. „Das Duo", 1937).

[36a]) „. . . kompositorische Analogiebildungen zum bildnerischen Kubismus" (BURDE, S. 313).

Abb. 8 a: P. PICASSO, „Demoiselles d'Avignon" (1907)

hierfür liegen jedoch keineswegs nur im „Ungewohnten und Befremdenden" dieser Kunstform, sondern mehr noch in ihrer existentiell „aufstörenden" Wirkung (ADORNO, S. 120). Das gilt sicherlich ebenso für den „Ulysses" von J. JOYCE (1922), in welchem kompendiösen „Machwerk" aus quasi-kubistisch aneinander geschachtelten Erzählweisen sowie andererseits „amorph" dahinströmenden „Unsätzen" [37]) literarisch „das Widersprüchliche unseres innersten Denkens" bzw. der menschlichen Existenz überhaupt „bloßzulegen" vermocht worden ist (SENN, S. 5, 7, 9, 16). So wird hier unser Denken gestoßen auf das Elend des von seiner Natur getriebenen, von der Umwelt zerriebenen Alltagsmenschen und Unhelden Leopold Bloom; bei STRAWINSKY unsere ‚participation mystique' gelenkt auf das archetypische Mysterium (Ver) Sacrum im Leben der Natur bzw. insbesondere des Menschen; durch PICASSO unser Blick geöffnet und gerichtet auf die gefallene, geschändete, gepeinigte Kreatur.
Abkehr also vom klassisch-aesthetischen Harmonie-Gesetz der bildnerischen Kunst (via Disproportionalität, Deformierung usw.); Reduktion von Polyphonie, Harmonik und Melodik in der Musik (zugunsten des Atonalen, Urrhythmischen usw.); Verzicht auf das seit der Antike tradierte literarische Konzept kategorialer Ge-

---

[37]) Siehe z. B. den endlosen unzäsurierten ‚Inneren-Monolog' von Molly Bloom im Schlußkapitel.

Abb. 8 b: P. PICASSO, „Weinende Frau" (um 1937)

schlossenheit (Einheit von Zeit, Ort Handlung i.S. der aristotelischen Poetik). Regulierungstheoretisch mag daher von einer allgemeinen Wende hin zu dehomöostasierenden Darstellungstechniken, dissonanten Stilprinzipien und archaischen Ausdrucksformen gesprochen werden können; denn erstmals „verweigert" die Kunst definitorisch und auf breiter Front „dem Trug der bestehenden Harmonie den Glauben" (ADORNO, S. 13). Zumindest konsequenter als je zuvor, gelingt es also damals mittels jener neuen Kunst-Kriterien bzw. Form-Instrumentarien auch das Diskordante bzw. Destruierende, Unschöne wie Ungute unserer humanen Existenz in einer realitäts-adaequaten Weise vor Augen zu führen. Die ab dieser revolutionären Epoche dazwischen immer wieder auftretenden Rück- und Gegenpendelungs-Perioden lassen jedoch ebenso erkennen, daß künstlerisches Schaffen wie jede geistige Äußerung des Menschen in der Regel analog einer sinusoidalen Schwingungskurve verläuft; (siehe Abb. 8 c) [38]).

[38]) Neben STRAWINSKY's „Negation" der überlieferten „Tonalität" bleibt bei ihm (ab seiner Musik zur „Geschichte vom Soldaten", 1918) eine „innige Beziehung" dazu weiter bestehen (STEPHAN, S. 17).

*Abb. 8 c: P. PICASSO Blume — Françoise (1946) *)*

Schwingungen dieser oder anderer Verlaufsform dürften somit in allen Naturbereichen, vom „Spiel der Wellen" (BUYTENDIJK, S. 16) bis zu dem unserer geistigen Phantasieproduktionen festzustellen sein, so daß wir metatheoretisch als ‚Urgrund' derart sinusoidaler Spiel-Bewegungen von Daseinserscheinungen einen ‚Logos ludens' des naturalen Seins hypostasieren können. Davon berichten beispielsweise schon das alttestamentarische Buch der „Sprüche Salomons" (8, 30—31, S. 626) sowie PLATON in seinen „Gesetzen" (VII, 803 c, S. 49), letzterer wie folgt: „Die Weisheit war des Herrn Lust täglich und spielte vor ihm allezeit ... auf seinem Erdkreis" („omni tempore, ludes in orbe terrarum"); bzw. „der Mensch dagegen ist ... als Spielzeug Gottes geschaffen worden [39]), und dies ist in der Tat das Beste an ihm. Dieser Rolle nun sich fügend und die allerschönsten Spiele spielend, muß ein jeder ... sein Leben zubringen in einer der jetzt herrschenden entgegengesetzten Denkweise." Künstlerisches und geistiges Schaffen überhaupt wäre hiernach definitorisch interpretierbar als subjektiv-engagiertes

*) P. hat Françoise Gilot hier als „Sinnbild der wiedererwachten Lebensfreude" gezeichnet (BAUMANN, S. 157).

[39]) „ἄνθρωπον δέ ... θέοῦ τι παίγνιον εἶναι μεμηχανημένον."

(hypertelisches?) [40]) Sinn-Spiel mit dem phänomenal-objektiven (ontischen?) Spiel-Sinn einer individuell-vernunftgemäßen Repräsentation alles Wirklichen und Möglichen unserer menschlichen Natur. So mag dann auch jener zentrale Satz SCHILLER's aus seinen „Briefen über die ästhetische Erziehung des Menschen", nämlich daß „der Mensch nur da ganz Mensch ist, wo er spielt", in einem umfassenderen Sinne als dort gemeint „das ganze Gebäude der ästhetischen Kunst und der noch schwierigeren Lebenskunst tragen" können (d, S. 107).

Literatur:

ADORNO, Th. W., Dissonanzen. Göttingen: Vandenhoeck und Ruprecht, 1958.

BAUMANN, F. A., Pablo Picasso. (Leben und Werk). Stuttgart: G. Hatje-Verl., 1976.

BESSENICH, W., Georges Braque. Universitas **37,** 9 (1982); S. 939—942.

BOULEZ, P., Strawinsky's „Le Sacre du Printemps". (Schallplatten-Cover, Columbia Broadcasting System, Inc.).

BURDE, W., Strawinskys frühes Hauptwerk und der zeitgenössiche Kubismus. Universitas **38,** 3 (1983); 305—314.

BURSCHELL, F., Schiller. Darmstadt: C. A. Koch's Verl., 1970.

BUYTENDIJK, F. J. J., Das Spielerische und der Spieler. (In: Das Spiel. Ber. Kongr. f. Leibeserz., 1958). Frankfurt/M.: W. Limpert-Verl., 1959.

CASSOU, J. (Hrsgb.), Lexikon des Symbolismus. Darmstadt: C. A. Koch's Verl., o. J.

DAVID, J. N., Die Jupiter-Symphonie (5. Aufl.). Göttingen: Vandenhoeck u. Ruprecht, 1968.

DILTHEY, W. (a), Schiller (2. Aufl.). Göttingen: Vandenhoeck u. Ruprecht, 1957.

— (b), Weltanschauung und Analyse des Menschen seit Renaissance und Reformation (9. Aufl.). Göttingen: Vandenhoeck u. Ruprecht, 1970.

HAGENMAIER, O., Der goldene Schnitt (4. Aufl.). München: H. Moos-Verl., 1977.

IBSEN, H., Nora oder ein Puppenheim. Leipzig: Reclam-Verl., o. J.

JOYCE, J., Ulysses. Frankfurt/M.: Suhrk.-Verl., 1979.

KANT, I. (a), Kritik der praktischen Vernunft (9. Aufl.). Leipzig: F. Meiner-Verl., 1944 (1787).

— (b), Kritik der Urteilskraft (6. Aufl.). Leipzig: F. Meiner-Verl., 1948 (1790).

KENNER, H., Der Apoll von Belvedere. (Österr. Akad. d. Wiss. **179;** 3. Abh.). Wien: H. Böhlau-Verl., 1972.

KIERKEGAARD, S., Das Tagebuch des Verführers. Köln u. Olten: J. Hegner-Verl., 1962.

LA FAYETTE, M.-M. de, Die Prinzessin von Clèves. Wiesbaden: Dieterich'sche Verlagsbuchhandlung, 1946.

— La Princesse de Clèves. Paris, 1910.

LESSING, G. E., Laokoon oder über die Grenzen der Malerei und Poesie. Leipzig: Reclam-Verl., 1944 (1766).

MÜLLER, A., Die Grundkategorien des Lebendigen. (Zum Problem der Werte). Meisenheim/Glan: Westkulturverl. A. Hain, 1954.

MULLER, J.-E., Der Kubismus. (In: Die Malerei aller Zeiten). Darmstadt: C. A. Koch's Verl., 1962.

OETTINGER, K., Dürers Selbstdarstellung. In: Das Neue Erlangen. Heft 24, Aug. 1971; S 1814—1821.

PLATON (a), Phaidros. (Sämtl. Werke 4). Hamburg: Rowohlt-Verl., 1958.

— (b), Timaios. (Sämtl. Werke 5). Hamburg: Rowohlt-Verl., 1963.

— (c), ΝΟΜΩΝ — Gesetze (VII—XII). Darmstadt: Wiss. Buchgesellschaft, 1977.

PORTMANN, A., Die Tiergestalt (2. Aufl.). Freiburg/Brsg.: Herder-Verl., 1965.

[40]) Siehe MÜLLER, S. 89 ff, und PORTMANN, S. 233 ff.

PRAZ, M., Die schwarze Romantik (2. Aufl.). München: Dtsch. Tschb. Verl., 1981.
SCHILLER, F. (a), Die Schaubühne als eine moralische Anstalt betrachtet. (In: Schriften zur Philosophie und Kunst). München: Goldmann-Verl., 1959 (1784).
— (b), Über Anmut und Würde. Ebd. (1793).
— (c), Über das Erhabene. Calw: G. Hartje-Verl., 1948 (1793).
— (d), Über die ästhetische Erziehung des Menschen. (In: Schriften zur Philosophie und Kunst). Goldmann-Verl., 1959 (1795).
SENN, F., Das Abenteuer Ulysses. (Beilage zur einmaligen Sonderausgabe von James Joyce, Ulysses; in der Übersetzung von H. WOLLSCHLÄGER). Frankfurt/M.: Suhrkamp-Verl., 1979.
SHAFTESBURY, (A. A. COOPER, Third Earl of), Standard Edition (engl.-dtsch.). Sämtl. Werke, Bd. 1: Aesthetik. Stuttgart—Bad Cannstatt: Frommann-Holzboog; 1981 (1727).
STEPHAN, R., Neue Musik. Göttingen: Vandenhoeck u. Ruprecht, 1958.
STRAWINSKY, I., Musikalische Poetik (u. a.). Mainz: B. Schott's Söhne, 1957.
TORNEY, A. (und J. FARR-TORNEY), Renaissance-Intarsien: Die Kunst der Geometrie. Spektrum d. Wiss. **19,** 9, 1982; S. 112—119.
WAERDEN, B. L. v. d., Erwachende Wissenschaft. Basel—Stuttgart: Birkhäuser-Verl., 1956.
WALTER, G., Picasso. Asmus-Verl., o. J.
WILDUNG, D., Ägypten vor den Pyramiden. Bild der Wiss. **19,** 6 (1982).
Die Bibel (nach der Übers. M. LUTHERS) (Mit Apokryphen). Stuttgart: Dtsch. Bibelstiftung, 1975.

„Halte dich gering und klein . . .“
(L. RICHTER, 1871; l. c. p. 448).

4. Die Regulierungs-Kennlinie des Biedermeier

Die Zeitspanne nach dem Wiener Kongreß 1815 bis zur Märzrevolution 1848 bezeichnet eine Aera der gesellschafts-politischen, staats-dirigistischen Reglementierung mit daraufhin um sich greifender Resignation und einer Art von ‚innerer Emigration‘ vieler Menschen im damaligen Europa METTERNICH'scher Prägung; (siehe Abb. 13, am Schluß des Kapitels). Kulturgeschichtlich umfaßt sie (an die Frühromantik von 1806—1815 anschließend) die Epoche des Biedermeier, welchen spezifischen Kunst- wie allgemein-typischen Lebens-Stil wir also hier als eine Regulierungs-Reaktion auf jene steuerungs-technischen Disziplinierungs-Maßnahmen und Gleichschaltungs-Versuche der Regierungen betrachten wollen. Insbesondere gilt der Zeitraum zwischen 1815 und 1830 als eine Periode, in welcher „der europäische Geist zurückläuft wie ein Springer, der sich einen Anlauf nimmt“ [41]). Mit der französischen Juli-Revolution (1830), in Deutschland dem Hambacher Schloßfest (1832), bahnt sich dann erstmals jener „Umschwung“ an [42]) in Richtung auf eine, ab dem Beginn des folgenden Jahrhunderts schließlich

---

[41]) Evolutionstheoretisch wird das analoge Phänomen in Phylo- wie Ontogenese der Lebewesen als Neotenie bezeichnet; (siehe Kap. B II 2).

[42]) Siehe z. B. die liberal-revolutionäre Dichtergeneration des „Jungen Deutschland“; (HEINE, BÖRNE, GUTZKOW, LAUBE u. a.).

„alle Gebiete des menschlichen Daseins umackernde ... gesamteuropäische Revolution“ (FRIEDELL, S. 953).
Versuchen wir zunächst mit einigen kulturhistorisch bedeutsamen Beispielen zu zeigen, wie insbesondere die „kleinen Leute“ während jener Biedermeierzeit „in die gute Stube, den Salon, das Gärtchen retirieren“ (Hermes-Lex., S. 9). So hatte praeludierend JEAN PAUL (Richter) bereits 1790/91 sein „Leben des vergnügten Schulmeisterleins Maria Wutz in Auenthal“ als „eine Art Idylle“ wie folgt zu erzählen begonnen:

„Wie war dein Leben und Sterben so sanft und m e e r s t i l l e, du vergnügtes Schulmeisterlein Wutz! Der stille laue Himmel eines N a c h s o m m e r s ging nicht mit Gewölk, sondern mit Duft um dein Leben herum: deine Epochen waren die S c h w a n k u n g e n und dein Sterben war das Umlegen e i n e r L i l i e, deren Blätter auf stehende Blumen flattern — und schon außer dem Grabe schliefest du sanft! ...“ (S. 3; Sperrungen durch uns).

Als monumentaler sinfonischer Schlußsatz dieser Periode erscheint dann über ein halbes Jahrhundert später (1857) das, unter dem „sanften Gesetz“ sittlicher „Entsagung“ und der aesthetischen Grundregeln von „Schönheit“ gleich „Ruhe in Bewegung“ komponierte Bildungs-Epos: „Der Nachsommer“, von A. STIFTER (b, S. 10). Aus der Blütezeit des Biedermeier nennen wir zunächst ein musikalisches Werk, nämlich F. MENDELSSOHN-BARTHOLDY's programmatisch-bezeichnende Konzert-Ouvertüre von 1832 (op. 27): „Meeresstille und glückliche Fahrt“ (zur Heimkehr in den bergenden Hafen!) [43]). Mit seinem ausgeprägten „inneren Sinn für Gleichgewicht“ hat MENDELSSOHN „das Ganze“ ausgewogen „in zwei nebeneinander stehenden Bildern“ aufgezeichnet. Sowohl für dieses besondere Musikwerk als auch regulierungstheoretisch allgemein interessant sind dabei jene klangmalerisch so treffend charakterisierten, spielerisch-perlenden und -pendelnden (leggiero-perpendosi-) Übergänge von der fast noch bewegungslosen Ruhe am Anfang in den allegro vivace-Satz, also diejenigen Notenfolgen, wo „die Stille von der Bewegung träumt“ (JACOB, S. 131 ff bzw. 202; siehe Abb. 9 a).

Abb. 9 a: siehe Text

Schließlich erwähnen wir zwei Werke von bildenden Künstlern jener Hauptepoche, nämlich den Holzschnitt L. RICHTER's zur Thematik der bekannten Verse von M. CLAUDIUS sowie C. SPITZWEG's Gemälde des „Armen Poeten“, die beide die Sehnsucht des ‚kleinen Mannes‘ jener Zeit nach einem besinnlichen, genügsam-ergebenen bzw. still-vergnügten Leben widerspiegeln; (siehe Abb. 9 b und 9 c). Erinnern wir nun angesichts dieser Bilder sowie insbesondere jenes litera-

---

[43]) Zwei Jahrtausende vorher hatte EPIKUR die „selig-frohe Glücksstimmung“ des Philosophen ebenso mit der „Meeresstille“ (γαλήνη) verglichen (MEWALDT, S. 24).

Abb. 9 b: L. RICHTER, Holzschnitt zum „Vaterunser"; (1840/56).

Abb. 9 c: C. SPITZWEG, Bleistiftskizze zum „Armen Poeten"; (um 1837).

rischen bzw. musikalischen Werkes an zwei Gegenbeispiele aus der deutschen und der französischen Romantik, nämlich E.T.A. HOFFMANN's „Elixiere des Teufels" (1815/16) bzw. die „Symphonie phantastique" (1830) [44]) von H. BERLIOZ mit

[44]) Die franz. Romantik setzt erst etwa 1830 ein.

ihren wilden Traumbildern wie ebenso leidenschaftlichen Selbstbestrafungsphantasien; (DÖMLING, S. 35 ff, WITTKOPP-MÉNARDEAU, S. 104 ff) [45]). Solche extremen, ‚pathologischen' Schwingungsamplituden des ekstatisch-exaltierten Künstlers der Romantik [46]) flachen sich im Biedermeier also zu einem homöostatischen „Gleichgewicht der Kräfte" des Seelenlebens ab, welchen Vorgang der Erlebens-Dämpfung H. HEINE abschätzig wie folgt beschreiben bzw. beurteilen zu können gemeint hat:

„Man übte Entsagung und Bescheidenheit, man beugte sich vor dem Unsichtbaren, haschte nach Schattenküssen und blauen Blumengerüchen, entsagte und flennte" (FRIEDELL, S. 1004).

Diese und andere boshaften Charakterisierungen verkannten nun freilich, daß der Wunsch nach Seelenruhe des Biedermeier-Menschen, seine Neigung zum alltäglich-beschaulichen „Glück im Winkel" (MRAZEK, in FEUCHTMÜLLER, S. 67) nicht nur Ausdruck einer aufgezwungenen (Schuten-) Scheuklappen- und (Schnürkorsett-) Selbstfesselungs-Mentalität waren. Dessen Genügsamkeit, Biederkeit, Gemütsinnigkeit usw. beruhten vielmehr auch auf der regulierungs-reaktiv rationalisierend entwickelten persönlichen Überzeugung, alles ‚Mittlere' sei menschlicher (STIFTER, „Das alte Siegel"), Mäßigkeit und Selbstbescheidung wären unserer Natur (STIFTER, „Nachsommer") wie unserer irdischen Existenz (STIFTER, „Abdias") überhaupt angemessener; denn „das Schicksal setzt den Hobel an und hobelt's (alle) gleich" (RAIMUND, S. 90). Man wußte also durchaus von den gefährlichen Gipfeln, zu denen der Mensch sich überfordernd immer wieder aufschwingen möchte, wie von den Abgründen, in die er sich ebenso exzessiv zeitweilig fallen zu lassen versucht sein kann; (siehe z. B. den Major in STIFTER's Novelle „Brigitta"). Diese hinter- bis untergründige Angst speziell der sensibleren Künstler-Naturen vor den sie aus ihren „Träumen" anfallenden, ihr personales Gleichgewicht bedrohenden geistigen Doppelgänger-Phantomen zeigt beispielsweise jenes „Spiegelbild-Selbstbildnis" der, als Lyrikerin noch weithin romantisch-‚zwiespältig' empfindenden A. v. DROSTE—HÜLSHOFF (1841/42):

„. . .
mit Zügen, worin wunderlich
zwei Seelen wie Spione sich
umschleichen, ja, dann flüstre ich:
Phantom, du bist nicht meinesgleichen! . . .
Bist nur entschlüpft der Träume Hut . . .
und dennoch, dämmerndes Gesicht,
drin seltsam spielt ein Doppellicht,

---

[45]) Nach BERLIOZ' autobiographisch konzipiertem „Programme pour (cette) Episode de la vie d'une artiste" eine kompositorische Kippdynamik zwischen „Rêverie et passions" und „Marche au supplice" und „Songe d'une nuit de Sabbat"; (1. bzw. 4. bzw. 5. Satz dieser Programm-Musik).

[46]) Siehe GOETHE's Bemerkung zu ECKERMANN (vom 02. 04. 1829): „Das Klassische nenne ich das Gesunde und das Romantische das Kranke"; (vgl. auch unsere Abb. 11 a und b).

trätest du vor, ich weiß es nicht,
würd ich dich lieben oder hassen? ..."
(aus: SCHMIDT, S. 238).

STIFTER's sowohl literarisch beste als auch für sein biedermeierliches Erleben und Kunstschaffen besonders charakteristische Novelle „Brigitta" verweist als Ganzes abzielend darauf, wie jene Höhen und Tiefen der menschlichen Seele nach dem uns „ziehenden ... sanften Gesetz der Schönheit" (S. 174) ‚mittenhaft' ausgeglichen werden können bzw. sollten. So erscheint denn auch auf dem Antlitz Brigitta's nach ihrer späten Versöhnung mit dem Major jener „Hauch von Schönheit" als eine „feste Rose der Heiterkeit und Gesundheit" (S. 169). Und entsprechend schreibt der Dichter schon am Beginn seiner Erzählung, es sei für uns Menschen ein zwar „unermeßlicher", aber doch „heiterer Abgrund, in dem Gott und die Geister wandeln" (S. 129). Schließlich darf an jene grausame, ‚häßliche' Szene (im „Nachsommer") erinnert sein, wo ein angeschossener, von Jagdhunden „in ihrem Berufe" elend zu Tode gehetzter Hirsch pathetisch als Bild der „Schönheit" sowie „edler, gefallener Held" und „reines Wesen" zu verklären gesucht wird (S. 24 f) [47]).
Dieses „unbedingte Einverständnis mit der Natur", solche oft ebenso peinlich anmutende wie krampfhaft bemühte „Zuversicht" [48]) in eine heile Welt sowie jene ehrfürchtig-andächtige „Ergebenheit in alles von der Natur Vorgegebene" bzw. sich in ihr „Ordnende" und „Kristallisierende" (siehe STIFTER's Erzählung „Bergkristall") vermag daher „selbst den geneigten Leser zu martern" (AICHINGER, S. 28 ff). Denn es werden hier mit einer geradezu „ungeheuerlichen Sanftmut" (!) jene Abgründe der Natur verharmlost bzw. leichthin überbrückt, zumindest deren Widersprüche allzu vereinfachend in ein auf Dauer so untragbares wie unhaltbares (Schein-) Gleichgewicht komponiert. Freilich, STIFTER war als sittliche Persönlichkeit wie als genialer Künstler in einer individuell-schicksalhaften Weise „unter das Gesetz geraten" (AICHINGER, S. 190). Diese seine existentielle Harmonisierungs-Formel der „Entsagung" bzw. „Schönheit" hat er daraufhin sowohl in seinem bürgerlich-vorbildlichen Leben als auch einem literarisch insgesamt beispielhaft-gültigem Werk zu erfüllen vermocht. Indessen aber bahnte sich schon, zwanzig Jahre bevor er freiwillig aus dem Leben schied (1868), eine erneute Wende der geistesgeschichtlichen Entwicklungskurve und speziell ihrer gesellschafts-politischen bzw. kunst-schöpferischen Verlaufsdynamik an.
Schon während der dreißiger Jahre waren längst z. B. die Stimmen der großen Freiheitsopern, etwa AUBER's „Stumme von Portici" (1828), ROSSINI's „Wilhelm Tell" (1829), BELLINI's „Norma" (1832), wieder verklungen, die Schriften der Literaten des „Jungen Deutschland" verboten worden (1835). LORTZING, produktivster und volkstümlichster Dichterkomponist des deutschen Biedermeier, hatte in die Libretti seiner komischen Opern nur harmlos-aufmüpfige Sentenzen bzw. iro-

---

[47]) Siehe dazu das realistische, so gar nicht mehr derart ‚erbauliche' Gemälde F. GAUERMANN's (1857): „Hirsch, von Hunden angefallen"; (in FEUCHTMÜLLER, Abb. 53).
[48]) Titel der gesellschafts-kritischsten Erzählung STIFTER's.

nisch-parodierende Melodiensequenzen einzufügen gewagt [49]). Und in Österreich läßt GRILLPARZER noch am Ende dieser Zwischenperiode seine erschütternd tragikomische Gestalt des „Armen Spielmanns" (1848) [50]) in einem für das Biedermeier allgemein bezeichnenden, musiktheoretisch-skurrilen Vermächtnis bekennen, daß in seinen religiös-meditativen Improvisationen „die Nota sensibilis hinaufsteigt wie eine erfüllte Hoffnung, die Dissonanz herabgebeugt wird als wissentliche Bosheit oder vermessener Stolz ..., wodurch auch die Sekunde zur Gnade gelangt in den Schoß des Wohlklangs" (S. 26). Doch während der Wiener Revolutionsereignisse vom 13. März bis 27. Mai 1848 hatte es für NESTROY „in Krähwinkel" bereits zu „nemesiserln" begonnen (S. 26) [51]), und sein protagonistischer Redakteur „Ultra" konnte jetzt unzensiert und ungestraft öffentlich wie folgt Anklage erheben:

„Wir haben eine Menge Freiheiten gehabt, aber von Freiheit keine Spur ... Wir haben sogar Gedankenfreiheit g'habt, insofern wir die Gedanken bei uns behalten haben. Es war nämlich für die Gedanken eine Art Hundsverordnung. Man hat's haben dürfen, aber am Schnürl führen! ..." (S. 14).

Mit seinem (1846 in Wien uraufgeführten) „Waffenschmied" hatte LORTZING vorfühlend schon eine (freilich in noch recht ‚biedermännisch' zurückhaltender Weise agierende) anti-feudalistische, quasi-demokratische Opernfigur auf die Bühne zu bringen vermocht. Nach dem Sturz METTERNICH's (1848) begann er daher auch sofort mit der Komposition jener anarchistisch-klassenkämpferischen Oper: „Regina oder die Marodeure", welches Revolutionswerk jedoch in den ab 1849 erneut einsetzenden gegen-republikanischen Strömungen bzw. reinstituierten antiliberalen Staatsverfassungen von keinem Theater mehr angenommen wurde [52]). So schienen politisch zwar Ruhe und Ordnung wieder hergestellt, gesellschaftlich Frieden und Harmonie erneut eingekehrt; jedoch in der Kunst war das „glückliche Gleichgewicht zwischen realer und idealer Auffassung ins Wanken geraten". Diese Realisten unter den Künstlern verzichteten also mehr und mehr auf jenes „poetische Moment" einer euphemistischen Idyllisierung ihrer Sujets, was sowohl den aesthetischen „Zauber des Biedermeier ausgemacht" (FEUCHTMÜLLER, S. 62) als auch den epikuräisch-ausgewogenen Lebensstil vieler Menschen dieser

---

[49]) Als ein Beispiel hierfür sei das erfolgreiche Aufbegehren des „Chors" in „Zar und Zimmermann" (1837) gegen seinen Dirigenten van Bett, das „Stadtoberhaupt" von Saardam, angeführt:

„... Besser wird es uns gelingen,
Wenn wir ganz alleine singen;
Denn wenn Ihr dazwischen schreit,
Wird es nichts in Ewigkeit" (S. 73).

[50]) Wie ein später literarischer Reflex zu SPITZWEG's Gemälde des ähnlich in sich versponnenen „Armen Poeten" (1837).

[51]) Némesis, die griech. Göttin der rächenden, ausgleichenden Vergeltung; (ursprünglich göttliche Personifikation des Gleichmaßes, über das Gleichgewicht der sittlichen Weltordnung wachend).

[52]) Nachlaßpublikation Berlin, 1899; uraufgeführt Anfang Juni 1981 (!) in Oberhausen.

Abb. 10 a: L. RICHTER, „Herbst"; (um 1840, nach S. 448/449)

Abb. 10 b: F. G. WALDMÜLLER, „Wiedererstehen zu neuem Leben"; (1852, nach FEUCHTMÜLLER, Abb. 12)

Epoche widergespielt hatte. Unsere nebenstehenden Abbildungen sollen diesen Wandel des Lebensgefühls bzw. Kunststils am Beispiel einer, den beiden Darstellungen gemeinsamen Bildthematik veranschaulichen; (siehe Abb. 10 a und b). Daneben nimmt ab den siebziger Jahren die romantische Kunstauffassung aus den ersten Jahrzehnten des Jahrhunderts mit ihrer Tendenz zur mythologischen Thematisierung, symbolistischen Figurierung bis aesthetizistischen Stilisierung aller Gegensatz- und Widerspruchs-Phänomene der menschlichen Seele erneut einen Aufschwung; (siehe Abb. 11 a). In dieser sich bis über das fin de siècle hinaus erstreckenden neuromantischen Kunstproduktion „erhöht" sich also „die Schönheit" eines Kunstwerkes „durch die Eigenschaften, die ihr zu widersprechen scheinen", d. h. durch „die Züge des Grausigen". Als Idealbild des Weiblich-Schönen beispielsweise gilt daher weithin die „von Schmerz, Verderbtheit und Tod gezeichnete Medusenschönheit" (PRAZ, S. 45). „Welch eine Wonne! Welch ein Leiden!" — hatte ein halbes Jahrhundert vorher schon GOETHE seinen „Faust" beim Anblick einer solchen Schönen in der „Walpurgisnacht" ausrufen lassen (S. 370); und ebenso abgründig-pervers erscheint „Salome" fasziniert noch vom Blick der totenstarren Augen des „Jochanaan" in einer der fragil-arabesken Ju-

Abb. 11 a: G. MOREAU, „Salomé"; (Ölgemälde, 1876)

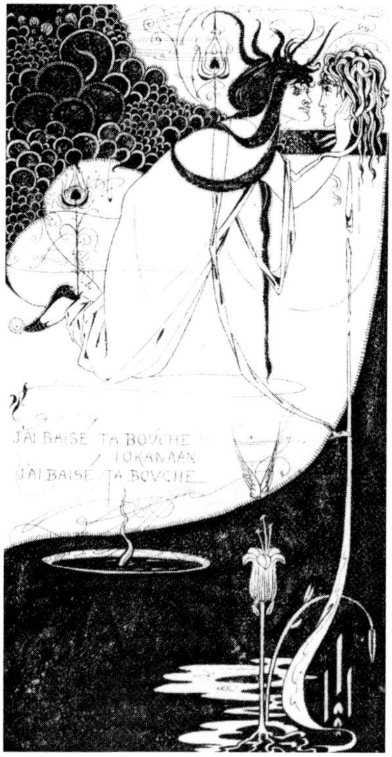

Abb. 11 b: A. BEARDSLEY, „Ich küßte deinen Mund, Jochanaan" (1893)

gendstil-Illustrationen BEARDSLEY's zu O. WILDE's dramatischer Gestaltung dieses christlichen Legendenstoffes; (siehe Abb. 11 b).
Schließlich lebte auch die nur vorübergehend in den Hintergrund getretene Kunst- und Lebens-Idyllik des Biedermeier ab der Mitte des Jahrhunderts in einem ‚zweiten Biedermeier', d. h. literarisch jener ähnlich gemütsinnigen, gefühls-überladenen „Gartenlauben"- sowie sonstigen Trivial-Literatur wieder auf; (E. MARLITT, L. GANGHOFER, K. MAY, J. BEHRENS-TOTENOHL, H. COURTHS-MAHLER, usw.). Wohl war jenes von dem Leipziger Verleger E. KEIL 1853 begründete „Illustrierte Familienblatt" ursprünglich keineswegs nur zur seelischen Erbauung des damals aufkommenden ‚Spießbürgertums' jener ‚Gründerzeit' (ab 1871) gedacht gewesen. Vielmehr sollte es vornehmlich auch der Verbreitung einer fortschrittlichen, freiheitlichen Gesinnung und also dem Kampf gegen politischen Rückschritt wie soziale Mißstände dienen. Mit der Zeit aber blieb davon nur jene ebenso pathetisch-überzogen wie geistig-beschränkt aufbereitete Vermittlung alles ‚Schönen und Guten und Edlen' einer insgesamt ‚heilen Welt' übrig (siehe Abb. 12 a und 12 b), eine Tendenz, die sich gegenüber den so ganz anders verlaufenden poli-

tischen und wirtschaftlichen, wissenschaftlichen und technischen Entwicklungen trivial-literarisch (mutatis mutandis) bis in unsere Gegenwart behauptet hat.
Die Gefahr solcher illusionär-idyllischen (pseudo-homöostasierenden) Lebensschilderungen bzw. Existenzverwirklichungen liegt in der endeffektiv möglichen (to-

Abb. 12 a: „Die Gartenlaube"; (aus: K. HELM, Titelblatt)

Abb. 12 b: „Die Bergfee"; (aus: K. HELM, S. 149)

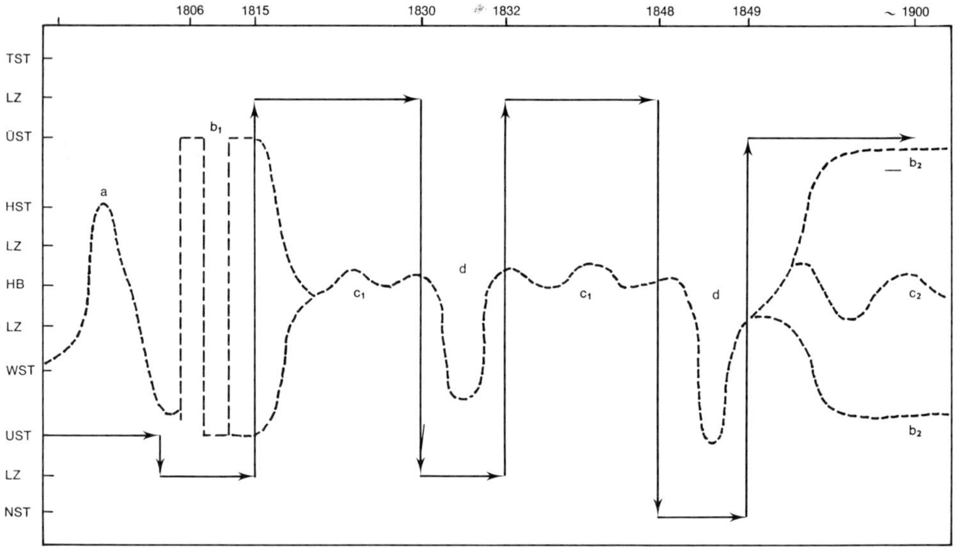

Abb. 13: Zwei Kennlinien einer Geschichtsepoche (als Regelkreis-System)

E r l ä u t e r u n g e n:

———➤ Steuerungs-Kennlinien der politischen Reglementierung (via TST) bzw. Liberalisierung (via NST).

– – – –➤ Regulierungs-Kennlinien der Kulturstil-Perioden.

a) Klassik = HST-WST-Sinusoidalschwingungen (Harmonisierung).

b) Romantik (b_1) bzw. Neo-Romantik (b_2) = UST-ÜST-Kippschwingungen (Polarisierung).

c) Erstes (c_1) bzw. zweites (c_2) Biedermeier = HB- (LZ-) Ruheschwingungen (Pseudo-Harmonisierung).

d) Sozial-revolutionäre Kunst = WST-UST-Gegenpendelungen (Entlastungs-Effekt).

talzirkulären) Sättigung individueller Bedürfnisbefriedigung und damit einer auch soziokulturell bedenklichen Stagnation innovativen, kreativen Tätigseins: „Also keine Hoffnung (mehr) auf Aufwieglung, auf Impuls . . .“ (NESTROY, a, S. 13). Andererseits aber dürfte ebenso dieses wie jedes Streben nach Harmonie, Geborgenheit, Frieden usw. auch gelten können als ein unübersehbares Anzeichen für die Sehnsucht vieler Menschen, welche abseits von den sich über alle Grenzen der Natur wie unserer Vernunft aufschwingenden Zeitläufen ‚im Kleinen‘ und „Verborgenen“ [53]) und so wenigstens ‚im Gleichgewicht‘ mit sich selbst ein zufriedenes, im Rahmen ihrer bescheideneren Möglichkeiten wesentliches Leben führen möchten:

---

[53]) EPIKUR's Wahlspruch des „λάθε βιώσας“ vor über 2000 Jahren zur Zeit ALEXANDERS des Großen; (siehe OVID, Tristien 3, 4, 25: „Crede mihi, bene qui latuit, bene vixit“).

„Herr! . . .
Wollest mit Freuden
Und wollest mit Leiden
Mich nicht überschütten!
Doch in der Mitten
Liegt holdes Bescheiden“.
(E. MÖRIKE, Gebet, 1847; S. 127).

Literatur:

AICHINGER, I., Adalbert Stifter. In: F. RADDATZ (Hrsgb.), Zeit-Bibl. der 100 Bücher (3. Aufl.). Frankfurt/M.: Suhrkamp-Verl., 1981.
BERL, H., Ludwig Börne. (Auswahl aus seinen Werken). Mengen: Heine-Verl., 1948.
DÖMLING, W., Berlioz. Hamburg: Rowohlt-Verl., 1977.
FEUCHTMÜLLER, R. (u. W. MRAZEK), Biedermeier in Österreich. Wien: Forum-Verl., 1963.
FRIEDELL, E., Kulturgeschichte der Neuzeit; Bd. 2 (3. Aufl.). München: Dtsch. Tschb. Verl., 1980 (1927—31).
GRILLPARZER, F., Der arme Spielmann. Stuttgart: Reclam-Verl., 1949 (1848).
HELM, K., Rosinen aus der Gartenlaube. Gütersloh: Signum-Verl., o. J.
JACOB, H. E., Felix Mendelssohn und seine Zeit. Frankfurt/M.: Fischer-Verl., 1981.
JEAN PAUL (Richter), Schulmeisterlein Wutz. Stuttgart: Reclam-Verl., 1977.
KILLY, W., Deutscher Kitsch (2. Aufl.). Göttingen: Vandenhoeck und Ruprecht, 1962.
LODEMANN, J., Lortzing's Revolutionsoper „Regina“ (1848). Nürnb. Nachr. v. 10. 6. 1981.
LORTZING, A., Zar und Zimmermann. Leipzig: Reclam-Verl., o. J. (1837).
MEWALDT, J. (Hrsgb.), Epikur. Stuttgart: A. Kröner-Verl., 1960.
MÖRIKE, E., Werke (2. Aufl.). München, 1958.
NESTROY, J. (a), Der Zerrissene. Stuttgart: Reclam-Verl., 1980 (1844).
— (b), Freiheit in Krähwinkel. Stuttgart: Reclam-Verl., 1977 (1848).
PRAZ, M., Liebe, Tod und Teufel. — Die schwarze Romantik (2. Aufl.). München: Dtsch. Tschb. Verl., 1981.
RAIMUND, F., Der Verschwender. Wien: Humboldt-Verl., o. J. (1834).
RICHTER, L., Lebenserinnerungen eines deutschen Malers. Wiesbaden: Dieterich'sche Verl. Buchhdl. 1949.
SCHMIDT, K. O. (Hrsgb.), Unvergängliche Gedichte. Gütersloh: Bertelsmann-Verl., o. J.
SPITZWEG, C., Und abends tu ich dichten (2. Aufl.). München: Dtsch. Tschb. Verl., 1980.
STIFTER, A. (a), Studien III. München: Goldmann-Verl., o. J. (1843/44).
— (b), Der Nachsommer. München: Droemersche Verl. Anst., o. J. (1857).
WITTKOPP—MÉNARDEAU, E. T. A. Hoffmann. Rowohlt-Verl., 1979.
Hermes-Lexikon: Das Biedermeier. Düsseldorf: Econ-Verl., 1983.

5. Antizyklische Eingriffe in die Marktwirtschaft

National-ökonomisch bezeichnet man das „periodische . . . Auf und Ab“ in liberalistischen Wirtschaftssystemen als deren konjunkturelle „Wechsellagen“ oder „Zyklen“. Die „Wendepunkte“ dieser marktwirtschaftlichen „Konjunkturschwankungen“, an denen eine mäßige oder übersteigerte „Hochkonjunktur“ in eine milde „Rezession“ bzw. tiefe „Depression“ (mit sinusoidal-flacher bzw. steil ab-kippender Gegenphase) „umschlägt“, werden „Krisen“ genannt. Von solchen mehr oder weniger kritischen Umschwüngen wissen wir bereits aus den frühen vorkapitalistischen Wirtschaftsepochen der Menschheit (z. B. in Ägypten, um 3000 v. Chr.), wo sie zumeist durch schlechte Ernten, verheerende Seuchen, lange Kriegszeiten oder exzessive Rüstungsausgaben verursacht worden sind. Am bekanntesten ist wohl jene quasi-konjunkturelle, in einem 7-Jahre-Rhythmus (als hieratische Periode?) ablaufende Schwingungskurve der Ernteerträge im biblischen Ägypten zur Zeit Josef's, dessen vorausschauend gegensteuernde Maßnahmen schon damals eine sonst höchstwahrscheinlich eingetretene gesamtwirtschaftliche Katastrophe verhindert haben. Wir zitieren hier nur die für unsere regulierungs-ökonomischen Überlegungen wichtigsten Strophen aus Gen. 41:

„Als nun die sieben reichen Jahre um waren im Lande Ägypten, da fingen an die sieben Hungerjahre zu kommen, wie Josef gesagt hatte. Und es ward eine Hungersnot in allen Landen, aber in ganz Ägyptenland war Brot; (denn) Josef hatte die ganze Ernte der sieben Jahre, da Überfluß im Lande Ägypten war, gesammelt" (53—55 bzw. 47—48).

Als typisches Gegenbeispiel beschreiben wir im folgenden die sog. „Tulpenkrise", eine der zahlreichen „Spekulationskrisen" aus den Anfängen des europäischen Kapitalismus im 17. und 18. Jahrhundert. Nachdem Mitte des 16. Jahrhunderts die vor allem in Vorderasien (als Zierblume, architektonisches Ornament usw.) verbreitete Tulpe in Holland bekannt geworden war, entwickelte sich dort bald eine zur „Manie" ausartende „Tulpenliebhaberei" und daraufhin „rasch um sich greifende geschäftliche Spekulation" mit „Tulpenzwiebeln", so daß schließlich für eine einzige davon „bis zu 1500 Gulden gezahlt" worden sein sollen. Ähnliche Preissteigerungen erfolgten im Zusammenhang damit auch bei anderen begehrten Handelsgütern und daher geeigneten Spekulations-Objekten, wonach sich (analog zu biologischen System-Mechanismen) induktions- sowie synchronisationsdynamisch [54]) ein gesamtwirtschaftlicher extremer Konjunktur-Boom aufschaukelte. Der u. a. auch sättigungs-psychologisch bedingte „Umschwung" begann 1637 mit einem „allgemeinen Preissturz" sowie einer daraufhin einsetzenden „Verkaufspanik", was schließlich im Endeffekt kipp-regulativ zum „allgemeinen Zusammenbruch des Wirtschaftslebens" führte (SCHMÖLDERS, S. 8 ff).
Für die seit Anfang des 19. Jahrhunderts entwickelte klassische Gleichgewichtslehre galten Krisen in Wirtschafts-Systemen als überwiegend durch „Störungen" von „außen", insbesondere dirigistische „Staatseingriffe" bedingt (J. St. MILL, RICARDO, SAY). Ohne sie würden nämlich sonst „Angebot und Nachfrage" beim Güterumsatz in ausreichender Weise vor allem „durch die Preisbildung reguliert", so daß ein vorübergehend dehomöostasiertes System doch immer wieder von selbst ‚ins Gleichgewicht' käme. „Zugegebenermaßen" erscheinen somit auch zufolge dieser Theorie „endogen" verursachte „Teilkrisen möglich", wenn man etwa die „Probleme" einer eventuellen Über- oder Fehlproduktion, des z. B. durch Börsenspekulationen ausufernden Geldumlaufs sowie der kapitalistischen Vermögenskumulierung bedenkt. Mit solchen und ähnlichen Argumenten erklärten daher auch andere Wirtschaftstheoretiker schon seit je das periodische Auftreten insbesondere kataklystischer Krisen durch „im Wirtschaftssystem selbst

[54]) Zu diesen Begriffen vgl. SELBACH, b; S. 305 ff und 309 ff.

immanente Tendenzen". Genannt seien etwa das zwangsläufig „mangelhafte Zusammenspiel" einer technologisch zunehmend produktions-intensiveren „arbeitsteiligen Volkswirtschaft" (MALTHUS), die „Gesellschaftsordnung des Privateigentums an Produktionsmitteln" (MARX) sowie jene eben erwähnte „Eigenart der modernen Geldwirtschaft" (SCHUMPETER); (zit. nach SCHMÖLDERS, S. 43 ff). Angesichts der über 200 im einzelnen verschiedenartigsten Ursachentheorien beschränken wir uns hier auf einige Hinweise aus unserer anthropo-kybernetischen Sicht zur Erklärung von Extrem-Krisen in allen ausschließlich der Selbstregelung überlassenen Wirtschafts-Systemen.

Kybernetisch ist bekannt, daß sowohl extrem-hohe wie -flache Schwingungsamplituden jedes sich-selbst-regelnde System instabil machen; (labilitäts-zonale ÜST-UST-Kippschwingungen bzw. HB-Oszillationen i. S.. unseres Modells). Wie wir früher nachzuweisen und ausführlich zu begründen versucht haben (1978, 1982), tendieren nun aber quasi-autokatalytisch und also positiv-rückgekoppelt jedes Bedürfnisbefriedigungs-Verhalten wie -Erleben speziell des Menschen zu exponentiellen Extremisierungs- bzw. logarithmischen Sättigungs-Verlaufsformen; (via ÜST-TST- oder UST-NST- bzw. HB-Zirkeln). Daraus ergibt sich, daß bei sehr steilen (bzw. flachen) Gradienten der Konjunkturkurve rechtzeitig dämpfende (bzw. anheizende) Gegenmaßnahmen ergriffen werden müssen, um extreme Boom-Spitzen (bzw. Sättigungs-Effekte) zu vermeiden, anderenfalls über praekritische Labilitätszustände kipp-regulative Umschwünge in die Gegenverfassung (bzw. totalzirkuläre HB-Entgleisungen) erfolgen dürften. Wir können die Notwendigkeit deshalb einzuplanender, derart antizyklisch gegen-steuernder Eingriffe in sonst umzukippen (bzw. zu entgleisen) drohende Wirtschafts-Systeme nicht besser als mit den folgend zitierten Ausführungen von C. und H. SELBACH unterstreichen (a, S. 400):

„Der Homeostase-Verlust setzt mit mangelnder konjunktureller Disziplin ... bei noch gut expansiver Wirtschaftslage ein und führt zu flottem Absatz in Richtung auf die Überexpansion. Mit Berührung der System-typischen Grundspannung wird die Gefahr des überkompensatorischen Rückschlags akut: die Krise droht mit ihrer abrupten und maximalen Intensität ... und mit dem Verhängnis der postkritischen Depression. Die Übersteigerung des Konjunktur-Verlaufs ist also die Folge zu schwacher Bremsung. Die ‚Konjunktur-Wachen' als Regler-Zentralen hatten dabei nicht ihre Fühler am ‚Puls der Volkswirtschaft' (W. BEVERIDGE, 1908), um durch rechtzeitige Signalgabe einen antizipiernd-restriktiven Kurs (‚stillen Ausgleich') mit Hilfe der öffentlichen Meinungs- und Stimmungs-Beeinflussung zu erwirken".

W. OPPELT hat (1957, S. 18 ff) mittels des mathematischen Verfahrens der (hier graphischen) Frequenzganganalyse jenes volkswirtschaftlich sog. ‚Schweinezyklus' gezeigt, wie auch dieser mögliche Zirkel der Regelungsdynamik zwischen Schweinepreis und Schweineanzahl durch „Aufklärung" (hier der Erzeuger) „über den Mechanismus des Kreislaufs" sowie eine spezielle Beeinflussung des Preisbildungs- und Produktionsverhaltens „zum Erliegen" gebracht werden kann; (siehe Abb. 14). Es ging also dabei zunächst um die Beantwortung der Frage nach den Stabilitätskriterien des betreffenden Erzeuger-Verbraucher-Regelgefüges mit seinen Schwingungen gemäß den funktionellen Beziehungen zwischen Schweine-

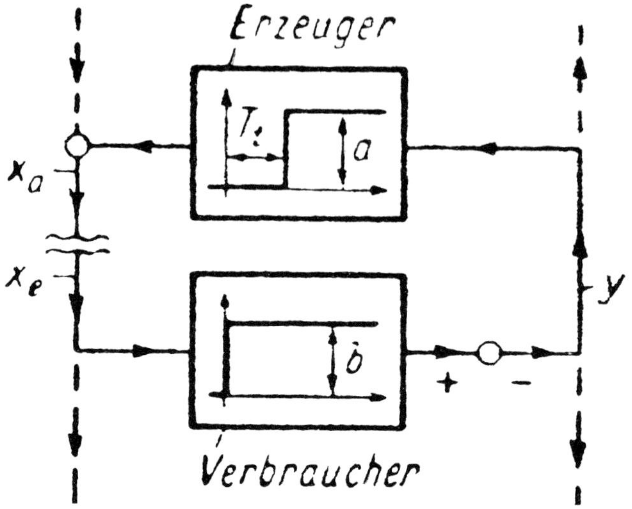

Abb. 14: Signalflußbild zum ‚Schweinezyklus'; (nach OPPELT, S. 18)

Erläuterungen:

Es wird angenommen, daß
(erstens) die Verbraucher auf eine bestimmte Erhöhung x der Schweinezahl (ohne Zeitverzögerung) mit einer proportionalen Absenkung des Schweinepreises y antworten (b); und (zweitens) die Erzeuger die Schweinezahl x proportional mit der Erhöhung des Schweinepreises y steigern möchten (a), wobei eine Totzeit (T_t) einzubeziehen ist (Zeitspanne zur Schweineaufzucht). Es gelten somit die Übergangsfunktionen:
(1.) $y(t) = -b \cdot x(t)$; und
(2.) $x(t + T_t) = a \cdot y(t)$.
Vorzeichenumkehr bei 1.) und keine bei 2.), weil eine Erhöhung der Schweinezahl x den Schweinepreis y verringert bzw. eine Erhöhung des Schweinepreises y auch die Schweinezahl x erhöht; (zum letzteren siehe oben unter 2.).

preis (y) und Schweineanzahl (x), d. h. um die Feststellung, unter welchen Bedingungen das (als geschlossen und sich selbst überlassen gedachte) System gerade noch „Dauerschwingungen konstanter Amplituden" an seiner „oszillatorischen Stabilitätsgrenze (ausführt)." Für diesen vorkritischen Grenzbereich gilt bezüglich der zwei wichtigsten Parameter, nämlich die „Proportionalitätsfaktoren" a (Dimension Schweinezahl/Schweinepreis, beim Erzeuger) und b (Dimension Schweinepreis/Schweinezahl, beim Verbraucher) die Gleichung $a \cdot b = 1$, wonach mit $a \cdot b < 1$ das „stabile Gebiet" des Systems bezeichnet ist bzw. erreicht wäre [55]). Durch die Bereitschaft der Erzeuger zu einer „Verringerung" der Konstante a, d. h. zur antizipierend-gegenregulativen Dämpfung ihrer Produktionszahlen und Preisbildungsgrößen gelang es daher auch, die Gefahr von Amplituden-Aufschau-

[55]) Zur frequenzganganalytischen Abteilung dieser Gleichung bzw. Ungleichung: siehe OPPELT, S. 19 f.

kelungen sowie daraufhin paradoxen Kipp-Umschlägen oder gar der totalzirkulären Entgleisung dieses Systems mit einer für alle Beteiligten katastrophal ungünstigen Kosten-Nutzen-Bilanz zu beseitigen.

Literatur:

DEUTSCH, K. W., Politische Kybernetik (3. Aufl.). Freiburg/Brsg.: Rombach-Verl., 1973.

FORRESTER, J. W., Der teuflische Regelkreis. Stuttgart: Dtsch. Verl. Anstalt, 1972.

OPPELT, W., Regelvorgänge in der Technik und ihre Darstellung. (In: Volkswirtschaftliche Regelungsvorgänge). München: R. Oldenbourg-Verl., 1957; (insbes. S. 18—21).

SCHMÖLDERS, G., Konjunkturen und Krisen. Hamburg: Rowohlt-Verl., 1955.

SELBACH, C., u. H. SELBACH (a), Krisen-Analyse. Stud. Gen. **9,** 7 (1956); S. 394—404 (Sonderdruck).

— H. (b), Das Kippschwingungs-Prinzip. (In: BIRKMAYER, W., und A. STURM, Klinische Pathologie des vegetativen Nervensystems. Bd. I, S. 299—322). Stuttgart: Thieme-Verl., 1976.

Die Bibel (nach der Übersetzung Martin LUTHER's). Mit Apokryphen. Stuttgart: Dtsch. Bibelstiftung, 1975.

„Jede beseelte Bewegung hat das Ziel als Zukünftiges . . . anschaulich vor sich" (E. STRAUS, S. 306).

E. REGULIERUNGS-SINNE UND REGULIERUNGS-THERAPIE

1. Der Gleichgewichtssinn — ein elementares Sinnesorgan

In einem für das teleologische Verständnis der „sinnlichen Empfindungen" des Menschen richtungsweisenden Buch hat der Neuropsychophysiologe E. STRAUS vor etwa 50 Jahren (1937) über den „Sinn der Sinne" geschrieben [1]). Wir wollen hier zunächst den körperlichen Gleichgewichts-Sinn als ein entwicklungs-geschichtlich sehr frühes, jedoch ebenfalls bereits derart sinn-tendent funktionierendes Sinnesorgan biologischer Systeme erweisen (Kap. 1). Im Anschluß daran werden wir den Moralcharakter als ein (analog) ebenso regulierungs-teletisch organisiertes fundamentales Gleichgewichtungs- und Sinnverwirklichungs-Instrument der Persönlichkeit in ihren geistigen Existenzbereichen wie soziokulturellen Lebensräumen zu begründen versuchen (Kap. 2). Für das erste Kapitel muß, bezüglich der anatomischen Verhältnisse und physiologischen Vorgänge im einzelnen, auf die fachspezifischen Lehrbücher verwiesen werden; zum Wesentlichen unserer Ausführungen dürfte aber auch die folgend vorgelegte Schemazeichnung (nach BROCK, S. 16) genügen.

Die Aufgabe des Gleichgewichts-Sinnesorgans in der pars superior des Innenohr-Labyrinths besteht darin, den „biologischen Eigenraum" von Lebewesen „am

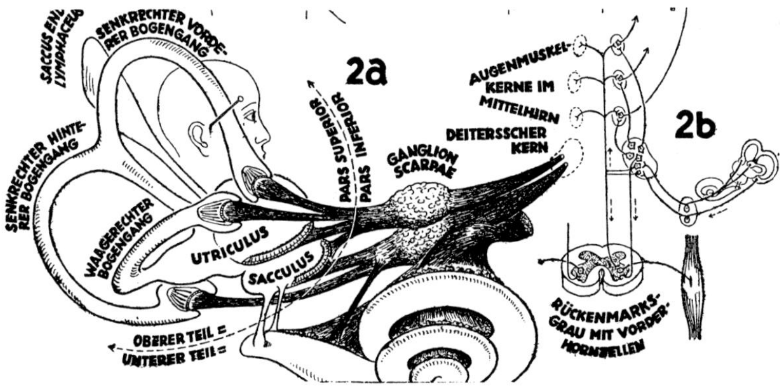

Abb. 1: Das Gleichgewichts-Sinnesorgan im Innenohr-Labyrinth

---

[1]) Zu den historischen Ursprüngen eines allgemein-teleologischen Denkens in der romantischen Naturphilosophie, Biologie und Medizin vgl. LEIBBRAND, S. 112, und UNGERER, S. 46 ff.

Dadraußen zu orientieren" (BROCK, S. 83, 99). Zu diesem Zweck informieren die propriozeptorischen Sinneszellen der drei (fast) senkrecht aufeinander stehenden Bogengänge (canales semicirculares) und des Vorhofs (Vestibulum, mit Sacculus und Utriculus) den Organismus nach Art eines „Kompasses" über (raum-achsiale) Lageänderungen sowie Drehbewegungen. Durch die Stellwerkzeuge dieses sensumotorischen „Funktions"- oder „Gestaltkreises" (UEXKÜLL, 1909, bzw. WEIZSÄCKER, 1940) wird das eigenraum-relationale, organismische System-Gleichgewicht wieder eingeregelt und damit die vorher gestörte normale Außenwelt-Orientierung erneut hergestellt [2]).

Für uns erscheint hier nun vor allem wichtig, daß jene pars superior „bei allen Wirbeltieren ... fast in der gleichen Ausführung in Bau und Leistung anzutreffen ist". Sie stellt also „ein sehr ‚konservatives Erbstück' " dar und „muß" somit von „hervorragender biologischer Bedeutung für den Lebenslauf sein". Dies bestätigt sich aus der Erfahrung, daß eine pathomorphotisch und anderweitig [3]) bedingte „Ausschaltung" des Bogengang- und Vestibular-Apparats für den Organismus „die schwersten Störungen" nach sich zieht (BROCK, S. 82 f, 91). CRAWFORD (1953) hat die „Hilflosigkeit" eines solchen „Lebens ohne Gleichgewichtssinn" auf Grund eigener Erfahrungen beschrieben, andererseits aber auch nachweisen können, wie dieser Verlust durch ein intensives Training der „Muskel- und Augenorientierung" [4]) (zumindest teilweise) ausgeglichen und damit jene existentielle Beeinträchtigung gemildert zu werden vermag (PUTSCHER, S. 195).

Bei stärkeren Reizungen der Bogengang- und Vorhof-Sinneszellen treten nun (außer Tachykardien, Blutdruckänderungen usw.) als mehr „subjektive Erscheinungen" noch Kopfschmerzen, Schwindelsymptome, Augenflimmern, Übelkeitsempfindungen u. a. auf (etwa bei Seekrankheit). Dies ist damit zu erklären, daß die mesencephalen Vestibulariskerne (z. B. das Ganglion Scarpae) des VIII. Gehirnnerven (Stato-acusticus) über den Thalamus neurale Verbindungen auch zum vegetativen Nervensystem haben. Infolge der Wechselwirkungen vor allem des Zwischenhirns mit unserer Psyche wird daher auch verständlich, daß viele Menschen sogar schon bei geringeren Irritationen ihrer Raumorientierung (wie Erderschütterungen, Brückenschwingungen, Bootsschwankungen oder auf Moorboden) „sofort Angst befällt". Wo also unsere „Eigenwelt ins Wanken gerät", wir die „Einbettung in das Dadraußen verloren" meinen, dort bzw. dann kommt es zu einem organismisch derart tiefgreifenden Bedrohungs- und Gefährdungs-Erleben.

---

[2]) Als Entdecker dieser „Sinnesfunktion" speziell jener drei Bogengänge gilt der Wiener Internist (und Mitarbeiter S. FREUD's) Joseph BREUER (LESKY, S. 237).

[3]) Etwa durch (beim Tauchen) ins Innenohr (bei geschädigtem Trommelfell) eindringendes Wasser (mit dem Effekt der Fehlinformation über die Körperlage).

[4]) Beide sind speziell beim Menschen für dessen Raumorientierung mit erforderlich; (siehe die Verbindung von der pars sup. nach dort über den Nervus vestib. und Deiter'schen Kern in Abb. 1). Jener primäre „echte Regelvorgang" erscheint also „doppelt abgesichert", vor allem durch die „optische Vertikale" und den „Auflagedruck auf Körperoberflächen" (Schöne, S. 90).

Solches tritt immer dann noch verstärkt in Erscheinung, wenn wir auch mit den Augen keinen Halt mehr an festen Zielpunkten finden, um uns optisch rückorientieren und auf diese Weise regulierungs-korrektiv wieder ins Gleichgewicht bringen zu können (BROCK, S. 99 f).
Für alle bewußten, gnostischen Orientierungen über jenes Dadraußen erscheinen die labyrinth-spezifischen Sinnesleistungen dagegen von untergeordneter Bedeutung; (wenige Nervenfasern vom Thalamencephalon zu den cortikalen Assoziations- und Integrationszentren im Parietalhirn). Diese bilden vielmehr nur den gleichgewichts-informatorischen und -regulatorischen „Rahmen" für jene Funktionen, ohne welches „‚biologische Apriori'" wir andererseits jedoch „keine einzige unwillkürliche oder willkürliche Bewegung sinnvoll in ein größeres Ganzes einreihen" könnten. Bei Verlust dieses „Koordinationssystems" als einer integralen Orientierungs-Matrix erfährt sich der Mensch daher nicht nur somato-psychisch aus dem Gleichgewicht gebracht, sondern als ein auch geistig dysreguliertes und dehomöostasiertes, moralcharakterologisch halt-los wie personal richtungs-los gewordenes Wesen. So wird es verständlich, daß jene Gleichgewichtsorgane „auch beim Menschen schon in frühester Jugend arbeiten" (BROCK, S. 91, 96), wichtige Teilstrukturen (z. B. das Ganglion stato-acusticum) embryologisch bereits nach $4^1/_2$ Wochen nachweisbar sind (LANGMAN, S. 368), konstitutive Sinneselemente (z. B. „Statolyths") sich phylogenetisch schon angelegt finden „generally intracellulare in the simplest metazoans" (MARKL, p. 20) [5].

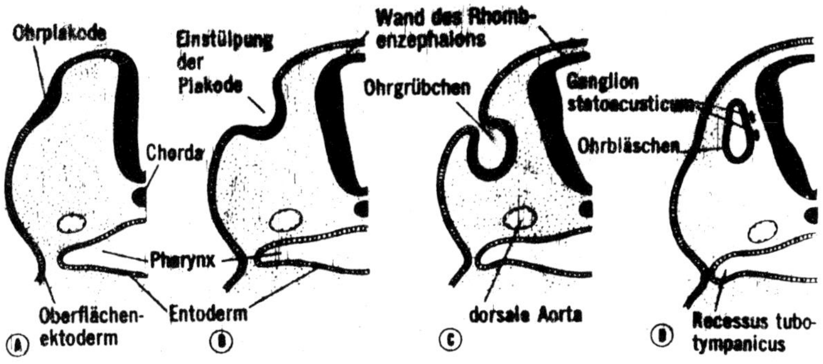

Abb. 2: Embryonalgenese des Ohrbläschens

Erläuterungen:
A, im Alter von 22 Tagen; B, 24 Tagen; C, 27 Tagen; D, $4^1/_2$ Wochen.

---

[5]) Etwa bei den Coelenteraten (Pflanzen- oder Hohltieren), also Quallen, Polypen, Korallen, Schwämmen.

Unsere Abb. 2 (aus LANGMAN) zeigt (in schematischen Querschnitten) vier Entwicklungsstadien der embryonalen Ontogenese des einen Ohrbläschens aus dem (Oberflächen-)Ektoderm im Rautenhirn; (4. und 5. Woche) [6]. Danach teilt sich jedes der beiden in eine ventrale und eine dorsale Komponente, aus denen Sacculus (sowie Cochlea mit Corti-Organ) [7] bzw. Utriculus, Bogengänge und Ductus endolymphaticus hervorgehen; (sog. häutiges Labyrinth). Jenes Ganglion statoacusticum spaltet sich schließlich ab der 5. Woche in cochleare und vestibulare Anteile auf, welch letztere später die sensorischen Zellen des Gleichgewichtsapparats mit seinen Bogengängen und den Vorhoforganen nerval versorgen. Als deren spezifische Perzeptionsareale erscheinen etwa ab der 7. Woche die Christae ampullaris und Maculae staticae mit ihren Haar-Sinneszellen bzw. den Schweresteinchen (Statolithen).

Zur Phylogenese beschränken wir uns hier auf wenige Hinweise, „the perception of gravity in Invertebrates" betreffend, speziell und zunächst also bei deren niedersten Lebensformen, den wimperntragenden Pantoffeltierchen. KOEHLER (1922) „concludes from his experiments with iron-fed Paramecium, that cell inclusions of higher density act as statoliths and thus make the cell sensitive to gravity". Bei anderen „families" mit „ciliates" haben ANDERSON u. a. (1966) eine „ultrastructure of an organelle" beschrieben sowie Ergebnisse von Experimenten berichtet, „which would fit nicely into Koehlers scheme of gravireception". Bei ihnen kommt es danach zu ähnlich bedingten Sinneswahrnehmungen und Verhaltensreaktionen, indem „these ciliates possess vacuoles containing concrements of a calcium compound, which come into close contact with ciliary rootlets" (p. 20).

Erwähnt seien schließlich noch die als erste Chordatiere geltenden Seescheiden (Ascidien), deren „larvae ... possess an unpaired statocyst to the left at the base of the brain"; (siehe Abb. 3, aus MARKL, p. 64). Hervorzuheben ist insbesondere die „connexion" der „lens and retinal cells" und des „statoliths" über ein gemeinsames „cerebral ganglion" zum ‚Fuß' dieser Zelle, dessen „filaments may be derived from a ciliary apparatus". MARKL schreibt dazu, daß „orientation by light can replace orientation by gravity in many cases, but in yet other species both types of mechanism have been perfected side by side". Abschließend sei noch hervorgehoben, daß einmal „a capacity to orient the body's axes with respect to gravity during rest or during locomotion has been reported in most or all invertebrate phyla"; und zum anderen, „that it may be that gravireceptors have evolved from organs which formerly acted as vibration receptors in some cases or as generally stimulating organs in others" (MARKL, p. 18, 65).

---

[6]) Hingewiesen sei auf die zu dem Zeitpunkt ebenfalls bereits vorhandene Augenblase im (darüberliegenden) Prosencephalon.

[7]) Nur Innenohr und Gleichgewichtsorgan bilden im Labyrinth eine morphologische Einheit.

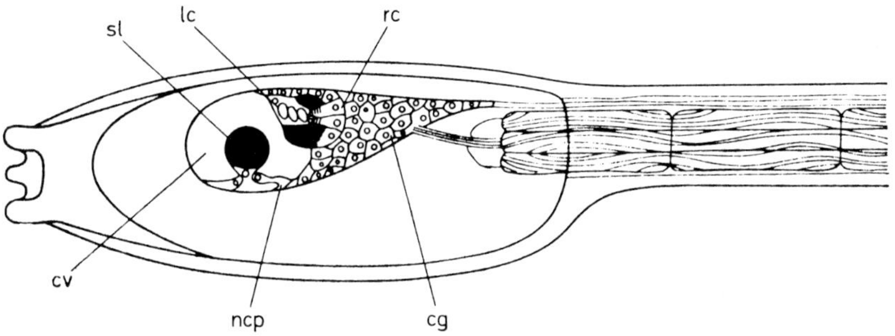

Abb. 3: Headregion of the tadpole of Ciona intestinalis

Erläuterungen:
cv: cavity of the cerebral vesicle; sl: statolith; lc: lens cell; cg: cerebral ganglion; ncp: nerve cellprocess; right side: neck and foot (DILLY, 1962).

Literatur:

BROCK, F., Bau und Leistung unserer Sinnesorgane. (Band I: Haut-, Tiefen- und Labyrinthorgane). Bern: A. Francke-Verl., 1956.
LANGMAN, J., Medizinische Embryologie (4. Aufl.). Stuttgart: Thieme-Verl., o. J.
LEIBBRAND, W., Die spekulative Medizin der Romantik. Hamburg: Claasen-Verl., 1956; 324 S.
LESKY, E., Meilensteine der Wiener Medizin. Wien—München—Bern: W. Maudrich-Verl., 1981.
MARKL, H., The Perception of Gravity and of Angular Acceleration in Invertebrates. In: H. H. KORNHUBER (Hrsgb.), Vestibular System Part 1: Basic Mechanism. Heidelberg—New York: Springer-Verl., 1974.
PUTSCHER, M. (Hrsgb.), Die fünf Sinne. (Beiträge zu einer medizinischen Psychologie). München: H. Moos-Verl., 1978.
SCHÖNE, H., Der 6. Sinn. Bild der Wissenschaft **20,** 1 (1983); S. 84—92.
STRAUS, E., Vom Sinn der Sinne. Berlin: Springer-Verl., 1937.
UEXKÜLL, J. v., Umwelt und Innenwelt der Tiere. Berlin, 1909.
UNGERER, E., Die Erkenntnisgrundlage der Biologie. In: L. v. BERTALANFFY (Hrsgb.), Handbuch der Biologie (1. Teil). Potsdam: Akad. Verl. Ges. Athenaion, 1942.
WEIZSÄCKER, V. v., Der Gestalkreis. Stuttgart, 1940.

2. Der Moralcharakter — ein personales Sinnesinstrument

Als dem somato-psychischen Gleichgewichts-Sinnesorgan von Biosystemen homolog funktionierendes personales Wert-Gleichgewichtungs- und Sinn-Verwirklichungs-Instrument gilt uns der Moral- oder Regulierungs-Charakter speziell des Menschen. Modell-definitorisch dient er der Persönlichkeit zur integralen Homöostasierung bzw. Ultrastabilisierung nach existentiellen ‚Erschütterungen' des geistigen ‚Eigenraums', d. h. ihrer wesens-spezifischen Wertbegriffs-Skala und Sinnziel-Hierarchie. Wir wollen ihn daher als organismischen, quasi-apparativen Servo-Mechanismus in der Regelstrecke des kybernetischen Wirkungsgefüges ‚Persönlichkeit' bezeichnen. Mittels den dort als Fühler und Stellorgane fungierenden

steuerungszonalen Erlebens- bzw. Verhaltens-Einstellungen gelingt es dem Individuum, die nach störfaktoriellen Einwirkungen notwendigen Umschaltungen bzw. Umakzentuierungen und Neuorientierungen seiner Wert- wie Sinn-Ordnungen zu bewerkstelligen. Im Endeffekt vermag dadurch dann schließlich auch das Selbstwertgefühl als die wichtigste Regelgröße jenes personalen Gesamtsystems auf einen optimalen Führungsgrößen-Standard einreguliert zu werden.
Unter Berücksichtigung der hohen Freiheitsgrade jener servo-mechanistischen Schwing- und Regelkreis-Organisation ‚Moralcharakter', haben wir dieses Hilfsinstrument der Persönlichkeit als das phylogenetisch bisher höchst-entwickelte (bio-evolutiv homologe) Gleichgewichts-Sinnesorgan in der Natur zu bezeichnen. Als wichtigste Voraussetzung zur Ausbildung eines derart hoch-komplexen und deshalb relativ-autonomen Regulierungs-Apparats erscheint uns die bio- wie psychogenetisch in grundfiguraler Weise praeformierte bipolar-binäre Funktionsstruktur personaler Biosysteme und speziell auch des menschlichen Geistes. Wir haben daher unser Persönlichkeits-Modell zunächst hypothetisch nach dieser Erkenntnis konzipiert und in den beiden vorangehenden Monographien (1978, 1982) sowie hier vorliegend erneut durch zahlreiche Befunde empirisch zu verifizieren gesucht. An dieser Stelle mögen also abschließend wenige ausgewählte, fundamentale Beispiele genügen, um jene dichotom-dualistische, konträr-antinomische Organisation des humanen Geistes sowie die daraufhin erforderliche Funktionsdynamik der moralcharakterologischen Regulation alles „Irregulären" (HOCKE, S. 7) in unserem Dasein via Gleichgewichts-Sollwerten und Sinnziel-Führungsgrößen nochmals zu belegen.

α) BACHOFEN hat über den „Sinn" der „Mysterien-Eier" aus den orphischen Geheimkulten im vorklassischen Griechenland (6. Jahr. v. Chr.) wie folgt geurteilt:
„Das orphische Urei ist halb weiß, halb schwarz oder rot", welcher „Wechsel der hellen und der dunklen Farbe ... uns die tellurische Schöpfung als das Resultat ewigen Werdens und ewigen Vergehens zeigt, als eine nie endende Bewegung zwischen zwei entgegengesetzten Polen" (S. 31 f).

β) Im Beginn des naturphilosophischen Denkens der Griechen hat HERAKLIT (~ 540—~ 480) ähnliche Gedanken ausgesprochen, von denen hier nur einige der für uns wichtigsten fragmentarisch zitiert werden können:
„Die Seele hat Sinn, der aus sich heraus immer reicher wird" (S. 35) [8]), welche Entwicklung durch „Kampf" (πόλεμος) und „Streit" (ἔρις) erfolgt, denn „das, was ist, zerstreut sich und tritt zusammen und geht heran und geht fort ..." („... καὶ πρόσεισι καὶ ἄπεισι") (S. 28/29). „So wird aus dem Unstimmigen die schönste Harmonie" (S. 9) [9]), und alles „erfüllt sein Maß nach demselben Sinn" (S. 15) [10]); (siehe dazu etymologisch πολεμίζω, neben kämpfen u. a. auch schwingen, bzw. ἐρίζω, neben streiten u. a. auch messen, gleich-kommen).

Die folgenden drei Befunde lassen eine gleichartige Grundanschauung auch bei jüdischen bzw. christlichen Denkern erkennen:

γ) JESUS SIRACH, um 200 v. Chr.; aus den biblischen Apokryphen, die „Schöpfung Gottes" betreffend: „So schau alle Werke des Höchsten an: es sind immer jeweils zwei, und dabei

---

[8]) ψυχῆς ἔστι λόγος ἑωντον ἄυξων.

[9]) ἐκ των διαφερόντον καλλίσην ἁρμονίην."

[10]) „μετρέεται εις τὸν αύτὸν λόγον."

eins dem andern gegenübergestellt ..., das Gute dem Bösen ..., das Leben dem Tod ..., der Gottesfürchtige dem Gottlosen ..." (33, 15 f; 42, 25).

δ) P. WILPERT, das mystisch-mathematische Philosophieren des NIKOLAUS VON KUES (1401—1464) über das „Wesen Gottes" (als coincidentia oppositorum) wie folgt zusammenfassend: „Gott ist die Koinzidenz der Gegensätze ..., das Zusammenfallen von + ∞ und — ∞ ... Bei ihm ist somit jede gegensätzliche Aussage gleicherweise zutreffend wie unzutreffend ... Er steht über dem Gegensatz von Bejahung und Verneinung ..., ist (quantitativ wie qualitativ) die Identität von Maximum und Minimum ..., von Sein und Nichtsein ...; die Explicatio des in ihm in Einheit Gegebenen ..." (S. 54 f).

ε) BLAISE PASCAL (1623—1662), aus seinen „Pensées", den „Menschen" als „Paradoxon" beschreibend:

„Was ist denn eigentlich der Mensch? Gleicht er Gott oder den Tieren? Welch furchtbarer Zwischenraum! ... Die Größe und das Elend des Menschen sind so augenfällig, daß die wahre Religion uns notwendig die Lehre geben muß, daß im Menschen eine bedeutende Anlage zur Größe mit einer bedeutenden Anlage zum Elend gleichzeitig verbunden sind ... Sie muß uns die erstaunlichen Widersprüche in unserem Inneren erklären können ...
Eine von diesen Erkenntnissen vereinzelt führt entweder zu dem Stolz der Philosophen, welche Gott erkannt haben, aber nicht ihr Elend, oder zu der Verzweiflung der Atheisten, welche zwar ihr Elend kennen, aber nicht ihren Heiland. Und wie es für den Menschen notwendig ist, beide Punkte gleich gut zu kennen, so ist es von Gott barmherzig, sie uns gleichermaßen geoffenbart zu haben" (S. 188, 192 f).

Die Reihe solchen Denkens und Dichtens, natur-philosophischen oder -wissenschaftlichen Erkennens wie künstlerischen Schaffens, reicht über den alles umfassenden nachhaltigsten Aufschwung in der deutschen Romantik bis in unsere Gegenwart. So folgert GOETHE aus seinem pantheistischen Weltbild bzw. weiß er nach den Erfahrungen seiner Naturstudien, wie „das Entgegengesetzte" stets „sich gegeneinander neigt und sich in einem Dritten vereinigt"; (Farbenlehre, S. 248). Allgemein existentiell geht es dabei zunächst um eine Harmonisierung jener essentialen Antithesen in uns selbst. Durch diese homöostatische Mittenfindung erscheint entweder gleichzeitig auch die Sinn-Erfindung unseres Daseins gelungen, oder aber diese muß daraufhin mittels Sollwert-Verstellung via Ultrastabilisierung nachzuvollziehen gesucht werden. NIKOLAUS von KUES etwa fand seinen individuellen ‚Logos' in den theistisch-mystischen Anfangs-Setzungen des JOHANNES-Evangeliums (1, 1—3, 9—14), wonach „das Wort" (λόγος) „war Gott", (θεός), „wurde Mensch und wohnte unter uns" (χρηστός): „enim est verbum, ‚sine' quo ‚nihil factum est' aut fieri potest" (p. 26 Anm. 5—7, S. 70). Für NOVALIS z. B. war es hingegen allgemein jenes „Eine geheime Wort", welches der Mensch als seine existentielle Lebens-Chiffre und Daseins-Leitlinie entschlüsseln muß bzw. entdecken mag, wenn sich in ihm „Licht und Schatten zu echter Klarheit werden gatten" (b, S. 210).
Bleibt also für jeden Einzelnen die Frage nach seinen wesens-spezifischen geistigen Lebensthemen und Daseinstechniken, seinen individuell-homöostasierten Wert-Einstellungen wie ultrastabilisatorischen Sinnziel-Vorstellungen; denn „teleologisches Fragen" ist in uns „genetisch vorprogrammiert", welches „Erbstück der Hominidenevolution" (MOHR, S. 47) daher auch von allen Menschen eine persönlich-entschiedene Antwort verlangt. Das folgende Gemälde CHAGALL's aus

den Bibel-Illustrationen (siehe Abb. 4), ein Meisterwerk und Höhepunkt seines späteren künstlerischen Schaffens, erweist sich als die metaphorische Darstellung einer derart gelungenen individuellen Sinnverwirklichung und Selbstvollendung [11]); denn „der Esel", dieses „friedliche, nicht vom Leben anderer sich ernährende Tier", ist ein „Symboltier" für ihn, gilt ihm als „Chiffre für sich selbst". Mit diesem biblisch verheißenen Tragtier des Herrn [12]) und also Christophorus-Symbol versinnbildlicht CHAGALL demnach, daß ihm Chrestos zum Logos und Metron seines Daseins wie künstlerischen Wirkens geworden ist. Er hat die Mitte

Abb. 4: Marc CHAGALL; aus dem Gemälde-Zyklus zur „Botschaft der Bibel" (1953)

---

[11]) COGNIAT spricht dazu von der „Zauberkraft" dieser „einfachsten Polychromie" CHAGALL's sowie dessen lebenslangem Bestreben, auch seine „Formen" und speziell die „Lebewesen" in Richtung auf „höchste Symbole" hin zu „vergeistigen" (S. 1125).

[12]) „Freut euch, ihr Bewohner Jerusalems ...! Euer König kommt ...; er reitet auf einem Esel ..." (SACHARJA, 9,9).

seiner personalen Existenz gefunden, nachdem auch ihm sich anfangs alles Leben „unter dem Aspekt der Entzweiung, der Polarität von ‚gut und böse' ", offenbart haben soll (GOLDMANN, S. 8, 15, 59).

Überleitend auf unseren regulierungs-therapeutischen Schlußabschnitt (Kap 3), sollen im folgenden noch zwei der wichtigsten Ursachen für die gegenwärtig so zahlreichen Funktionsstörungen jenes moralcharakterologischen Sinnes-Instruments angeführt werden. Wir nennen einmal den offensichtlichen ‚Gewichtsverlust' der soziokulturell tradierten, bisher idealistisch-verabsolutierten Wert-Begriffe und Sinn-Vorstellungen in unseren diesbezüglich einerseits pluralistisch-libertinär formierten, andererseits exzessiv-plutokratisch orientierten westlichen Demokratien. Zum anderen verweisen wir auf den ebenso offenbaren ‚Mittenverlust' in allen technologisch extrem arbeitsteilig versus berufliche Überspezialisierung organisierten und soziodynamisch via menschliche Partikularisierung, Isolation, Vereinsamung wirkenden abendländischen Industrie- bzw. Massengesellschaften. Zum letzteren referieren wir anschließend aus SEDLMAYR's kultur-kritisch allgemein höchst aufschlußreichem Werk: „Verlust der Mitte" (1955); zu den erstgenannten Gründen zitieren wir abschließend einen Passus aus R. SCHNEIDER's Buch seiner Erinnerungen an einen „Winter in Wien" (1958).

α) SEDLMAYR bezeichnet als einen der „Zustände", welche „charakteristisch für die Zeit" sind, das „Auseinandertreiben der Gegensätze", und zwar, „bis zur Unversöhnlichkeit". Solche „Neigung, ins Extreme zu gehen" und überall fortschreitend „Polarisierung" zu bewirken, werde u. a. mitbedingt durch die „Tendenz" zur „Aussonderung ‚reiner' Sphären". Diesbezüglich seien beispielsweise festzustellen: eine „Zerspaltung der Wissenschaft in scharf gesonderte Fächer", welche „auf keinen gemeinsamen Mittelpunkt mehr bezogen sind"; eine „Zerlegung des Arbeitsvorganges in einzelne gesonderte Hantierungen", welche „nichts mehr vom Sinn des Ganzen wissen", usf. Sozialanthropologisch fänden sich daher auch „äußerster Individualismus" und „äußerster Kollektivismus" als „unversöhnliche Gegenpole" nebeneinander, welche (NST-zirkulär) libertinistischen bzw. (TST-zirkulär) konformistischen Erlebens- und Verhaltens-Einstellungen „beide die echte Persönlichkeit und die echte Gemeinschaft auflösen" würden (S. 114 f).

β) „Eine große Gefahr ist es, daß wir mehr und mehr von Abstraktionen beherrscht werden; es sind die Hülsen und Häute der Werte, die einst das Gleichgewicht bestimmt haben — so sicher wie die winzigen Steinchen, die nach dem Erdmittelpunkt tendieren, Steinchen der Gleichgewichtsorgane der Menschen und Tiere. (Menschheit, Demokratie, Europa, Wissenschaft . . .). Aber wenn die Fluggeschwindigkeit die Gravitationskraft überrast, so geben die Steinchen verwirrende Signale . . ." (S. 51).

Literatur:

BACHOFEN, J. J., Mutterrecht und Urreligion. Stuttgart: A. Kröner-Verl., 1941.

CASSOU, I. (Hrsgb.), Lexikon des Symbolismus. Gütersloh: Bertelsmann-Verl., o. J.

COGNIAT, R., Marc Chagall. Universitas **36,** 11 (1981); 1123—1128.

GOETHE, J. W. v., Entwurf einer Farbenlehre. (In: Deutsche Geisteswelt). Darmstadt: Holle-Verl., 1953.

GOLDMANN, Ch., Bildmeditationen zu Marc Chagall's „Botschaft der Bibel". Freiburg/Brsg.: Christophorus-Verl., 1979.

HERAKLIT, Fragmente. (Hrsggb. v. B. SNELL). München: Heimeran-Verl., 1965.

HOCKE, G. R., Manierismus in der Literatur. Hamburg: Rowohlt-Verl., 1959.

MOHR, H., Die Sinnfrage im Prozeß der Naturforschung. (Herrenalber Texte, Nr. 28: „Suche nach Sinn"). Karlsruhe: Ev. Akad. Baden, 1981.
NICOLAI DE CUSA, Comdendium. (Hrsggb. v. P. WILPERT u. a.) Hamburg: F. Meiner-Verl., 1970.
NOVALIS (a), Fragmente. (In: Deutsche Geisteswelt). Darmstadt: Holle-Verl., 1953.
— (b), Heinrich von Ofterdingen. (In: Werke). Hamburg: Rowohlt-Verl., 1977.
PASCAL, B., Gedanken. Leipzig: Reclam-Verl., 1980.
SCHNEIDER, R., Winter in Wien. Freiburg/Brsg.: Herder-Verl., 1958.
SEDLMAYR, H., Verlust der Mitte. Berlin: Ullstein-Verl., 1955.
WILPERT, P., Das Problem der coincidentia oppositorum in der Philosophie des Nicolaus von Cues. In: Studien und Texte zur Geistesgeschichte des Mittelalters, Bd. 3 (1953); 39—55.
Die Bibel (nach der Übersetzung Martin LUTHER's). Mit Apokryphen. Stuttgart: Deutsche Bibelstiftung, 1978.

„Sie haben alle zu viel zu tun, rasen gemeinsam dahin, immer hübsch in der Straßenmitte, und kümmern sich nicht, wohin sie rasen ..."
(J. OSBORNE, Der Entertainer; l. c. p. 161).

3. Regulierungsanalyse des Sisyphos-Komplexes

Die mögliche Konsequenz solcher relativistischen Entwertung der geistigen Werte bzw. jener ökonomischen Spezialisierung wie gesellschaftlichen Vereinzelung des Individuums in seinen soziokulturellen Biotopen ist ein Orientierungs-, Gleichgewichts- und Sinnverlust unserer humanen Existenz bis zur personalen, essentiellen Selbstentfremdung. Viele Menschen reagieren daher heutzutage quasi notfallsregulativ auf diese wesens-gefährdenden Auswirkungen mit einer überwertig-selbstherrlichen Genuß-, Macht- und Raffgier bzw. überzogen wichtig-tuerischen Übergeschäftigkeit in Beruf und Freizeit, um ihrem Leben noch einen Sinn zu verschaffen, sich wieder ins Gleichgewicht zu bringen [13]). Denn moral-charakterologisch gilt analog dasselbe, was CRAWFORD aus seinem „Leben ohne (körperlichen) Gleichgewichtssinn" berichtet: „Je schneller ich ging, umso leichter konnte ich mich aufrecht halten und im Gleichgewicht bleiben" (l. c. p. 295). Wir möchten jene over-shoot-reaktiven Verhaltensphänomene daher als die bedeutsamsten anfänglichen Ursachen des von uns sog. ‚Sisyphos-Komplexes' bezeichnen, wie er sich durch den Versuch des Zudeckens, Abdrängens, Vergessens der Sinn-Problematik unserer menschlichen Existenz ausbilden kann und daraufhin wiederum von sich aus wirkend zu einer weiteren Verstärkung jener substitutiven, pseudo-logothetischen Verhaltensanomalien führt, usf.; (positiv-rückgekoppelter Regelkreis-Mechanismus) [13a]).

[13]) Exemplarische Darstellungen dieses Lebensstils in der belletristischen Literatur etwa bei S. LEWIS („Babbit", 1922), Th. DREISER („Eine amerikanische Tragödie", 1925), J. DOS PASSOS („Mannhattan Transfer", 1925), A. DÖBLIN („Berlin Alexanderplatz", 1929).
[13a]) Hingewiesen sei auf Gen. 11,4: „Wohlauf, laßt uns ... einen Turm bauen, dessen Spitze bis an den Himmel reiche", welches (nach DREWERMANN) „wie Gott sein Wollen"

Sisyphos, mythischer Erbauer und mächtiger Beherrscher der Stadt Korinth, jener ‚listigste' aller Sterblichen, hatte den Gott des Todes im Ringkampf überwunden und hohnlachend gefesselt, so daß niemand mehr starb. Thanatos, auf des Zeus Geheiß durch Ares befreit, brachte Sisyphos nun doch in die Unterwelt, woraufhin er Hades und Persephone zu überreden wußte, ihn zwecks Nachholens der von seiner Gattin Merope unterlassenen Bestattungszeremonien noch einmal für kurze Zeit in die Oberwelt zu entlassen. Er aber kehrte von dort nicht mehr zurück, lebte vielmehr hier weiter wie bisher und rühmte sich voller Überheblichkeit und Übermut seines ‚Triumphes' über die Götter des Schattenreichs. Sisyphos erreichte jetzt zwar ein hohes Alter, wurde dann aber schließlich doch in den Tartaros geholt. Die Strafe der Götter für seinen ‚Betrug' und vor allem sein auf Erden weiterhin ‚sinnloses' Dahinleben war ‚fürchterlich': er wurde verurteilt, einen Mamorblock bergaufwärts zu wälzen, welcher immer wieder in die ‚Tiefe' hinabrollte.

Dieser antike Mythos widerspiegelt den gegenwärtig ebenso oder ähnlich unternommenen Versuch vieler Menschen, jene Urangst vor den ‚letzten Dingen' durch pathetische Gebärden der eigenen Unersetzlichkeit und großtuerische Attitüden ihrer Wichtigkeit sowie ein willfährig-konformistisches Mitrennen bzw. hektisches, libertinäres Mitgenießen überspielen, beschwichtigen, unterdrücken zu wollen. Im Endeffekt handelt es sich also hierbei um sich-selbst-verstärkende Kreisverläufe der Erlebens- und Verhaltensdynamik dieser Menschen mit exponentialfunktioneller Steigerungsrate bis hin zu totalzirkulären Funktionsformen; (versus HB- bzw. TST- bzw. NST-Zirkeln i. S. unseres Modells). Spätestens jedoch in akuten, existentiellen Grenzsituationen und Krisenlagen [14]) erweisen sich alle diese Techniken bzw. Phänomene als hoch-labile, weil (komplex-bedingt) hyperkompensatorisch in Gang gehaltene Pseudo-Homöostasierungen des personalen Selbstwertgefühls. Jene abgründigen Ängste brechen dann erneut in uns auf; Schattenbilder als eine Ursprache der Seele drängen sich in unsere Alltagsgedanken; die Fragen nach einer rechten Gleichgewichtung unseres Tuns und einer befriedigenden Sinngebung unseres Daseins ‚sub specie aeternitatis' stellen sich immer dringlicher, überwältigender, unausweichlicher.

Befund 1; (aus: E. ALBEE, Empfindliches Gleichgewicht).

(Claire) Was ist passiert, Harry? . . . (Harry) Wir . . . ja, wir saßen zu Hause . . . ich . . . wir überlegten, ob wir in den Klub fahren sollten, aber . . . aber am Freitagabend ist dort immer so ein Gedränge . . . (Edna) . . . und dann die Kanaster-Partie und die Vorbereitungen für den samstäglichen Tanzabend . . . (Harry) . . . Das wollten wir nicht, und ich . . . war müde und . . . das wollten wir nicht . . . also saßen wir daheim zu Abend und hatten vor, zu Hause zu bleiben . . . (Edna) . . . auszuruhen . . . (Harry) Ja, wir . . . saßen uns gegenüber, und Edna arbeitete an dem Deckchen, an ihrer Handarbeit . . . (Edna) . . . an meiner Stickerei . . . (Harry) . . . und ich las in meinem französischen Lehrbuch. Ich habe schon einiges gelernt . . . ich weiß eigentlich nicht, was dann passiert ist. Wir . . . wir sind . . . es ist ganz still geworden,

---

ebenso „Ausdruck einer Angst" gewesen ist, „die meint, erst dann zur Ruhe kommen zu können, wenn sie die Bestandteile der äußeren Welt möglichst perfekt durchorganisiert . . und dabei in all der Geschäftigkeit doch zu nur noch verheerenderer Selbstvergessenheit antreibt" (S. 530).

[14]) Ausdrücklich hervorgehoben seien: der Verlust des Arbeitsplatzes bzw. eine Übersättigung an den Lebensgenüssen mit daraufhin möglichen Erfahrungen persönlicher Überflüssigkeit, der Langeweile, inneren Leere, usw.; (siehe Befund 1).

und dann ... nichts ist passiert ... aber ... überhaupt nichts ist passiert ... (Edna) ... WIR HATTEN ... ANGST (Harry) Wir haben uns gefürchtet ... (Edna) Wir haben ... panische Angst gehabt ... (Harry) Wir haben uns gefürchtet ... Es war, als ob wir uns verirrt hätten. Wieder Kinder .. im Dunkeln ... und verirrt ... Da war nichts ..., wovor man Angst haben konnte, aber ... (Edna) WIR HATTEN ANGST ... UND DA WAR NICHTS ... (S. 30 f).

Um also nicht endgültig in jene Fehlhaltungen, Automatismen, Süchte usw. mit solchen möglichen Folgeerscheinungen hineingetrieben zu werden, müssen wir uns von selbst und rechtzeitig genug wieder auf die implicit-transzendenten Wurzeln unserer Existenz rück-besinnen; (siehe lat. religo, zurück-binden). So lesen wir etwa schon bei NOVALIS von „jener unseligen Geschäftigkeit", welche „verzehrt den himmlischen Anflug der Nacht", und das heißt bei ihm: die „Schatten" unseres tiefenseelischen, metaphysischen, gottbildlichen Wesens. Dazu sei nochmals R. SCHNEIDER zitiert, der über seinen „Winter in Wien" u. a. folgendes schreibt: „Advent ist Dunkelheit ...; aber ein adventischer Glaube bricht vielleicht den Himmel auf". Dieser „felsenfeste Glaube", daß nur „durch die Untergänge hindurch der Weg des Heiles führt", sei „die heilige Paradoxie" jener Botschaft des Alten und Neuen Testaments; denn auch „der Prophet von Anathot sieht alles verloren" [14a]) — doch die „unwiderrufliche Verheißung des ‚Ich habe dich je und je geliebt' " wird ihm zum „Trost seines Daseins zwischen Untergang und Geburt" (S. 61) [15]).

Mit unserem nächsten Literaturbeispiel wollen wir nun zunächst einmal die äußeren Erschwernisse solcher notwendigen Rück- wie Selbstbesinnung in den vom Hasten und Lärmen der Menschen um uns herum erfüllten Lebensräumen veranschaulichen; (siehe Befund 2).

Befund 2; (aus: P. LAGERKVIST, Der anspruchsvolle Gast).

„Ich komme aus dem ewigen Dunkel in dieses Hotel für flüchtige Touristen. Es wird nur ein ganz kurzer Besuch. Deswegen ärgert es mich, daß alles hier in einer solch höllischen Unordnung ist ... Es soll abgerissen und aufgebaut werden, ab und auf, auf und ab. Ich werde gestoßen, beschimpft, angeschnauzt ..., ich bin im Wege ... Und ich hatte doch davon geträumt, hier in Ruhe und Frieden über so manches zur Klarheit zu kommen ...
Rings um mich herum wird gehämmert und gelärmt, abgerissen und repariert ... Tiefer und tiefer deprimiert werde ich vom Wirrwarr, vom Lärm ..., tiefer und tiefer versinke ich ins Grübeln und in die Ungewißheit darüber, was denn der Sinn von all dem sein kann ...
Wieder halte ich eines Tages einen aus der Bedienung an ... ‚Sagen Sie mir ... sagen Sie mir ... warum wir leben?' ... Er steht lange da und denkt ersthaft nach. Dann sagt er: ‚Würden Sie bitte so freundlich sein, mein Herr, sich an die Direktion zu wenden' ... Wenn ich mich bloß zur Direktion hineinwagte ... Denn ich habe noch nicht für meinen Aufenthalt bezahlt ... Und mittlerweile wächst und wächst meine Schuld ...
Die Zeit stürmt dahin in rasender Fahrt! Um mich herum höre ich es lärmen; abreißen, aufbauen ... Ich werde alt, alt. Da wird meine Verzweiflung grenzenlos ... Der Sinn! Der Sinn! Nein, ich selbst kann ihn nicht finden! ... All die anderen — die reiben sich auf und arbeiten ... Ich — ich grüble, ich suche den Sinn ...

[14a]) Jeremia; (siehe vor allem dessen „Klagelieder"; Luther-Bibel, S. 759 ff).

[15]) Siehe dazu u. a. auch Christi ‚Tod und Auferstehung' (im liturgisch-rituellen Karfreitags- bzw. Ostermorgen-Zeremoniell); GOETHE's „Stirb und Werde" (im „Westöstlichen Divan"); RILKE's „Wolle die Wandlung" (in den „Sonetten an Orpheus").

Jetzt fühle ich den Tod nahen ... Endlich stehe ich vor der Tür der Direktion ..., dann öffne ich endlich und trete ein ... Hinter einem Tisch aus blankpoliertem Nußbaum steht ein Herr in einem gutsitzenden Gehrock und gestreiften Beinkleidern, mit blauem Siegelring und einem Pincenez, dessen obere Kante gerade wie ein Strich ist. Das ist der Oberteufel selbst ... ‚Verzeihen Sie', sage ich, ‚würden Sie mir bitte sagen ..., warum ich gelebt habe?' ... ‚Sie, mein Herr? Sie persönlich?' Ich nicke bejahend. Da schlägt er ein großes Buch auf und sieht hinein. Er findet mich. Und er folgt nun mit dem Zeigefinger Seite für Seite auf und ab ... Dann schlägt er das Buch mit einem Knall zu ... ‚Ja, das weiß der Teufel!', sagt er ... Ich sinke zusammen, vernichtet ... Und ich wandere fort ins bodenlose Dunkel, aus dem ich gekommen bin" (S. 91—107).

S. BECKETT hat in seinem nihilistischen Endspiel-Drama unserer Zeit: „Warten auf Godot" (1952 !), zwei Landstreicher in einer vergleichsweise ähnlichen Situation des verzweifelten Umher-Irrens und der vergeblichen Sinn-Suche dargestellt. Zwar mag also auch dieses theatralisch-epochale Spectaculum, von seinem Schluß her betrachtet, eine unwiderrufliche Ausweg- und Ziellosigkeit unseres Lebensverlaufs vor Augen führen wollen. Immerhin aber scheinen uns diese gesellschaftlich Gescheiterten oder absichtlich auf abseitigen Wegen Wandelnden doch schon „en attendant Godot" und in ihrer kritischen, katastrophalen Lage entschlossen, ‚Ihm' durch „die Nächte" entgegen zu gehen (S. 86), sich bis zu dessen allmorgendlich neu erhoffter ‚Ankunft' mit ihren unbeholfenen, tragikomischen ‚Gleichgewichtsübungen' auf sein Kommen vorzubereiten; (siehe Befund 3) [16]).

Befund 3; (aus: S. BECKETT, Warten auf Godot).

Wladimir: Sag: Ich bin zufrieden.
Estragon: Ich bin zufrieden.
Wladimir: Ich auch ... Wir sind zufrieden ...
Estragon: Was sollen wir jetzt machen, wo wir zufrieden sind?
Wladimir: Wir warten auf Godot.
Estragon: Ach ja ... Bis dahin wollen wir uns ganz ruhig unterhalten, weil wir doch nicht schweigen können.
Wladimir: Du hast recht ...
Estragon: Um nicht denken zu müssen ...
Wladimir: Oh, es ist nicht das Schlimmste, gewiß nicht.
Estragon: Was denn?
Wladimir: Gedacht zu haben.
Estragon: Klar.
Wladimir: Aber wir hätten darauf verzichten können ...
Estragon: War gar nicht so schlecht als kleiner Galopp.
Wladimir: Ja, aber jetzt muß uns was anderes einfallen.
Estragon: Mal sehen ...
Wladimir: Was haben wir gestern abend getan? ...
Estragon: Hm. Wir haben sicher gequatscht.
Wladimir: Worüber?
Estragon: Oh ... Dies und das, dummes Zeug ... Das tun wir ja schon ein Leben lang ... Komm, laß uns gehen.

---

[16]) Vgl. dazu (frz.) attendre, warten, erwarten, bzw. (lat.) advenio (adventum), herankommen, zufallen, bzw. (gr.) κρίσις, Zwiespalt, Entscheidung, bzw. καταστροφή, Untergang, Wendung.

Wladimir: Wir können nicht.
Estragon: Warum nicht?
Wladimir: Wir warten auf Godot.
Estragon: Ach ja. — Also, was sollen wir machen? ...
Wladimir: Da ist nichts zu machen ...
Estragon: Wir schlagen uns doch ganz gut durch ...
Wir finden doch immer was, um uns einzureden, daß wir existieren ...
Wladimir: Ja, ja. Wir sind Zauberer ...
Komm in meine Arme! ... An meine Brust!
Estragon: Also los! (Sie umarmen einander. Schweigen) ...
Wladimir: Wie die Zeit vergeht, wenn man sich amüsiert! ...
Sollen wir unsere Übungen machen?
Estragon: Unsere Leibesübungen ... Um ruhiger zu werden.
Wladimir: Also los ... Laß uns den Baum machen, für's Gleichgewicht.
(Er macht den ‚Baum', auf einem Fuß stehend, beginnt zu schwanken, hört auf): Du bist dran.
Estragon: (macht den ‚Baum' und schwankt dabei):
Glaubst du, daß Gott mich sieht?
Wladimir: Man muß die Augen zumachen.
Estragon: (Schließt die Augen, schwankt noch mehr, schwingt die Fäuste und schreit aus vollem Halse):
Gott hab Erbarmen mit mir! ... (S. 72—92).

Jede Regulierungsanalyse eines Sisyphos-Komplexes hat bei den Betroffenen zunächst einmal deren Einsicht in die sich (focus-bedingt) selbst-verstärkende Kreisdynamik ihres FST- und/oder EST-extremen Dahinlebens zu wecken. Zweitens gilt es bewußt zu machen, daß jede Art von Bedürfnisbefriedigung auch noch ‚per se' und also ebenso exponentialfunktionell zur Extremisierung versus Zirkularisierung tendiert; (vgl. SACHER, 1978, 1982). Danach dürfte ein Verständnis dafür eröffnet sein, daß jene sowohl komplex-ätiologisch wie auto-katalysatorisch verursachten exzessiven Verhaltensweisen nur eine labile Pseudo-Homöostasierung oder -Ultrastabilisierung des personalen Selbstwert- und Sinn-Erlebens bewirken bzw. stabile HB-Gleichgewichtszustände allein durch intermittierende Gegen-Regulationen erreicht werden können. Diesen regulierungstherapeutisch-logothetischen Grundsatz hat vor über 300 Jahren der spanische Moralist B. GRACIÂN in seinem Buch: „El Criticón oder über die allgemeinen Laster des Menschen" (1651—1657), vor über 50 Jahren der katholische Moraltheologe R. GUARDINI in seinem Werk: „Der Gegensatz" (1925), wie folgt ausgesprochen; (α bzw. β):

α) „Alle sind auf Extreme aus und verfehlen (so ganz) und gar den Weg des Lebens ... Uns laß (daher) den sicheren, wenn auch nicht so einleuchtenden Weg einschlagen, welcher der eines klugen und glücklichen Mittelmaßes ist ..." (S. 40).

β) „Das Leben steht, je nach der verschiedenen Wesensbetonung im Einzelnen oder in der Gesamtheit, in dieser oder in jener Richtung ... Jede (dieser) Selbsterfahrungsweisen ist von eigener innerer Folgerichtigkeit beherrscht, die zu reiner Selbstauswirkung treibt, auf dem Wege dahin aber ins Unmögliche, Lebenaufhebende gerät ..., in die spezifische Krisis der betreffenden Sinnrichtung. Überwunden wird diese Krisis dadurch, daß innerhalb der betreffenden Lebensrichtung die sinngemäß entgegengesetzte aufgefunden, zugelassen, zur Entfaltung freigegeben wird ..." (S. 40).

Methodisch stellt jede Regulierungsanalyse für uns eine Begegnung zwischen gleich-berechtigten wie gleich-geforderten Partnern dar. Sie verlangt also das persönliche Engagement auch des Therapeuten als einem ebenfalls Mitbetroffenen, von der anderen Seite dieser ‚Brücke' Mitbauenden, auf dem Gegenbalken ihrer gemeinsamen ‚Waage' Mitschwingenden. Man könnte daher analogisierend von zwei (mit einer Phasenverschiebung beider Pendelungen $> 0 <$ 180 Grad) in „resonanter Interaktion" [17]) aneinander gekoppelten Schwingkreisen (bzw. Regelsystemen) sprechen. Durch deren pro- oder gegenpolar einander überlagernde und dann bitendent-regulativ umformende Wechselwirkungen wäre im Endeffekt dann möglicherweise eine Optimierung der Selbstwert-Homöostasierung oder Sinnziel-Ultrastabilisierung beider personalen, anthropo-kybernetischen Wirkungsgefüge zu erreichen. Anschaulicher sprechen wir jedoch am besten von gemeinsam betriebenen ‚Gleichgewichtsübungen', bei welchem Tun oder Lassen sich jeder von ihnen zu orientieren hätte an jenem „Musterstück" der apollinisch-delphischen „Weisheit" des „Nichts zu viel" (PLATON, a, S. 80; b, S. 139) [18]).

Für GUARDINI handelt es sich bei solcher Mittenfindung weder um die „Synthese ... in einem Dritten", noch um „ein Ganzes ... aus ‚Teilen' ", noch um „Vermischung zu irgendwelchem Ausgleich"; sondern um den „paradox" erscheinenden Versuch der „wechselseitigen Ausschließung und Einschließung zugleich" von jeweils zwei „wesenhaft eigenständigen", einander „entgegengesetzten" Qualitäten, Momenten, Faktoren, Reihen sowie speziell jenen „gegensätzlichen Sinnrichtungen" (S. 40 ff). Dies gilt im Wesentlichen auch für unser in-umfeld-polar organisiertes Modellsystem der Persönlichkeit mit seinen der Regel nach (ÜST-UST-) kippfunktionellen aut-aut- via (HST-WST-) sinusoidalen et-et-Schaltungen via einer optimalen HB-Homöostasierung. Solche Regulierungstendenz kann im Extremfall zu einer HB-zirkulären Entgleisung der Regelmechanismen führen; (siehe z. B. die mystische ‚coincidentia oppositorum' des NIKOLAUS von KUES). In der zen-buddhistischen Enthebungs-Mystik werden solche totalquietistischen Befindlichkeiten durch meditative Versenkungspraktiken herbeigeführt (‚Satori'), wonach alle Gegensätze ‚vernichtet' erscheinen bzw. diese und damit das „Mittelding" als „Täuschungen" entlarvt worden sind; denn:

„Der mittlere Weg ist weder der mittlere, noch hat er zwei Seiten. Bist du gefesselt von der Außenwelt, so hast du die eine Seite; bist du erregt in deinem eigenen Geist, so hast du die andere Seite. Wenn keines der beiden geschieht, so gibt es kein Mittelding, und das ist der mittlere Weg" (SUZUKI, S. 49).

ÜST- oder/und UST-Steuerungs- bzw. Kippschaltungen können aber auch durch (extrem störfaktoriell-bedingte) exponentielle Steigerungsraten in totalzirkuläre

---

[17]) SCHÄFER, S. 285 ff; (dort mit speziellem Bezug auf den phylogenetischen „Selektionsdruck" dieses Phänomens).

[18]) „Maßhalten ist das Beste", „Nichts im Übermaß". Aus den „Sprüchen" des KLEOBULOS von Lindos bzw. SOLON von Athen (CAPELLE, S. 65 f); („Μέτρον ἄριστον" bzw. Μηδὲν ἄγαν").

TST- oder/und NST-Funktionsformen entgleisen. Solche Fehlentwicklungen sind nur abzuwenden, wenn die vorherigen Istwert-Extremisierungen rechtzeitig mittels Verstellung der betreffenden System-Führungsgrößen via graduell höhere oder niedrigere Anforderungs- bzw. Anspruchs-Niveaus aufgefangen, d. h. ultrastabilisatorisch eingeregelt werden. Wir stoßen hier auf das Phänomen der kybernetischen Komplexierung (oder Rückentwicklung) von Wirkungsgefügen, also des Wachstums, der Gestaltbildung sowie insbesondere der Ausformung, Umformulierung oder Neuformierung jener geistigen Sinnrichtung personaler Biosysteme. Ihnen allen gehen Ungleichgewichtungen, unipolare Versteilungen, Symmetriebrüche usw. voraus, welche Vorgänge wir hier an einem biophysikalischen Beispiel in ihrer grundfiguralen Funktionsdynamik verdeutlichen wollen.

In der Entwicklungsbiologie spricht man heute modelltheoretisch von „morphogenetischen Feldern" als den physikalischen Voraussetzungen für eine mögliche „Gestaltbildung". Sie stellen räumliche „Konzentrationsverteilungen" von Molekülen dar, wie sie anfänglich durch deren „gewöhnliche Bewegung und Wechselwirkung" (etwa in Lösungen) entstehen können. Jene Molekülkonzentrationen ändern sich nun in der Zeit nach einem „sehr einfachen Grundtyp" physikalisch-chemischer Gesetze als „Funktion ihrer Konzentration", woraufhin sie sich in Richtung auf immer prägnantere „Konzentrationsmuster" ausdifferenzieren. Jeder „kleine Anfangsvorteil" in einer zunächst „gleichmäßigen" Molekülverteilung führt also an der betreffenden Stelle „durch Selbstverstärkung" zu einer „lokalen Aktivierung" mit gleichzeitiger „Inhibition" des angrenzenden Verteilungsbereichs, welche derart „gekoppelte Reaktionskinetik" zunächst eine „gradierte Verteilung", dann isomorphe „Symmetriebrüche" und schließlich eine „stabile Ungleichverteilung" zur Folge hat (GIERER, S. 1285 ff) [19]).

Solche auto-katalysatorischen Effekte der Selbstverstärkung bzw. -hemmung dürften in allen naturalen bis soziokulturellen Systemen anzunehmen sein, analog also und speziell auch im Bereich des individuellen geistigen, d. h. subjektiv wertsetzenden, sinn-gebenden, ziel-gerichteten Erlebens und Verhaltens der Menschen auftreten können. Als einige wenige Beispiele seien genannt: Wolkenformen, Wasserströmungen, Dünengebilde; Ballungszentren des Lebens, Wohnens und Arbeitens; Menschenansammlungen, Massenkundgebungen, Verkehrsstauungen; Zugewinne an Besitz und Prestige; Einkommens- wie Vermögens-Kumulationen; usw. Sicher gilt das ähnlicherweise auch für jene in unserem Denken miteinander konkurrierenden logo-thematischen Funktionsstrukturen, also die sich regelungsdynamisch sowie speziell über Sollniveau-Verstellungen ultrastabilisato-

---

[19]) Zum Problem der physikalischen Symmetriebrechung und deren Folgeerscheinungen (Aufgabelung mit Kipp-Umschwüngen via struktureller Wandlung bzw. Verzweigungskaskaden versus dissipativen bis chaotischen Systemverfassungen vgl. PRIGOGINE, (vor allem) S. 165 ff, und QUEISSER, S. 38 f. Analoge Vorgänge im Bereich geistiger Phänomene siehe: SACHER, Regulierungspsychologie, Band 4; (in Vorbereitung).

risch formierenden ‚Wege' unserer ‚Gedanken'[20]) in Richtung auf ein derart vorstellbar wert-erfülltes, sinn-volles Daseins-Ziel[21]).

Sisyphos — ein antiker „Jedermann" (H. v. HOFMANNSTHAL) — hatte gemeint, die Götter überlisten, ewig leben, bedenkenlos genießend, prahlend, herrschend und besitzend ‚dahinleben' zu können. Nach unserem Verständnis jenes mythologischen Existenz-Modells hätte er jedoch schon hier auf Erden tun sollen, was ihm dann später im Tartaros als ein uns Sterblichen zugedachtes Schicksal auferlegt wurde und so bewußt gemacht worden war. Müssen wir Menschen also wie Sisyphos ‚sinnfällig' immer wieder hinunter in die „Schatten" unseres eigenen „durchnächtigten Berges", um von dort aus ebenso unaufhörlich ‚sinn-strebig' unseren eigenen „Stein" erneut ins „Licht" hinauf zu „wälzen"?

Manchem mag solch ein verzweifelter „Kampf gegen Gipfel" vielleicht „absurd" erscheinen, und er sich daher lieber für einen jener kommunen, opportunistischen ‚Gedanken-Gänge' und Lebens-Verläufe „immer hübsch in der Straßenmitte" (OSBORNE) entscheiden. Wir selbst möchten hingegen eher daran glauben, durch eine (zumindest ‚als-ob-so') wesens-gemäß produktive und daher einen individuellen Lebens-Sinn vermittelnde alltägliche Sisyphos-Arbeit nicht nur innerlich ‚wachsen', sondern vielleicht sogar noch soziokulturelle ‚Spuren' hinterlassen zu können: so daß auch wir uns (mutatis mutandis) jenen ‚Unterwelt-Sisyphos' als einen „glücklichen Menschen vorstellen" wollen (CAMUS, S. 101). Versuchen wir also abschließend dieses mythologische Sinnbild unserer menschlichen Existenz mit dem folgenden theosophischen Gleichnis Jakob BOEHME's zu begreifen:

Wem Zeit ist wie Ewigkeit
Und Ewigkeit wie die Zeit,
Der ist befreit
Von allem Streit.

Literatur:

ALBEE, E., Empfindliches Gleichgewicht. Frankfurt/M.: Fischer-Verl., 1967.
BECKETT, S., Warten auf Godot. Frankfurt/M.: Suhrkamp-Verl., 1960; (frz. 1952).
BOEHME, J., Auswahl aus dem Gesamtwerk. Berlin: Union-Verl., 1957.
CAMUS, A., Der Mythos von Sisyphos. (Ein Versuch über das Absurde). Hamburg: Rowohlt-Verl., 1959.
CAPELLE, W. (Hrsgb.), Die Vorsokratiker. Stuttgart: Kröner-Verl., 1958.
CRAWFORD, J., Ein Leben ohne Gleichgewichtssinn. In: M. Tuscher (Hrsgb.), Die fünf Sinne. München: H. Moos-Verl., 1978.
DREWERMANN, E., Strukturen des Bösen; Teil II. (Die jahwistische Urgeschichte in psychoanalytischer Sicht). München: F. Schöningh-Verl., 1981.
GIERER, A., Die Physik und das Verständnis des Lebendigen. Universitas **36,** 12 (1981); 1283—1293.

---

20) Siehe dazu (ahd., mhd.) sin, Gang, Weg, (in übertragener Bedeutung) Weg der Gedanken.
21) Vgl. dazu KANT's „regulative Ideen" der „praktischen Vernunft"; (Freiheit, Unsterblichkeit der Seele, Gott).

GRACIÀN, B., Criticón oder über die allgemeinen Laster des Menschen. Hamburg: Rowohlt-Verl., 1957 (1651—57).

GUARDINI, R., Der Gegensatz. Mainz: M. Grünewald-Verl., 1925.

HOFMANNSTHAL, H. v., Das Salzburger Große Welttheater. Insel-Bücherei, Nr. 605 (o. J.).

KANT, I., Kritik der praktischen Vernunft (9. Aufl.). Leipzig: F. Meiner-Verl., 1929 (1787).

LAGERKVIST, P., Der anspruchsvolle Gast. (In: Mod. schwedische Kurzgeschichten). München: Langewiesche-Brandt-Verl., 1960.

NOVALIS, Hymnen an die Nacht. (In: Werke). Hamburg: Rowohlt-Verl., 1977.

OSBORNE, J., Blick zurück im Zorn — Der Entertainer. Frankfurt/M.: Fischer-Verl., 1958.

PRIGOGINE, J. (und J. STENGERS), Dialog mit der Natur (2. Aufl.). München—Zürich: Piper-Verl., 1981.

QUEISSER, H. J., Eindeutiges — Mehrdeutiges: Tendenzen moderner Physik. Universitas **38,** 1 (1983); 31—42.

SCHÄFER, O. F., Wesen und Bedeutung der Resonanz. Universitas **37,** 3 (1982).

SCHNEIDER, R., Winter in Wien. Freiburg/Brsg.: Herder-Verl., 1958.

SCHWAB, G., Die Sagen des klassischen Altertums. München: Goldmann-Verl., 1978.

SUZUKI, D. T., Die große Befreiung. Frankfurt/M.: Fischer-Verl., 1978.

WASSERZIEHER, E., Ableitendes Wörterbuch der deutschen Sprache (18. Aufl.). Bonn: F. Dümmler-Verl., 1974.

— Die Bibel (in der Übers. Martin LUTHER's). Mit Apokryphen. Stuttgart: Deutsche Bibelstiftung, 1978.

In Vorbereitung:

REGULIERUNGSPSYCHOLOGIE

BAND 4

ANTHROPO-KYBERNETISCHE PARERGA

von

HORST SACHER

Aus dem Inhaltsverzeichnis